치치암일록

치치암일록

이규대 譯

(학)신구학원 신구문화사

이 책을 출간하면서

한 해 전 추석을 전후한 시점이었다. 처음 뵙는 한 분이 집안에 전해지는 오래된 낡은 고서적 한 권을 가지고 연구실에 찾아오셨다. 그분의 선조 되시는 어느 분의 일기책이었다. 그분은 어른들로부터 물려받은 이 일기의 내용을 알고 싶어 하셨다. 그리고 이 일기책을 연구실에 남겨두시고 떠나셨다.

이 일기책의 번역 작업은 필연적인 수순이었다. 연구자로서 자료에 대한 욕심이었지만, 이제 내 연구실 생활이 한 학기 정도 남은 시점에서 어쩌면 내 임기 내의 마지막 작업이 될 것 같다는 생각도 있었다. 이렇듯 욕심이 앞서면서 조바심도 났지만, 작업의 난이도를 가늠하지 못한 상태에서 불분명한 작업 일정으로 두려움 역시 앞서 나갔다.

지방사에 남다른 관심을 가져온 터이라 생활 일기를 원본으로 볼 수 있다는 사실로 이 일기책에 남다른 애정을 가졌던 것도 사실이다. 생활사라는 영역이 어떤 내용으로 채워질 수 있을까? 유생(儒生)이라는 직업이 어떤 생활 모습으로 그려질 수 있을까? 마을과 문중이라는 공간에서 전개되는 자신과 이웃의 생활 모습은 어떻게 그려질 수 있을까? 나는 이 일기책의 번역 작업을 통해 얻어지는 생활 일상의 실태적 양상을 내 연구 활동의 추동력을 위한 지적 기반으로 삼고자 하였으며, 아울러 이 지방 문화계 인사들과 이 일기책의 내용을 공유해야 할 것만 같은 의무감도 있었다.

전승 자료로서 일기(日記) 또는 일록(日錄)은 역사 자료로서 보편적인 성격과 아울러 한 지방의 생활사·지방사의 미시적·특수적 자료로서의 성격도 가지고 있다. 일기는 한 개인의 생활 일상의 기록물이다. 생활 일상이란 정치·경제·사회·문화 전반에 걸친 다방면의 체험적 생활상을 의미하며, 아울러 한 개인의 저작물이지만 타자들과 상관적 관계망이나 다양한 공동체의 구성원으로서 생성된 기록물이라는 특성을 갖는다. 이 점에서 전승 자료로서 생활 일기는 개인과 한 지역의 지역성과 아울러 한 시대와 보편성을 지닌 유용한 역사 자료적 가치를 갖는다.

『치치암일록』의 주인공은 김현호(金玄昊)이다. 그는 강릉지방 거성인 강릉김씨 부정공파의 후예이며, 18세기 후반 영·정조 시대를 이곳 강릉지방에서 생활한 유학(幼學) 신분을 갖은 유생(儒生)이었다. 이 일기를 통해서 조선후기 강릉지방의 관혼상제를 비롯해 마을·문중·사림의 공동체 생활 모습, 농·어업과 장시의 생산과 유통과 소비 활동, 그리고 향교의 교육 활동과 백일장과 과거시험의 전개양상, 교통의 실태와 여행과 풍류, 질병과 그 예방 및 치료실태, 사계절과 명절의 생활풍속, 언어생활 등 역동적이고 다채로운 사회상을 맛볼 수 있을 것으로 생각한다.

끝으로 이 일기책의 원본을 제공해 주신 김재래 씨에게 감사 인사를 드린다. 혹여 우려되는 오류에 대해서는 역자의 일천한 소치로 여기시고 양해 있으시길 바란다. 그리고 이 책이 출판될 수 있도록 지원해 주신 김한근 강릉시장님과 조영화 관광문화국장님께도 감사 인사를 올린다. 그리고 출판에 도움을 준 신구대학교 이승겸 총장님, 신구문화사 임미영 사장님께도 감사하는 마음을 전한다. 끝으로 내 곁에서 꿋꿋하게 집안을 꾸려가는 집사람 박명희에게도 고맙다는 말 전한다. 감사합니다.

2018년 10월

지변동 연구실에서 이규대 씀.

『치치암일록(癡癡菴日錄)』 해제

이 일기책은 『치치암일록』으로 명명되었다. 어리석을 치(癡)자를 반복하여 '치치암'이라 한 것은 작자의 겸양의 소치일 것이며, 작자의 아호(雅號)일 수도 있다는 생각이다. 이 책은 2권 1책으로 가로 17cm, 세로 26.5cm의 규격에 353쪽의 분량이며, 오른쪽에 다섯 구멍을 뚫어 실로 묶은 수서본(手書本)이다.

이 책의 편제는 두 쪽이 일기이고 이어서 두 쪽은 『구운몽(九雲夢)』 내용이다. 이렇게 반복적으로 편제되었으니 전체 분량의 절반은 일기이고, 또 절반은 『구운몽』이다. 이로써 일기의 분량은 173쪽이 된다. 이러한 양상은 당초부터 편집된 것은 아니었다고 보여진다. 처음에는 종이를 반으로 접어서 일기를 썼던 것으로 보인다. 그리고 그 후 어느 시점에 반으로 접은 부분을 타개어서 『구운몽』의 내용을 전사한 것으로 파악된다. 이로써 현재와 같은 양상의 편제가 이루어졌다고 하겠다.

이 일기책의 내용은 본문에서 권4와 권5에 해당되는 부분으로 파악된다. 이 점은 권1, 권2, 권3이 존재했음을 시사한다. 다만 일기의 권1~권3에 해당되는 부분은 지금까지 발견되지 못한 실정이다. 현전하는 일기책이 후손들에 의해 전승되어 온 것으로 보면, 그 전승과정에서 소실되었을 것으로 추정된다.

일기의 주인공은 김현호(金玄昊)이다. 이 사실은 과거시험인 전시(殿試)에서 임금을 면대하면서 작자가 자신을 소개하는 글에서 파악된다. 그는 강릉지방 거성인 강릉김씨이며, 부정공파(副正公派)의 파조(派祖)인 보진재(葆眞齊) 김담(金譚, 1522~1605)의 8대손이 된다. 그는 1761년(영조 37)에 출생하여 1794년(정조 18)까지 34살로 생을 마감하였다. 이 일기는 그가 31살 되던 해인 1791년(정조 15)부터 시작되어, 그가 생을 마감하기까지의 4년 동안의 일기이다.

족보 『강릉김씨부정공파보』에서 그는 조부 체규(軆圭)–부 성락(聲樂)을 잇는 계자(系子)였으며, 그의 아들 역시 양자로 동주(東周)이다. 그리고 그의 생부는 성정(聲正)이었다. 이렇듯 족보상에서 파악되는 내용은 비록 매우 간략하지만, 그가 양자로 영입된 위치에 있었다는 사실은 이 일기의 전체 내용을 이해할 수 있는 또 하나의 관건이 되고 있다.

일기의 내용상에서 파악되는 그의 친가는 강릉의 신촌(新村) 즉 새말이요 지금의 주문진이다. 그리고 그 자신은 분가하여 연곡면(連谷面) 매곡(梅谷)에서 생활하였고, 그의 생모는 연곡면에서 거주하다가 사촌(沙村) 즉 사천면으로 이주하였다. 그리고 일기에서 후반 2년은 이주하여 고성 이북면(二北面) 계촌(桂村)에서 생활을 하였다. 이렇게 주거지를 고성으로 옮긴 데에는 이곳에도 종인들이 거주하고 있기도 하였지만, 본인의 지병을 치료하려는 피접이라는 성격도 가지고 있었던 것으로 파악된다.

이 일기의 내용은 강릉–양양–간성–고성 등 영동지방 해안가 도시를 연결하는 교통과 여정을 비롯한 생활상이 여실히 드러나고 있으며, 또한 30대 유생의 과거와 사림 및 문중활동을 위해 강릉과 강원감영이 있는 원주, 강릉과 인제, 강릉과 서울 등 영동과 영서를 연결하는 교통과 여정을 비롯한 생활상이 역력히 드러나고 있다는 특징을 갖는다.

끝으로 이번 번역에서 인명·지명·관직명·질병명 등을 비롯해 각종 고유명사는 괄호 안에 한자를 병기하였으며, 역사용어나 고어(古語) 등은 각주를 달아 해설하였다. 그리고 번역서의 뒤편에 수록한 원본은 일기 편만을 수록하였고, 『구운몽』의 내용은 제외하였다. 이 작업은 일기의 글자체를 보다 선명하게 보이게 하려는 의도였음을 밝혀둔다.

『치치암일록』 번역문

『치치암일록』 권4.
매곡(梅谷)에 있을 때의 일록(日錄) 나이 31세

신해년(辛亥年 : 1791, 정조 15) 정월(正月) 병자삭(丙子朔)

초1일, 병자(丙子) 청명하며 바람이 없었으나, 오후에 바람이 약간 불었다.

작년 가을에 크게 풍작이었기에, 쌀값이 1석에 120여 동(銅)에 이르렀다. 비록 품팔이꾼들이라 하더라도 조금도 굶는 자가 없으며, 더욱이 촘촘히 밀집한 마을에서 근심하는 이웃은 보이지 않는 듯하다. 족히 예전에는 보기 드문 낙세(樂歲)라고 할 만하다. 나는 신촌(新村)에서 여러 댁에 두루 세배를 다녔다. 오후에 집으로 돌아 와 마을의 친구들과 밤늦도록 놀았다.

초2일, 조금 추웠고 또 약간의 바람이 있었다.

나는 매곡(梅谷)의 여러 댁과 송림촌(松林村)을 두루 방문하고, 돌아와 서숙(書塾)에서 인시(寅時: 3~5시)까지 머물렀다. 입춘(立春)이었다.

초3일, 맑고 평온하였다.

마을 아이(兒曹)들에게 술과 안주를 준비시키고 북을 치고 춤을 추며 밤늦도록 놀았다. 여기에 모인 자들은 48인에 이르렀다.

초4일, 아침부터 음산하게 구름이 끼었다.

최정묵(崔正默)의 초례(醮禮)[1] 날이라 나는 찾아가서 떠나보냈다. 그리고 구남(龜南)을 넘어 함 씨 마을을 방문하여 김 생원의 집에 세배하였고, 곧바

1) 혼인 예식.

로 초시(草柴)에 도착했는데 길에서 풍설(風雪)을 만났다. 최군(崔君) 등과 더불어 송림(松林) 마을에서 잠시 쉬었다가 저녁에 집에 돌아왔다.

초5일, 맑았다.

여러 친구들과 모여서 이야기를 나누었다.

초6일,

최여온(崔汝溫)의 증조할머니 기일이다. 나는 아침 전에 세 사람의 동료들과 (이하 원본이 명확하지 않다).

초7일, 바람이 없고 따뜻하여 조금은 봄기운을 느꼈다.

나는 초시(草柴)로부터 곧장 강여서(姜汝瑞) 상인(喪人)의 장산(葬山)으로 가서 신주(神主)를 썼다. 정오 즈음에 집에 돌아와서 최성심(崔聖心)을 문병하였다.

초8일, 온화했다.

나는 여러 사람들과 얘기를 나누면서 난계(亂鷄)에 이르렀다.

초9일, 음산하고 추워서 자못 눈이 내릴 것 같았다.

나는 강(姜) 상인(喪人)을 방문하였는데 고운거(高雲擧)의 어머니가 지난밤에 별세하였다는 소식을 들었다. 나는 즉시 찾아가서 위로하였다. 이어서 매죽헌(梅竹軒) 주인 최광백(崔光伯)을 찾아갔는데, 모름지기 엎드려서 신음을 하고 있었다. 어두워질 무렵에 눈을 맞으면서 돌아왔다.

초10일, 바람기가 조금 추워졌다.

최정묵(崔正默)이 부인을 맞이하여 돌아왔다. 나는 연회에 참석하였다가 저녁때가 되어 돌아왔다.

11일, 조금 따뜻해졌다.

나는 여온(汝溫)의 집에 머물렀다.

12일,

가친(家親)이 새말(新村)에서 오셨다. 밤에 장산(長山) 최(崔) 어른이 오셔서 서숙(書塾)에서 담소를 나누었다.

13일, 바람이 햇살에 누그러져 조금도 추운 기운이 없다.

여온(汝溫)이 여동생의 혼례를 행하였는데, 온 마을 사람들이 모두 모였다.

14일, 조금 추웠다.

나는 공부하는 자들과 함께 읍내(邑)로 나갔는데, 내일이 봄맞이 백일장(春接白場)이었기 때문이었다. (원본이 부분 결실) 심(沈) 도사(都事) 댁을 방문하고, 또 교동(校洞)에 김(金) 상인(喪人)을 위문하였다. 엷게 어둠이 내릴 무렵 권복동(權福東) 댁에서 저녁 식사를 하였다. 밤에는 수령(主倅)과 더불어서 함께 담소를 나누다가 물러나와 광백(光伯) 형과 더불어서 동숙하였다. 밤에 조금 눈이 내렸다.

15일, 아침에 일어나 눈을 보니 무릎을 넘을 정도였다.

수령이 저녁 무렵에 과장을 설치하고 사율제(四律題)를 게시하였다. 제목은 즉 춘상후월(春上候月)이었고, 운자(韻字)는 춘자(春字)에 압(押)을 하였다. 다른 글자는 즉 자기 뜻대로 하도록 매달았다. 나는 시를 지었는데 다음과 같다.

今節人間第一春　　지금 절기 인간세상 제일의 봄이요,

금절인간제일춘

爭言農候驗銀輪　　다투는 듯 호령은 농절에 은륜을 징험하네,

쟁언농후험은륜

三千界外光初湧　　삼천 경계 밖에 빛이 처음 솟으니,

삼천계외광초용

十二圓中影冣新　　십이원에서 중영이 가장 새롭네,

십이원중영최신

鮫綺戱靑呈瑞彩　　교룡 비단이 푸름을 희롱하니 상서로운 채색을 바치고,

교기희청정서채

蠙珠凝白洗纖塶　　진주가 흰 색으로 엉기어 작은 땅을 씻고,

빈주응백세섬록

若今先見先生子　　만약 이제 먼저 본다면 생자가 먼저이니,

약금선견선생자

近水家家慶福均　　물가 집집이 복이 고르니 경사이로다.

근수가가경복균

시가 졸작이라 방에 들지 못하였으니 가히 한탄스러울 뿐이다. (원본 부분 결손)

16일, 새벽부터 대설이 내렸다.

나는 동접(同接)들과 더불어서 눈을 무릅쓰고 왔는데 북풍이 매우 심하였다. 이날은 우수(雨水)이다.

17일, 날이 개었다.

나는 이틀 밤을 집에 있었으나 달을 보지 못했는데, 오늘 밤에 비로소 보았다.

18일, 맑고 따뜻했다.

아이(兒曹)들과 더불어서 서숙(書塾)의 무너진 벽을 수리하였다.

19일, 날이 개었다.

밤늦도록 잠을 이루지 못했다.

20일, 날이 개었다.

강지로(姜至魯)가 나에게 와서 한잔 하자고 요청하였다. 잠시 도착하였다가 곧바로 돌아왔다.

21일,

광백(光伯) 형의 생신이다. 마을 전체에서 많은 사람들이 모였고, 나도 참석하였다. 말을 빌려 타고 집에 돌아왔다. 밤에 취해서 잠이 들었다.

22일,

여온(汝溫)이 여동생의 돌아온 예를 행한다고 하였으나, 나는 피곤한데다가 한기까지 들어 종일토록 자리에 누워 있었다.

23일, 흐렸다.

서당 유사가 회계를 하였다. 가친이 새말로부터 행차하였다. 청학(靑鶴) 노파가 내려왔기에 증산(甑山)으로 보냈다.

24일, 새벽에 비가 약간 왔고, 비가 그치고 음산하였다.

25일, 흐렸다.

마을 내에 갑자생 다섯 분, 을유생 다섯 분이 회작(會酌)하는 날이다. 부노

(父老)들이 대부분 참석하였고 나 또한 그 숲에 있었다. 밤에는 김진여(金振如)와 더불어서 담소를 나누었다.

26일, 흐리고 추웠다.

가친(家親)이 사촌(沙村)으로 행차하셨다. 여온(汝溫)의 집에서 여자 무당을 불러서 굿을 하면서 신에게 빌었다. 지난밤에 나는 이웃집에 도착하였고 아침이 되어서야 집에 돌아와 잤다. 이런 까닭으로 오후까지 자다가 저녁에 일어나서 광백(光伯) 형과 더불어서 잠시 대화를 나누었다.

27일, 흐리고 추웠다.

와목소(瓦木所) 이르러 4짐을 얻었다. 저녁에 눈이 약간 내리다 밤에 조금씩 많아졌다.

28일,

종일토록 비와 눈이 섞여서 내렸다. 여온(汝溫)의 집에서 한(韓) 유생에게 삼재경(三災經)을 읽도록 하였다.

29일, 흐렸다.

30일, 맑았으나 바람이 불었다.

온 마을에서 미·동(米·銅)을 모아서 저녁에 성황제를 지냈는데, 예전부터 그러했었다. 제사를 지내려 했을 때 바람이 자고 밤이 고요하였다. 소나무 그림자와 하천의 빛이 마치 신을 만난 듯 방불케 하여, 그 복을 받았음을 경하할 만하였다.

신해년(辛亥年 : 1791, 정조 15) 이월(二月) 병오삭(丙午朔)

초1일, 맑았다.

오늘은 경칩(驚蟄)이다. 아버지께서 사촌(沙村)으로부터 여기에 다시 오셨다.

초2일, 맑았다.

오후에 나는 구남(龜南) 함촌(咸村)을 방문하였다. 저녁나절에 초시(草柴)에 이르러 장진가(章進家)에서 묵었다.

초3일, 맑았다.

일찍이 불을 때고 다시 집에 돌아오니 부첩(府帖)[2]이 들어왔는데, 승상(陞庠)의 예[3]에 따라서 십초백장(十抄白場)[4]이 개설된다고 한다. 나는 광백(光伯) 형·여온(汝溫)·동계(同戒) 등과 더불어 읍(邑)으로 나갔다. 서숙에서 공부하는 자들도 또한 따라서 나왔다. 저녁에 복동가(福東家)에서 묵었다. 밤에 약간의 싸락눈이 내렸다.

초4일, 눈이 조금 내렸고, 조금 추웠다가 풀렸다.

늦게 입장하였더니, 수령이 숙유(宿儒)들이 들어오게 많이 권하였다. 오후에 시제(試題)가 게시되었는데, 시제(詩題)는 "새벽에 태학(太學) 들어가서 여러 유생들을 불러서 관(館) 아래 세웠다."였다.[5] '생(生)' 자에 압(押)을 하였다. 부제(賦題)는 "선생이 나를 속이는 구나."[6]였다. 날이 저물어서 방(榜)이 전해졌는데, 나는 낙방하였다.

---

2) 관청에서 보내온 첩지.
3) 향교 유생들에게 시험을 통해 과거의 1차 시험을 면제해 주는 사례.
4) 열 번의 백일장.
5) 晨入太學招諸生立館下.
6) 先生欺余哉.

초5일, 아침나절에 대설이 내렸다.

나는 여온이네 말을 타고 어렵게 강교(舡橋) 생원 이익조(李益肇) 댁에 이르렀다가, 다시 읍(邑)으로 말과 종을 보내고 여온이 오기를 기다렸다. 심휘(沈輝) 형이 또한 이르러 밤에 정담을 나누었다.

초6일, 어제 눈이 정강이를 넘었다. 또 약간의 싸락눈이 그치지 않았다.

광백(光伯) 형이 늦게 증산(甑山)으로부터 왔다. 서로 마주하여 담소를 나누다가 헤어져 나와 석양 무렵에 집에 돌아왔다.

초7일, 맑았다.

강지로(姜至魯) 대인과 석양 때까지 담소하였다.

초8일, 봄날 아침햇살이 아름답고 따스했다.

나는 현동(縣洞) 김(金) 댁을 방문하여, 주인을 만나 주막에서 잠시 얘기 나누었다. 이어서 강희서(姜希瑞)를 방문하였다. 약간 어두워질 무렵 집에 돌아왔다. 맹천(孟天)이 제삿술을 가지고 왔다.

초9일,

집에서『시경(詩經)』을 베꼈다.

초10일, 아침에 흐렸다가 저녁에 눈이 시작되어 밤에 크게 내렸다.

이웃 사람이 몹시 고생하였는데, 며느리를 맞이하는 자리를 크게 열었다. 이런 까닭으로 작은 술자리가 있어 나도 가서 마셨다.

11일, 흐렸으며 간혹 눈이 내렸다.

나는『시경(詩經)』을 베꼈다.

12일, 맑았다.

광백(光伯) 형과 읍(邑)에 나가는데, 쌓인 눈이 녹아 진창이 되어 반걸음을 옮기기 어려웠다. 겨우 읍내에 들어가 복동(福東)네 집에서 묵었다.

13일, 맑았다.

늦게 시험장이 설치되었는데, 재초(再抄)였다.[7] 시제(詩題)와 부제(賦題)가 같았는데, "머무는 곳에 운기(雲氣)가 있다."[8]였으며 압운(押韻)은 '기(氣)' 자였다. 나는 '차상(次上)'의 성적을 받아 처음으로 방(榜)의 말미에 들었다. 밤에 이계일(李季一)과 추렴하는 자리를 가졌다.

14일, 맑았다.

삼초(三抄)가 열렸다. 시제(詩題)와 부제(賦題)가 같았는데, "책에 병법을 가르치다."[9]였고 교(敎) 자에 압운(押韻)하였다. 나는 이중(二中)으로 참방(參榜)하였다. 오후에 대풍이 점차 일었고, 저녁때부터는 나무가 뽑히고 돌이 날렸다. 나는 겨우 노간(魯澗)에 도착하여 큰댁에서 묵었다.

15일, 약하게 바람이 불었다.

아침 전에 남현(南峴)에 도착하였다. 노동(魯東) 영전에 곡을 하고, 상을 당한 소식을 자세하게 들었다. 즉 밤에 말씀하시다가 이경(二更)에 집에 돌아오셨는데, 곧바로 몸이 평안하지 못해 서둘러서 자리에 누우셨는데 갑자기 세상을 뜨셨고, 그 사이가 불과 일경(一更)이 지나지 않는다고 하였다.

생시에 조심스럽게 행동하여 범속에 남달랐으니, 사후에 착한 목숨에 어찌 영험함이 없겠는가! 도서와 궤안은 예전과 같이 완연한데 한 차례 영전에

7) 열 번의 백일장 중에 두 번째 시험.
8) 所居上有雲氣.
9) 教籍兵法.

곡을 하니 무릇 만사가 끝이로구나!

아침을 한 후에 읍에 들어가 사초(四抄)[10]를 보는데, 한낮에 개장하였다. 시제(詩題)와 부제(賦題)가 같았는데, "머무른 장량"[11]이었고 '유(留)' 자에 압운(押韻)하였다. 비록 방(榜)은 보지 못했으나 전해 듣기로 나는 차상(次上)이었다고 한다. 과장을 나오니 날은 이미 저녁이었다. 광백(光伯) 형과 나이 어린 동류들과 서둘러 걸어서 집에 돌아왔다.

밤이 되어 이경(二更) 즈음인데 달이 밝았다. 이날은 여온(汝溫)네 집 판리(辦李) 즉 동상례(東床禮)인 까닭으로 북평(北坪)의 손님들이 대부분 와서 밤에 함께 담소하였다.

16일, 맑았다.

나는 취해서 종일토록 잠을 잤다.

17일, 맑았다.

광백(光伯) 형과 함께 생원 최혜필(崔惠弼) 댁에 가서 제사 음식으로 식사를 하였다. 돌아오는 길에 함(咸) 상인(喪人)을 방문하였다. 어제 천례(遷禮)를 행한 까닭이다. 이어서 상매곡(上梅谷)에 이르러 모전(茅田) 댁 새로운 터를 방문하였다. 듣기로 해룡(海龍)이 창병(瘡病)으로 학문을 할 수 없다고 한다. 고로 친히 가서 문병하였다. 저녁 후에 가야금(伽耶琴)을 가진 자들이 왔는데, 이전에 친하게 아는 자들이었기에 밤에 모여서 놀았다. 여온(汝溫)이 여동생을 데리고 북평(北坪)에 갔는데 아직 돌아오지 않았다. 오늘은 춘분(春分)이다.

18일, 맑았다.

낮에 광백(光伯) 형이 내려와서 시 한 수를 지었다.

---

10) 열 번의 백일장에서 네 번째 시험.
11) 留張良.

19일, 맑았다.

여온(汝溫)이 묘소로 가는 길을 닦으며 돌을 운반했다. 나는 발병으로 가지 못하였다. 광백(光伯) 형과 더불어 시 한 수를 지었다.

20일, 맑았다.

오늘은 여온(汝溫)네 할아버지의 제삿날이다. 나는 다시 시 한 수를 지었다.

21일, 맑았다.

광백(光伯) 형과 읍에 가려 작정했으나 이루지 못하였다. 상촌(上村)에 가서 사회(射會)[12]에 참석했다. 촌사람들이 술에 취하여 의젓함을 그르치고 있었다. 나는 곧장 돌아왔다.

22일, 맑았다.

이날은 성(城) 아래 집에서 며느리를 맞이하는 날이다. 나는 광백(光伯) 형과 함께 주연에 나갔다. 오후에 읍에 나가니 날이 이미 저물었다.

23일,

오초(五抄) 백장(白場)에 참석하였다. 시·부(詩賦)가 동일한 주제였다. 시제는 즉 '일중(日中)'이었고, 중(中) 자에 압운하였다. 나는 삼중(三中)으로 참방하였다.

24일,

육초(六抄)가 열렸다. 시·부(詩賦)는 동일한 주제였다. 시제는 즉 '육의(六

12) 활 쏘는 모임.

宜)'였고, 의(宜) 자에 압운을 하였다. 나는 등수에 들지 못하였다.

25일,

칠초(七抄)가 열렸다. 시·부(詩賦)는 동일한 주제였다. 시제는 즉 "온갖 꽃이 머리 위에서 먼저 피네."[13]였으며, 개(開)에 압운하였다. 나는 이상(二上)으로 삼하(三下)에 더하여 참방하였다.

26일, 흐렸다.

나는 일찍이 대창(大倉)에 가서 한진(漢鎭)이 어머니 집에 들러서 조금 마셨다. 이어서 울기동(鬱基洞)에 이르러 상인(喪人) 최(崔)와 상인(喪人) 심(沈)을 위로하였다. 오후에 사촌(沙村)에 이르러 송계(松溪) 댁을 방문하였는데 송계는 모름지기 감영(監營)과 서울로 신행(新行)할 처지라 잠시 이야기를 나누고, 곧바로 돌아오니 밤이 이미 깊었다.

27일,

나는 발에 병이 생겨 종일토록 통증으로 누워 있었다. 고(高) 상인(喪人)에게 예를 올려야 했으나, 나는 병으로 뵙지 못하였으니 탄식할 일이었다.

28일, 종일토록 큰비가 내렸다.

나는 비를 무릅쓰고 죽림(竹林)에 가서 말린 꿩고기 한 마리를 얻어서 송계(松溪) 댁에 보냈다. 고(高) 상인(喪人)을 방문하고 위촌(渭村) 댁에서 술을 마셨는데, 26일에 신행 의례를 치르고 남은 것이었다.

29일,

---

13) 且向百花頭上開.

김국철(金國喆)과 한진(漢鎭)이 백장(白場)[14] 참방례(參榜禮)를 행하였는데, 각기 술 한 동이씩을 준비했고, 장재한(張宰漢)도 그중에 있었다. 이것은 마을의 예부터 전해지는 관행이었다.

신해년(辛亥年 : 1791, 정조 15) 삼월(三月) 을해삭(乙亥朔)

초1일, 맑았으나 바람이 조금 있었다.

위촌(渭村) 댁 강(姜) 어른과 광백(光伯) 형과 더불어 사촌(沙村)에 이르러서 함께 상인(喪人) 조린지(曹潾之)를 뵈었다. 오늘 소기(小忌)를 지내고 돌아오는 길에 송계(松溪)를 방문한 즉 초4일에 모름지기 서울로 신행(新行)을 간다고 한다. 이런 까닭에 묘동(廟洞) 권 생원이 내려와 머물렀다.

저녁때가 되어 집에 돌아왔다. 여온(汝溫)은 사촌(沙村)으로부터 읍내에 나갔고, 나는 계원들과 더불어 조금 잃어버린 것이 있어 서당에 나갔다가 집에 돌아왔다.

초2일, 눈보라가 대란을 일으켰다.

잠시 후에 날씨가 잦아들자 여온(汝溫)이 들어왔다. 감호(鑑湖)에 생원 최현장(崔顯章) 또한 이르렀다가 곧 떠났다.

초3일, 맑았다.

한식(寒食) 날이다. 여온(汝溫)이 선조 분묘에 존상석(尊床石) 설치를 시작하였다. 나는 소를 타고 내려갔다가 저녁에 돌아왔다. 해룡가(海龍家)에서 돈을 빌렸다.

---

14) 백일장.

초4일, 맑았다.

나는 광백(光伯) 형과 더불어 걸어서 읍내에 도착했다. 저녁 식사는 복동가(福同家)에서 하였다. 저물어서는 해룡(海龍)이네 외가를 방문하였는데, 해룡이는 이곳에 머물고 있었다.

초5일, 맑았다.

이 고을 수령이 팔초백장(八抄白場)을 열었다. 시·부(詩賦)는 동일한 주제였다. 시제는 "나무를 얽어 집을 짓다."[15]였고, 소(巢) 자에 압운하였다. 나는 삼중(三中)을 받았다. 밤에 해룡(海龍) 외가에서 주연이 열렸는데 많은 사람들이 모였다. 복동가(福同家)에서 숙박하였다.

초6일, 흐렸으며 약간에 비가 내렸다.

구초백장(九抄白場)이 열렸다. 시·부(詩賦)는 동일한 주제였다. 시제는 "린이 성인이 되어 나타났다."[16]였고, 인(人) 자에 압운하였다. 나는 이하(二下)로 참방하였다. 저녁 식사는 해룡(海龍) 외가에서 하였고, 또 강대옥(姜大玉)을 방문하였다.

초7일, 맑았다.

십초백장(十抄白場)이 열렸다. 시·부(詩賦)는 동일한 주제였다. 시제는 "어찌 그 말단의 견해가 특별하겠는가!"[17]였고, 견(見) 자에 압운하였다. 나는 삼상(三上)을 획득하였다. 점수의 합계는 30점으로 참방(參榜)에 든다. 이런 까닭으로 나는 해를 거듭하여 정성을 들여왔으나 마무리를 해내지 못하여

15) 構木爲巢.
16) 獜爲聖人出.
17) 豈特其末見.

참방하지 못했으니 개탄스러운 일이었다.[18)]

초8일,

오후에 해룡(海龍)을 데리고 들어오는데, 고운 날 산길에 꽃들이 아름답기도 하여라. 저녁에 만수(萬壽)네 집에서 제삿술을 마셨다.

초9일, 종일토록 약하게 비가 내렸다.

초10일, 맑았다.

밤에 이웃집을 두드렸는데, 마침 잡배들의 괘오(詿誤)가 있었다. 나는 즉시 돌아왔는데, 정성을 다해 설득하여 제거하지 못하였으니 한탄스러웠다.

11일, 맑았다.

내 흉중이 평안치 못해 하루 종일 누워 있었다.

12일, 맑았다.

김국철(金國喆)이 죽림가(竹林家)에 장가들었는데, 나의 학구(學究)이다. 나는 초청을 받아 잔치에 참석하였다. 여온(汝溫)과 더불어 즐기다가 저녁에 돌아왔다.

13일, 동풍이 심하여 몹시 추웠다.

여온(汝溫)이 사람을 붙여서 선영에 석물(石物)을 세웠다. 그래서 나는 시장에 이르러 두루 쌀을 샀다. 이어서 입석(立石)하는 곳에 이르렀다가 저녁에 집에 돌아왔다.

---

18) 九仞之功 虧於一簣 : 수년을 공을 들인 일도 최후의 순간에 가서 실패한다는 뜻.

14일, 봄기운이 사람에게 아양을 부린다.

나는 오후에 걸어서 이백겸(李伯謙)의 집에 갔다. 밤에 심휘(沈輝) 형 및 주인 형제들과 더불어 조용히 토론하였다.

15일, 점차 북동풍이 일었다.

아침나절이 지나서 김사수(金士修)가 향교로부터 오고, 여온(汝溫)도 매곡(梅谷)으로부터 와서 휘(輝) 형 및 백겸(伯謙) 형제와 더불어 서로 인사했다. 모두들 매학정(梅鶴亭)에서 화전놀이를 했다. 붉은 경단, 맑은 막걸리가 풍족하게 제공되니 한 봄의 아름다운 맛이었다. 떨어진 매실과 비취색 대나무 또한 유명한 호수의 아름다운 승경이 되었다. 석양녘까지 평온하게 놀았으나 여흥이 식지 않았다.

야월이 비로소 뜨니 호수와 바다가 어우러진 색조를 띤다. 나는 휘(輝) 형과 함께 작은 배를 잡고 중류에 띄우니 홀연히 서풍으로 풍랑이 일어 바람에 표류함을 막을 수 없었다. 강문(江門)에 이르니 풍랑에 놀라 온 땅에 가득히 잠자리가 출몰하고 입은 옷이 물기에 흠뻑 젖으니 거의 늙은 두보의 물놀이에 가까웠다. 이 또한 풍광인데, 어찌 환로의 풍랑에 비견하여 같다고 논할 수 있겠는가! 배에서 내린 후 심의명(沈宜明) 또한 이르러 사수(士修)에게 부탁하여 퉁소를 불고 가락에 맞추어 노래했다.

16일, 맑았다.

아침 식사 전에 경포대(鏡浦臺)에 올랐다. 아침 해가 새롭게 떠오르는 광경이 일품이었다. 경포대에서 내려와 백겸(伯謙)의 집에 도착하였다. 아침 식사 후에 역인(驛人)의 말을 타고 들어와 현동(縣洞)에 도착하였다. 이날은 즉 김국철(金國喆)이 집으로 돌아오는 날이었다. 나는 취하여 돌아왔다.

17일, 맑았다.

나는 친구 광백(光伯) 형을 방문하였다. 우연찮게 마침 술이 있었다. 이로 인해 취해서 잠을 잤다. 여온(汝溫)이 북평(北坪)으로부터 와서 방문하였기에 함께 내려왔다.

18일, 맑았다.

이백겸(李伯謙)이 방금 제수(弟嫂)를 데리고 들어왔다. 저녁에 백겸(伯謙)과 더불어 천천히 학천(鶴川)에 도착하여 조석(釣石) 즉 돌 낚시로 고기를 잡으며,[19] 발로 물을 튀기면서 놀았다. 밤에 함께 숙박하였다. 곡우(穀雨)였다.

19일, 맑았다.

20일, 맑았다.

21일, 맑았다.

듣건대 제익(諸益)이 호해정(湖海亭)에서 놀이를 준비한다고 하며, 서두르라고 한다. 내가 어찌 서두르지 않겠는가! 고로 늦었지만 말을 타고 앞 냇물을 건너는데 말이 수중에서 넘어졌다. 바지와 버선이 젖어서 부득이 모임에 참여하지 못하고 장진가(章進家)에 들어가서 옷을 말리고 집으로 돌아왔다.

22일, 맑았다.

일찍이 출발하여 부평정(浮萍亭)에 갔다. 백장(白場)을 구경하고 당일로 집에 돌아왔다.

23일, 맑았다.

---

19) 釣石?

24일, 맑았다.

글방(書塾) 회의에 참석했다. 나는 오색 약천을 마시고자 하였다. 친구인 여온(汝溫)도 함께 가고자 하였다. 이로서 오후에 길을 떠나는데 생원 강영수(姜永叟)가 또한 함께하였다. 밤에 우암진(牛岩津) 관사에서 묵었다. 홀로 우암 꼭대기에 올라 앉아서 시를 지었다.

蓬島迢迢坐夜天 봉도초초좌야천	봉래 섬 멀고 아득한 밤하늘에 앉았는데,
靑驢歸路白鷗前 청려귀로백구전	어린 나귀 귀로에 갈매기가 앞서는구나.
熹微遠石看疑象 희미원석간의상	희미한 먼 돌은 코끼리 형상같이 보이고,
寥亮鳴波聽似蜱 요량명파청사비	텅 빈 밝은 하늘에 파도소리는 맛 조개 소리 같다.
漁戶稅輕渾聖化 어호세경혼성화	어부 집 가벼운 세금은 성현의 큰 교화요,
海村魚貿但商船 해촌어귀단상선	어촌에 고기가 고귀한 것은 단지 상선뿐이랴.
南湖婚約無消息 남호혼약무소식	남쪽 호수에 혼인 약속은 소식이 없는데,
難把淸遊並四仙 난파청유병사선	잡기 어려운 청유는 사선과 어우러진다.

(경포(鏡浦) 이백겸(李伯謙)이 약속은 했으나 오지 않았다. 세 사람 중에는 짧은 화답이 있었다. 이로서 마지막 구절에 붙였다.)

25일,

늦게 나서니 한낮 따사로움이 사립문에 가득하다. 나루터 길에서 한 노승을 만났다. 본래는 지리산(智異山)에 있었는데, 명산을 두루 돌아보고자 하여 가야산(伽耶山)으로부터 와서 급기야는 풍악(楓嶽)으로 들어갔다. 첩석대(疊石臺)·홍류동(紅流洞)·무릉계(武陵溪) 등의 풍광을 두루 설명하였다. 사람들로 하여금 귀 기울여 듣게 하니 행로의 고달픔을 잊게 했다.

석양에 태평루(太平樓)·현산정(峴山亭)에 올랐다가, 돌아서 녹문(鹿門)을 방문하였다. 황혼에 여러 집을 지나서 밤에 묵은 무구재(無求齋)는 즉 이(李)지평(持平)의 당호(堂號)이다. 밤에는 주인인 사정(士鼎)과 함께 시를 지었다.

尋眞笻牒落花天　　진리를 찾는 대나무 서판에 꽃이 떨어지며 하늘거리고,
심진공첩낙화천
鏡浦歸程漢水前　　경포 귀로에 한수가 앞서네.
경포귀정한수전
煙樹暮開儱老宅　　나무 연기 저녁을 여는데 늙은 댁 걸음이 더디고,
연수모개롱노댁
碧桃遙待永郎舡　　벽도를 멀리서 기다리며 영랑에 배 띄웠네.
벽도요대영랑강
三春信息鳴山鳥　　삼춘 소식에 산새가 울고,
삼춘신식명산조
十載襟懷聽夏蜱　　십재를 가슴에 품고 여름 맛 조개 소리 듣는다.
십재금회청하비
人世此遊渾勝事　　인간 세상 이번 유람 큰 승사인데,
인세차유혼승사
飛昇何必學眞仙　　날아올라 하필이면 참된 신선을 배우랴.
비승하필학진선

(임천(林泉)은 다른 호칭이 녹문(鹿門)이다. 이런 까닭으로 용노댁(儱老宅)이라 한다. 그리고 나는 모름지기 삼일포(三日浦)를 향했다. 이런 까닭으로 영랑강(永郎舡)이라 한다.)

26일, 흐렸다.

늦게 출발하여 약천(藥泉)으로 가는데 이사정(李士鼎)과 낙인(洛人) 신재영(申在英)과 말화(妹華)가 함께 동행하였다. 객중에 놀이를 감상하니 거의 근심 없이 즐길 만하였다. 약천으로 떠난 지 4, 5리에 이르지 못하였는데 약간의 비를 만났다. 저녁에 탁맹재(卓孟才) 집에 투숙하였다. 도중에 취헌(翠軒)에서 머물렀다.

泉石傳名摠以詩 천석전명총이시	천석에 전하는 이름은 모두가 시구인데,
簪年來往夢中依 잠년래왕몽중의	어린 나이에 내왕은 꿈속에 아련하네.
峽林春暮花猶爛 협림춘모화유난	골짜기 숲에 봄이 저무니 꽃이 오히려 난숙하고,
山店年豐酒不稀 산점연풍주불희	산 점막에 풍년이 드니 술이 드물지 않다.
笻牒豈緣靈藥好 공첩기연령약호	대나무 서판이 어찌 인연되어 영약이 좋다 하고,
雲霏不敢好期違 운비불감호기위	구름과 눈은 감히 호시절을 어기지 아니한다.
踏歌聯袂渾忘日 답가연메혼망일	답가를 함께하니 완전히 날 가는 줄 잊었고,
涔寐幽愁若解圍	영면하여 그윽한 시름은 울타리를 푸는 것 같네.

잠매유수약해위

(나는 어린 나이에 두 번 약천(藥泉)에 들어왔었다.)

老石蒼苔潤作花　　오래된 돌 푸른 이끼 적어 꽃을 짓고,
노석창태윤작화
危程到處摠巔涯　　위험한 노정 도처가 산정이요 물가이로다.
위정도처총전애
溪林嫩綠方新葉　　골짜기 수풀 연초록에 온 천지 잎이 피고,
계림눈록방신엽
山酒微紅怱落葩　　산주가 연붉은데 바삐 꽃이 진다.
산주미홍총락파
邂逅吟笻芳草晩　　해후하여 시를 읊으니 방초가 늦어지고,
해후음공방초만
裵徊詩袂倦雲斜　　배회하며 시를 지으니 게으른 구름이 비껴난다.
배회시메권운사
靈源再訪餘緣重　　영험한 샘을 다시 찾으니 남은 인연 중하고,
영원재방여연중
流水林程不覺遐　　흐르는 물은 숲길이 멀음을 깨닫지 못하네.
유수임정불각하

27일, 종일토록 약하게 비가 내리다 땅거미가 내리면서 조금 그쳤다. 비를 무릅쓰고 샘물을 마셨다. 산속 상점에 마침 술이 있어 사서 마셨다. 취헌(翠軒)에서 운자를 따서 시를 지었다.

故舊逢泉石　　옛 친구 천석에서 만나니,

고구봉천석

林戶掩遲遲 숲 속 집 문 닫기가 더디다.

임호엄지지

峽釀寧嫌濁 산골 술에 탁한 것을 혐오하랴,

협양영혐탁

岩花未盡襄 바위 꽃은 다 오르지 않았네.

암화미진양

鳥歸雲起際 새 돌아가고 구름이 일 때,

조귀운기제

人到水鳴時 사람이 물가에 이르러 울 때이라.

인도수명시

一雨猶光景 한줄기 비는 광경과 같은데,

일우유광경

留連子莫辭 머무는 자네는 말이 없구나.

유연자막사

入山光景好 산에 드니 광경이 좋은데,

입산광경호

筇屧故遲遲 지팡이 신발은 이미 더디구나.

공섭고지지

林雨偏多事 숲에 내린 비는 다사에 기운데,

임우편다사

岩花奈欲襄 바위 꽃은 어찌 오르려 하는가?

암화내욕양

十年重到地 십년에 거듭 이곳에 이르러,

십년중도지

三月共遊時 삼월을 함께 놀며 시 짓누나.

삼월공유시
我琴山水樂　　내 거문고에 산수가 즐겁고,
아금산수락
一曲復淸辭　　한 곡조에 맑은 소리 돌아온다.
일곡복청사
(사정(士鼎)이 짓다.)

다시 취헌(翠軒)에서 운을 내어 약천(藥泉)으로 시를 짓다.

川紆山抱護仙園　　내가 굽어 산을 안아 선원을 보호하고,
천우산포호선원
傳播塵間謾聒喧　　속세를 전파하니 의젓함을 속이네.
전파진간만괄훤
天爲衆生醫疾病　　하늘이 중생을 내고 질병을 구료하니,
천위중생의질병
岩藏靈藥釀泉源　　바위에 감춘 영약은 샘에 근원을 짓는다.
암장영약양천원
滿瓠淸洌金丹味　　표주박에 청열이 가득하니 금단의 맛이요,
만호청열금단미
着石分明紫液痕　　돌에 붙은 것은 분명 자액의 흔적이라.
착석분명자액흔
造物爲嫌來俗客　　조물을 혐오하여 속객이 찾아들고,
조물위혐래속객
古敎雲雨鎖山門　　옛 가르침에 운우는 산문을 녹인다.
고교운우소산문

杞泉菊井問何園　갯버들 샘과 국화 우물은 무슨 동산이냐 묻고,
기천국정문하원
餘泒深幽厭世喧　옛 물 깊고 그윽함은 세속의 소란을 싫어하네.
여고심유염세훤
豈獨神芝能續骨　어찌 신령한 지초는 홀로 능히 뼈를 잇고,
기독신지능속골
始知仙藥有眞源　비로소 선약이 진원이 있음을 알았는가!
시지선약유진원
靈超衆水傳新味　영험함이 중수를 넘어 새 맛을 전하니,
영초중수전신미
氣蓄幽岩着紫痕　기가 쌓인 그윽한 바위 붉은 흔적 배었네.
기축유암착자흔
涓滴洽施弘濟術　연적을 넉넉히 베푸는 것이 큰 구제 방책인데,
연적흡시홍제술
玅方何必學醫門　온 세상은 하필 의학을 배우는가!
묘방하필학의문

동(東) 자를 운으로 하여 산중의 한산한 경치를 읊었다.

磅礴名宯盡在東　하나로 뭉쳐진 듯 명산은 모두 동쪽에 있고,
방박명종진재동
故人魁氣與山同　옛 사람들의 으뜸 기운 산과 더불어 함께하네,
고인괴기여산동
詩襟聽水風生硯　시상으로 물소리 들으니 바람이 벼루에서 일고,
시금청수풍생연
林酒留人雨滴筒　숲 속 술이 사람을 붙드니 빗방울이 술통이어라,

임주유인우적통
得意吟節芳草路　　득의에 찬 지팡이 향기로운 풀길에는,
득의음공방초로
有情啼鳥落花藂　　유정한 새소리에 꽃잎이 잔풀에 떨어지고,
유정제조낙화총
藥泉醫病兼醫俗　　약천으로 병을 고치고 세속을 치유하니,
약천의병겸의속
先洗塵間我耳聾　　먼저 티끌을 씻으니 내 귀가 머는구나.
선세진간아이롱

靈水名山冣我東　　신령한 물과 명산은 우리 동쪽이 으뜸이니,
영수명산최아동
好遊今日不謀同　　좋은 놀이 오늘은 함께 논의하지 않았네,
호유금일불모동
看山有味詩盈軸　　바라보는 산에 맛이 있어 시구가 시축에 넘치니,
간산유마시영축
到夜無眠酒盡筒　　밤이 되어 잠이 없으니 술통이 비는구나,
도야무면주진통
一路縈紆渾是石　　일로에 얽히니 모두가 진실로 돌이로고,
일로영우혼시석
百花開落自成叢　　백화 피었다 떨어져 제 스스로 무더기 이루고,
백화개락자성총
與君不語塵間事　　자네와 더불어도 말하지 않는 속세의 일이로고,
여군불어진간사
高臥林泉亦一聾　　임천에 높이 누웠으니 또한 하나같이 귀가 멀었구나.
고와임천역일롱

(사정(士鼎)이 짓다.)

山甁餘粟過前冬　산 항아리 남은 곡식으로 초겨울을 지나면서,
산병여속과전동
待客村翁夜爇松　객을 기다리는 촌옹이 밤새 솔개피를 지피고,
대객촌옹야설송
滿袂雲生人似鶴　소매 가득 구름이 이니 사람이 학과 같고,
만몌운생인사학
穿林石臥水如龍　숲을 뚫고 바위에 누웠으니 물이 용과 같네,
천림석와수여룡
崇朝晴候看山氣　이른 새벽 맑은 날씨에 산 기운을 바라보니,
숭조청후간산기
窮峽春光驗樹容　궁벽한 산협에 춘광이 드니 나무 자태가 드러나네,
궁협춘광험수용
一歃靈泉無俗想　한 모금 신령한 샘물에 속세의 상념이 없어지고,
일삽영천무속상
薄蔬猶勝海珍供　담백한 푸성귀 오히려 바다 진공보다 낫다.
박소유승해진공

君於襄漢我於江　한나라 돕는 데는 자네요 강에서는 나이로세,
군어양한아어강
百里奇遊到石矼　백 리 기막힌 여행으로 돌다리에 이르렀네,
백리기유도석강
幾年寒梅憐病鶴　수년 동안 매실이 부실하여 가련한 병든 학이,
기년한매련병학
三宵爇桂聽仙狵　삼일 밤을 계수나무 모아 신선의 소리를 들었네,

삼소총계청선우
遙山霽景來高枕　먼 산이 개인 풍경에 찾아와 안정을 취하며,
요산제경래고침
近水寒聲徊小牖　가까운 물 찬 소리에 작은 창을 내다보네,
근수한성회소유
若使飮泉無俗累　만약 약천을 마신다면 세속의 누는 없을 것이니,
약사음천무속누
峽村民俗冣吾邦　좁은 촌락의 민속이 내 나라의 으뜸이라.
협촌민속최오방

病鶴瘦掄節共支　병든 학이 수척함을 가리고 마디를 함께 지탱하니,
병학수륜절공지
冣憐風籟在高枝　가장 가련한 바람 소리 높은 가지에 걸렸네,
최련풍뢰재고지
村醪不肴遊人醉　촌 막걸리 안주는 아니지만 노는 사람 취하니,
촌요불효유인취
林雨何心遠客隨　숲의 비가 무슨 마음으로 원객을 따르네,
임우하심원객수
澹對靑山開活直　담담히 청산을 대하여 곧은 도를 열어가니,
담대청산개활직
淸聽流水洗新詩　맑게 들리는 흐르는 물에 새로운 시를 씻고,
청청유수세신시
攸然一笑江湖去　유연하게 한 차례 웃음으로 강호에 가니,
유연일소강호거
明日沙禽舊面知　밝은 날 물새들이 구면으로 알아보네.
명일사금구면지

灘聲喧處雨聲微　여울 물소리 센 곳에 비 소리 약하고,
탄성훤처우성미
新翠殘紅共沓霏　신취와 잔홍이 모두 비로 합쳐지네,
신취잔홍공답비
峽俗無知嫌容至　골짜기 풍속 무지하여 허용하기 싫어하고,
협속무지혐용지
山靈多意釀泉肥　영험한 산 많은 뜻은 샘물 빚어 살찌우네,
산령다의양천비
枯松臥水仍成櫂　고송이 물에 누워 노도를 이루고,
고송와수잉성도
老屋依林自作扉　노옥은 숲에 의지해 스스로 문비를 짓나니.
노옥의림자작비
狂興不堪泉石好　미친 듯이 흥겨워 감당하지 못하니 천석이 좋고,
광흥불감천석호
世人言是亦言非　세상사람 옳음을 말하고 또한 그름을 말하네.
세인언시역언비

山味蕭然勝海魚　산의 맛이 말쑥하니 해어보다 낫고,
산미소연승해어
登盤新蔌宕來葯　소반에 오른 싱싱한 푸성귀 시제에 올린 듯하네,
등반신속탄래약
詩情與雨疑眉宇　시적 정취는 비를 맞아 미우를 의심하고,
시정여우의미우
水氣將雲入醉裾　물기가 장차 구름 되어 취기가 옷자락에 드네,
수기장운입취거

節物偏宜隨謝屐[20]　절물은 치우침이 마땅하여 사극에 따르고,
절물편의수사극
峽民焉識愛陶廬　협민은 어찌 알고 질그릇과 오두막을 아끼는가,
협민언식애도려
三宵勝地猶餘興　사흘 밤의 승경지에는 오히려 여흥이 남고,
삼소승지유여흥
明日歸程步屧徐　밝은 날 귀로에 보섭도 느리구나.
명일귀정보섭서
仙家茶味勝川魚　선가의 차 맛은 냇가 고기보다 낫고,
선가다미승천어
肥蕨香蔬細雨初　살찐 고사리와 향기로운 푸성귀 가랑비로 자랐네,
비궐향소세우초
俗客眞緣花有約　속된 객이 참 인연은 꽃으로 약속하고,
속객진연화유약
山人本色草爲裾　산 사람의 본색은 풀로 의낭을 만드네,
산인본색초위거
谷淙流水千回路　골짜기 흐르는 물은 천 번을 휘감는 길이요,
곡돌유수천회로
地僻閑雲一小廬　궁벽한 땅은 한가로운 구름에 하나의 작은 오두막이네,
지벽한운일소려
淸興猶餘三宿夜　맑은 흥은 오히려 남아 삼일 밤을 묵고,
청흥유여삼숙야
明朝我馬姑徐徐　맑은 아침 나와 말은 잠시 서성인다.
명조아마고서서

20) 謝公屐 : 나막신을 신고 산에 오를 때엔 앞굽을 빼고, 내려올 때엔 뒤쪽 굽을 뺀다는 고사.

(사정(士鼎)이 짓다.)

28일, 쾌청하게 개었다.

약수를 마시고 그림자가 끝나는 오후에 제익(諸益)과 나란히 상류로 산행을 2, 3리를 하여 천석(泉石)에 이르러서 제익은 갔다. 새로이 비록 근원까지 가고자 하였으나 산이 깊어서 그윽한데 다 오르지 못하여 한스러웠다.

青山靜涵古唐虞　　청산이 고요하니 옛 요순시대요,
청산정함고당우
故友逢時水石俱　　옛 벗을 만날 때 수석이 함께했네,
고우봉시수석구
林卣酒稀方瘦客　　숲 속 술통 술이 마르니 객이 수척하고,
임유주희방수객
峽川魚少未腴廚　　협천에 고기 작으니 부엌이 살찌지 못하네,
협천어소미유주
閑中自在花開落　　한가롭게 머무는 동안 꽃이 피었다 지니,
한중자재화개락
極處誰知路有無　　극처에 누가 길이 있고 없음을 알리오,
극처수지로유무
滿袂新詞楓嶽路　　소매 가득 새로운 얘기는 풍악의 길이요,
만메신사풍악로
煙霞餘債了江湖　　연하에 남은 빚은 강호에서 그치네.
연하여채료강호

岩列參差翠不齊　　늘어선 바위 상이하니 비취색 고르지 않고,
암열참차취부제

仙桃消息雨晴蹊　선도 소식으로 맑은 길에 비가 내리네,
선도소식우청혜
宿雲初捲山容遠　묵어가는 구름 휘말리니 산 모양 멀어지고,
숙은초권산용원
午枕方高水韻低　한낮 목침을 높이니 물소리가 아래에 있네,
오침방고수운저
急瀨驚鱗遲上釣　급한 여울에 놀란 고기로 낚시가 더딘데,
급뢰경린지상조
深簷乳鳥聖知棲　깊은 처마 젖먹이 새 거처를 앎이 뛰어나네,
심첨유조성지서
林酸未熟花時晩　숲 속 식초 익지 않으니 개화기가 늦어지고,
임참미숙화시만
明日歸筇不憚泥　밝은 날 돌아가는 지팡이는 진흙을 꺼리지 않는다.
명일귀공불탄니

泉流林筧味新佳　샘물이 대 숲을 흐르니 새롭고 아름다운 맛이요,
천류임견미신가
霽日川華蘸杖鞋　갠 날 냇물이 고이니 지팡이와 신발이 젖네,
제일천화잠장혜
可使名區無酒料　가히 명구라 하여도 술 재료 없으니,
가사명구무주료
不堪疚鳥惜雛懷　견딜 수 없는 병든 새 병아리 생각에 가련하네,
불감구조석추회
淸音遏水渾天籟　알수 맑은 음은 천상의 퉁소소리 흔들고,
청음알수혼천뢰
積氣撑山摠石崖　기를 쌓아 산을 버티니 총석이 벼랑이라네,

적기탱산총석애

湖上碧桃應待我　　호수 상에 벽도화는 나를 기다려 응대하는데,
호상벽도응대아
孤舟何日共仙儕　　외로운 배 어느 날에 신선과 함께하리.
고주하일공선제

丹竈餘痕已死灰　　붉은 부엌 남은 흔적 이미 죽은 재이고,
단조여흔이사회
綠陰村落覔淙盃　　녹음이 촌락에서 흐르는 잔을 찾는구나,
녹음촌락멱돌배
松竽自動風歸壑　　솔 피리 저 홀로 도는데 바람은 골짜기로 돌아가고,
송우자동풍귀학
石篆新靑雨洗苔　　석전 새롭게 푸르니 비는 이끼를 씻는구나,
석전신청우세태
靈境乍逢還憯別　　영험한 경승 잠시 만나고 돌아서 석별하니,
영경사봉환참별
閑花易落亦難開　　한가한 꽃이 떨어지니 또한 개화가 어렵다네,
한화역락역난개
春風與客同時去　　춘풍이 객과 함께 동시에 떠나가니,
춘풍여객동시거
怊悵吟笻不欲廻　　슬퍼하는 지팡이는 되돌려하지 않는구나.
초창음공불욕회

29일,

산의 광택과 물의 기운이 맑으니 사랑스럽기 그지없다. 나는 이틀 동안 양수를 무릇 125 표주박이나 마셨다. 아침 후에 지팡이를 돌려 대장간 뒤 고개를

넘었다. 산길의 험하기가 이루 말할 수 없었다. 정오에 영원사(靈源寺)에 도착하였다. 이곳에서 독서하는 두 사람과 이사정(李士鼎)·신숙화(申叔華) 등이 어울렸다가 차례로 이별하고 마을 입구를 나섰으나 슬퍼짐을 깨닫지 못했다. 해질 무렵에 강선역(降仙驛)에 이르렀다. 운(韻)을 잡아서 마음을 담았다.

象外淸遊似夢眞　　형상 밖의 놀이는 꿈속의 참모습 같고,
상회청유사몽진
白雲遙識別懷新　　백운이 아득하니 이별하는 회포 새롭네,
백운요식별회신
溪程草綠驢鳴水　　계정은 초록인데 나귀는 물가에서 울고,
계정초록려명수
海樹花残鳥惜春　　해수에 꽃이 지니 새들이 봄을 아쉬워하네,
해수화잔조석춘
流水獨歸愁遠客　　유수가 홀로 돌아가니 원객은 시름 깊고,
유수독귀수원객
靑山欲暮夢情人　　청산이 저물려 하니 정인을 그리네,
청산욕모몽정인
道遙十載林泉下　　길은 멀어 열 고개 임천이 아래인데,
도요십재임천하
君我冲襟寂欵親　　그대와 나 빈 가슴 가장 친한 사이라네.
군아충금최관친

30일, 새벽부터 가랑비가 내렸다.

늦게 출발하여 남쪽 교암진(橋岩津)으로 갔다. 저녁 무렵에 열산(烈山) 최춘백(崔春伯)을 방문하여 밤에 술이 있었고 또 노래하였다.

청간정(淸澗亭)

(나는 여온(汝溫)과 함께 이 누정에 세 번 올랐는데, 마지막 시구에 이르기를)

丹碧樓形映藻文　붉은 벽 누의 형상 수초 무늬 비추고,
단벽누형영조문
芳名瑤籍幾仙群　요적에 방명은 많은 신선들이요,.
방명요적기선군
虛庭有石來沙鳥　빈 마당 돌에는 물새들이 날아들고,
허정유석래사조
高閣無人宿海雲　고각에 사람 없어 해운이 묵었네,
고각무인숙해운
銀浦水鳴靈籟送　은빛 포구에 새 울음 영험한 퉁소에 보내고,
은포수명영뇌송
蓬嶋花發異香聞　봉래 섬에 꽃이 피니 특별한 향기소리 듣는구나,
봉도화발이향문
名區已入三題品　명구에 이미 들었으니 제품이 셋이요,
명구이입삼제품
聊把風光與子分　귀 기울여 잡은 풍광 자네와 더불어 나누리라.
요파풍광여자분

도중에 영혈사(靈穴寺)로 시를 지었다.

(이 절은 천혈(泉穴)과 관음굴(觀音窟)이 서로 통한다. 이러 까닭에 거듭 잇닿아 있다.)

聽經山鳥解玄元　경을 듣는 산새는 하늘에 근본을 풀고,
청경산조해현원

佛日淸幽映別園 　불일에 맑고 그윽함은 별원을 비추네,
불일청유영별원
誰拓名區容造化 　누가 유명 구역을 넓혀 조화를 이루고,
수척명구용조화
也知高釋厭紛喧 　고승을 알아보고 시끄러움을 싫어하랴,
야지고석염분훤
地靈長蓄雪山氣 　지령이 길어지니 설산에 기운이 쌓이고,
지령장축설산기
泉穴遠通蓬海源 　천혈이 멀리 봉래와 바다 근원에 통하네,
천혈원통봉해원
怊悵故人分手地 　고인을 슬퍼하여 손수 땅을 나누니,
초창고인분수지
夕陽愁踏落花痕 　석양에 시름에 차 낙화 흔적을 밟는다.
석양수답낙화흔

무송정(舞松亭)

淋滿海氣萬松寒 　물기 머금은 바다 기운에 일만 소나무 시리고,
임만해기만송한
頃刻奇觀動碧瀾 　순간 기이한 광경은 푸른 물결을 움직이네,
경각기관동벽란
影撼魚龍隣月鶴 　그림자 어룡 흔드니 월학을 이웃하고,
영감어룡인월학
聲傳鷗鷺學笙鸞 　소리 전한 구로는 난새를 배우네,
성전구로학생난
雪來滴滴飜風葉 　방울방울 내린 눈은 풍엽을 뒤치고,

설래적적번풍엽

水打蒼蒼響石峦　　창창히 부딪친 물은 돌덩이를 울리고,

수타창창향석만

太古淸琴鳴不盡　　태고에 청아한 가야금은 다하지 못해 울고,

태고청금명부진

儋然相對客懷寬　　멜 듯 상대한 객이 너그러움 품는다.

담연상대객회관

선유담(仙遊潭)에 도착한 즉 환학정(喚鶴亭)에 바람이 일어 후예들을 맞이한다. 옛 터는 사람들에게 옛것을 어루만지게 한다.

雲鶴沙鷗失舊欄　　운학과 갈매기 옛 난간을 잃고,

운학사구실구난

夕陽怊悵泛空瀾　　석양에 슬퍼하니 빈 물결이 이네,

석양초창범공란

猶摭塵世留仙跡　　가히 속세를 척결하니 신선의 자취 머물고,

유척진세유선적

惹送天飇掃石巒　　하늘에 폭풍이 일더니 돌메를 쓸어간다.

야송천표소석만

신해년(辛亥年 : 1791, 정조 15) 사월(四月) 을사삭(乙巳朔)

초1일,

감호(鑑湖)를 탐방하였다. 밤에는 최룡오(崔龍五)와 함께 담소를 하였다. 탐방 길에 피곤해서 시를 짓지는 않았다.

초2일,

감호(鑑湖)의 주인인 첨추(僉樞) 어른이 수연(壽讌)의 자리를 열었다. 고향의 선비들과 고을의 함(咸) 수령이 참석하였고, 거문고와 피리 소리가 어우러졌다. 나는 여온(汝溫)과 구선봉(九仙峯)에 등정하였다. 제일 정상의 절벽에는 천서(天書)의 흔적이 여전히 남아 있었으나 무슨 글자인지는 알 수 없었다. 석양에 비래정(飛來亭)에서 휴식하였고, 밤에는 용오가(龍五家)에서 묵었다.

수석(壽席)을 운자로 시를 지었다.

百年閑臥葛懷民　　백 년을 한가로이 누워 백성을 품고,
백년한와갈회민
淸世悠然一老身　　맑은 세상 유연하게 늙은 몸이라네,
청세유연일노신
天降老仙兼降秩　　하늘이 늙은 신선과 녹을 내리니,
천강노선겸강질
蓬山日月碧爽新　　봉래산 일월이 푸른 벽에 새롭다.
봉산일월벽상신

구선봉(九仙峰)에 등정하다.

(선암(仙岩)에는 천서(天書) 네 글자가 있다. 그래서 예전에는 천서암(天書岩)이라 하였다. 그래서 첫 구절로 삼았다.)

羽節何年弭此崗　　신선의 시절 어느 해 이 언덕 멈추었나?
우절하년미차강
蓬萊歸路白雲長　　봉래산을 돌아가는 길에 흰 구름이 길구나,
봉래귀로백운장

靈書有跡玄天老 영서유적현천노	신령한 글의 유적은 오묘한 이치로 낡았는데,
古塔無痕大嶽荒 고탑무흔대악황	고탑은 흔적도 없으니 큰 산이 거칠다.
箇箇坐仙兼坐佛 개개좌선겸좌불	개개의 좌선은 좌불을 겸했는데,
叢叢揮劍復揮槍 총총휘검복휘창	총총히 휘두르던 검은 다시 창을 휘두르네,
風埃掃盡泠泠去 풍애소진영영거	바람 티끌 소진하여 떨어져 나가고,
擧于遙斟紫液觴 거우요짐자액상	거닐며 술 주고받으니 자줏빛 진액이로다.

초3일, 엷게 흐렸다.

최중량(崔仲良)·권언명(權彦明)과 나란히 현종암(懸鍾岩)을 관람하고, 돌아서 읍내에 이르러 대호정(帶湖亭)에 올랐다. 서쪽으로 금강(金剛)으로 통하고, 남쪽으로 적벽(赤壁)을 마주하고 있다. 한줄기 장강(長江)이 굽이굽이 돌아서 평평하게 펼쳐져 있다. 나는 시를 읊었다. '맑은 하늘과 맑은 강을 사절하니, 깨끗함이 마치 잘 다듬은 시의 구절 같다'. 정자에서 내려와 향청(鄕廳)에 이르러 술을 마시고, 해산정(海山亭)에 올랐다. 이곳은 진실로 읍내에서 가장 아름다운 곳이다.

정오에 삼일포(三日浦)에 이르렀다. 일찍이 나는 이곳을 지나간 적이 있는데, 배를 타고 상하를 오르내리면서 떠나고 싶지 않았었다. 저녁때 몽천암(夢泉庵)에 들어갔는데, 마침 경성(京城)에 있는 주희(酒姬)가 왔었는데 읍내에 머물고 있다고 하였다. 특별히 술을 사왔는데 이 또한 기이한 일이었다.

배를 타고 계월촌(桂月村)에 이르렀다. 밤에는 제익(諸益)과 함께 숙박하였다. 이날은 입하(立夏)였다.

해산정(海山亭)

蓬萊餘脈石爲巒　　봉래산 여맥은 돌산이 되었고,
봉래여맥석위만
仙窟瑰觀擅一欄　　선굴 옥돌을 보니 난간이로고,
선굴괴관천일난
城市誰知藏別界　　성시 누가 알아 별천지 숨겼는가,
성시수지장별계
風烟端合屬閒官　　풍연 단합하여 한관을 거느렸네,
풍연단합속한관
山形北去孤亭出　　산 형상 북으로 가니 외로운 정자 솟았고,
산형북거고정출
海邑東來一郡寒　　해읍 동으로 오니 온 고을이 시리네.
해읍동래일군한
雪樹渺茫江水濶　　설수 아득하니 강수가 활달하고,
설수묘망강수활
詩難摸處函猶難　　시흥 자리 찾기 어려우니 머물기 오히려 어렵다.
시난모처함유난

사선정(四仙亭)

(나는 삼포(三浦)에서 두 번째 놀았다. 이런 까닭에 첫 구절을 내고 항련(項聯)을 이었다.)

向人鴻鷺識前遊　　사람 향한 홍로 예전의 놀이를 알고,

향인홍로식전유

沙路歸筇慣洲渚　　사로 도는 지팡이 섬 물가 익숙하네,

사로귀공관주저

天濶岳陽三入呂　　하늘같은 악양 세 번에 풍류인데,

천활악양삼입여

花開玄觀再來劉　　꽃 피고 그윽한 광경 다시 와서 유람하네,

화개현관재래유

蒼苔雨洗丹書痕　　푸른 이끼 비에 씻기니 붉은 글씨 흔적이요,

창태우세단서흔

綠樹人呼白衲舟　　푸른 나무 사람들이 흰 납주를 부르는데,

녹수인호백납주

物外淸遊皆永述　　바깥세상 맑은 놀이는 모두 다 길게 짓고,

물외청유개영술

四仙當日亦吾儕　　사선이 놀던 그날도 우리 동류이리라.

사선당일역오제

초4일,

최중량(崔仲良)과 자정(子靜) 두 사람이 함께 오봉(五峯)에 이르렀다. 나는 여온(汝溫)과 칠송정(七松亭)을 탐방하였다. 언명(彦明)과 잠시 얘기하고 오봉에서 돌아왔다. 오후에 지나면서 성동(城洞)을 방문하고, 밤에는 감호(鑑湖)에서 묵었다.

초5일, 흐렸다.

정오에 출발하여 저녁때 열산(烈山) 최춘백(崔春伯) 집에 도착했다.

초6일,

춘백과 함께 화진대(花津臺)에 올라 가랑비를 맞으며 유람하였다. 밤에 청초진(靑草津)에서 묵었다. 늙은 주인은 인사(人事)에 자못 해박하였다.

초7일,

아침 식사 전에 낙산(洛山)에 도착했다. 식사 후에 여온(汝溫)은 곧바로 출발하여 떠났다. 나는 서생(書生)들과 함께 얘기하다가 정오에 녹문(鹿門)에 도착하였고, 이사정(李士鼎)의 집에서 묵었다. 밤에는 술을 마시며 담소했다.

무구재(無求齋)의 밤 약천(藥泉)에 이어서 시를 짓다.

(나는 여러 차례 낙산에 왔었기에 지면이 있는 스님들이 많지만, 오히려 객은 어디에 있는지를 묻는다. 그래서 항련(項聯)을 지었다.)

烟霞趣味未曾刪　　고요한 산 경치 즐기는 마음 여전하여,
연하취미미증산
沽醉溪陰散步還　　술 취해 계곡 물가 산책하며 돌아오네,
고취계음산보환
老釋每逢猶問客　　노승은 매번 만나도 오히려 누구냐고 묻는데,
노석매봉유문객
舊朋稀見尙知顔　　구붕은 가끔 보아도 여전히 아는 낯이라네,
구붕희견상지안
淸泠聽盡鳴詩瀑　　맑은 깨우침 다 들으니 시폭을 울리고,
청령청진명시폭
蒼翠携來滿袂山　　푸른색 끌어오니 메 산에 가득하네,
창취휴래만메산
端喜主人多春意　　단아한 기색의 주인은 춘정이 가득하고,
단희주인다춘의

瀛偷浮世一旬閒　　큰 바다 덧없는 세상 탐하니 일순이 찰나일세.
영투부세일순한

초8일,

정오에 후평(後坪)에 도착하여 생원 댁을 방문하였다. 이어서 노산(盧山)을 방문하였다. 저녁 식사 후 서둘러서 녹문(鹿門)에 도착했다. 그것은 4월 초파일의 연등을 보자는 약속이 있었기 때문이었다.

제익(諸益)과 함께 고갯마루에 올라 연등행사를 보았다. 태수(太守)가 등을 달라는 지시를 하자, 촌읍(村邑)이 일시에 등을 달았는데 제법 볼만하였다.

밤에 이사정(李士鼎)과 함께 술을 마시고 달을 보면서 올라와 관등(觀燈)을 제재로 시를 지었다.(관등에 관한 시에서 옛 사람들은 대부분 성월(星月)을 활용했다. 그래서 시는 금지하도록 하였다.)

禺中紫氣動蕭蕭　　오전 붉은 기운 소소히 일고,
우중자기동소소
木末芙蕖列幾條　　나무 끝에 부용 연꽃 수없이 줄지었네,
목말부거열기조
爛漫于林難辨夜　　숲 속 꽃 만개하니 밤을 분별하기 어렵고,
난만우림난변야
團圓萬點不勝搖　　끝머리 만점은 흔들림을 이기지 못하네,
단원만점불승요
愴鳶正似飛啣火　　창공 연이 언뜻언뜻 불을 물어 나르고,
창연정사비함화
紅鯉直欲躍上霄　　붉은 잉어 곧장 비오는 하늘에 오르려 하네,
홍리직욕약상소
遙憶瀛州今夕會　　멀리 영주 생각에 오늘 저녁 모이니,

요억영주금석회
聒天簫鼓渡前橋　　북소리 퉁소소리 하늘에 울려 앞다리를 건넌다.
괄천소고도전교

江城萬朶竹蕭蕭　　강성에 휘늘어진 가지 소소한 대나무,
강성만타죽소소
爭送燈花上遠條　　다투어 등화를 보내니 멀리 줄지어 오르네,
쟁송등화상원조
綠樹陰中渾翳翳　　푸른 나무 그늘은 큰 일산이요,
녹수음중혼예예
微風靜處自搖搖　　미풍 고요한 곳 스스로 흔들리네,
미풍정처자요요
銀河不遠紅颭水　　멀지 않은 은하 붉은 물결이 일고,
은하불원홍점수
珠蘂高懸爛在霄　　주옥같은 꽃술 하늘에서 현란하네,
주예고현난재소
不省下樓催進酒　　깨닫지 못한 하루에서 술을 재촉하여,
불성하루최진주
街臾扶醉漢西橋　　길가에서 잠시 취하니 서교가 한수로다.
가유부취한서교
(사정(士鼎)이 짓다.)

밤에 앉아서 느리게 읊다.

相逢着處勸盃先　　도착하여 상봉하자 술잔을 먼저 권하고,
상봉착처권배선

三夜書燈話十年　삼일 밤 서등은 십 년을 얘기하네,
삼야서등화십년
遊賞喜逢佳節夜　유희에 기쁜 만남 가절의 밤인데,
유상희봉가절야
繁華不似古林泉　번화가 같이 않은 옛 임천일세,
번화불사고임천
名山滿眼詩眉瘦　명산 가득 볼거리에 시는 늙어 파리하고,
명산만안시미수
芳草迷魂客夢懸　방초 미혹한 혼에 객은 꿈에 매달렸네,
방초미혼객몽현
一笑尋常留後約　일소 심상한데 후약을 남기고,
일소심상유후약
清秋漢上月輪圓　맑은 가을 한수에 뜬 달은 둥글게 간다네.
청추한상월륜원

曉鵲南枝報客先　남쪽 가지 새벽까치 객에 먼저 알리고,
효작남지보객선
半簾蒼翠日如年　반렴에 푸른빛은 하루가 일 년 같네,
반렴창취일여년
詩聲一代鳴瀛海　일대 시 소리 영해에 울리고,
시성일대명영해
花事三春夢藥泉　삼춘에 꽃핀 일로 약천을 꿈꾸네,
화사삼춘몽약천
客到深牕雲與宿　객이 심창에 이르니 구름이 함께 머물고,
객도심창운여숙
燈飛高樹月同懸　높은 나무 오른 등은 달과 함께 걸렸네,

등비고수월동현

聊將薄酒留君醉　　엷은 술에 힘입어 그대는 취해 머물고,

요장박주유군취

凉閣紋楸玉子圓　　양각 문양은 호두알 같이 둥글게 간다네.

양각문추옥자원

(사정(士鼎)이 짓다.)

초9일,

상인(喪人) 이백교(李伯喬)를 방문하여 온종일 옛것을 서술하고, 밤에도 머물러 묵었다.

초10일, 아침부터 비가 조금씩 내렸다.

간간이 천둥을 쳤지만 결단코 비가 내릴 징후는 아니었다. 그렇지만 길을 나서지는 못했다. 오후에 쾌청해졌다. 그래서 떠나고자 하였으나 주인이 강고하게 만류하여 보내주지 않았다. 이로서 머물러 묵었다.

최가심(崔可心)·이사정(李士鼎)이 먼저 시 짓기를 요구하여 화답하였다. 지(志) 자로 차운하였다.

怊然十年別　　초연히 십 년을 이별하고,

초연십년별

倏爾一宵間　　달려 온 게 하룻밤 사이 같은데,

숙이일소간

課業詩多事　　시의 학업은 다사하여,

과업시다사

經綸酒不閒　　경륜으로 술을 즐길 틈이 없구나,

경륜주불한

舊遊渾似夢 구유혼사몽	옛 놀이 모두 꿈만 같고,
相對却疑顔 상대각의안	상대하여 의아한 안면 물리치고,
酬接猶無暇 수접유무가	객을 맞이해도 겨를이 없고,
吟筇却忘還 음공각망환	지팡이 물리치고 돌아선다네.

11일,

정오에 출발하였다. 밤에는 동산(洞山) 주인댁에서 묵었다. 주인인 정여헌(鄭汝憲)은 횡성에 가서 돌아오지 않았었다.

12일, 아침에 비가 왔으니 늦게 그쳤다.

정오에 마호(痲湖) 주인댁에 도착하였다. 주인인 정치화(鄭稚和)가 꼭 붙들고 보내주지 않았다. 그런데 책상에는 마침 시축(詩軸)이 있었다. 나는 차운(次韻)하여 시를 지었다.

聽水仍看直 청수잉간직	물소리 들으며 곧음을 바라보고,
登山復讀書 등산복독서	등산 후 독서를 이으니,
遠雲窺戶缺 원운규호결	먼 구름 이지러진 집을 살피고,
高樹落庭虛 고수낙정허	큰 나무 마당 빈자리에 떨어지네,

地淨宜捿鶴　　땅은 깨끗하여 학을 품을 만하고,
지정의서학
湖明可數魚　　호수는 맑아 고기를 헤일 만한데,
호명가수어
昔年承誨地　　지난해 가르침을 잇던 땅,
석년승회지
怊悵巷無居　　슬픈 거리에 살던 자가 없네,
초창항무거

(지난해에 내가 이곳에 왔었다. 주인을 모시었으나 군자는 돌아가셨다. 그래서 마지막 구절은 비감한 의미를 담았다.)

정(丁) 석사가 화운(和韻)하다.

信息鸎聲晩　　소식은 꾀꼬리 소리에 저물고,
신식앵성만
鄕心燕語愁　　향심은 제비 소리에 시름겹고,
향심연어수
夢長迷嶺嶠　　긴 꿈에 미혹한 고개는 높으니,
몽장미령교
詩健敵湖棲　　시정은 마주한 호수에 깃드네,
시건적호서
日覺閑中永　　해는 한가로이 길어짐을 깨닫고,
일각한중영
風知靜處休　　바람은 조용한 곳 휴식을 알고,
풍지정처휴
東床弄璋樂　　동상은 홀을 희롱하여 즐거운데,

동상농장악

何恨客居留	어찌 한 많은 객이 머물러 살리오!
하한객거류	

客中詩骨瘦	객중에 시는 뼈가 시드는데,
객중시골수	
湖海鹵脩然	강호는 서쪽으로 서두는 듯,
호해서유연	
路遠歸雲倦	길은 먼데 돌아가는 구름 게으르니,
노원귀운권	
天長去日懸	하늘에는 길게 지난날이 걸렸네,
천장거일현	
松聲宜醉枕	솔 소리에 취해 베개를 높이 베고,
송성의취침	
山色渃吟鞭	산색 큰물에 시 읊어 재촉하니,
산색약음편	
芳草迢迢路	노음방초 아득히 먼 길에,
방초초초로	
鄕心夢忽焉	향심은 꿈속에서 사라지네.
향심몽홀언	

13일,

주인이 향호(香湖)로 간다고 하여 나란히 입암촌(笠岩村)에 이르러 이(李) 어른을 방문하였다. 다시 향호에 이르러 네다섯 집을 방문하고 저녁때 신촌(新村) 본댁(本宅)으로 돌아왔다. 가친(家親)은 남촌(南村)으로 행차하셨고, 나는 아랫마을에 도착하여 자란주(紫蘭酒)를 마시고 석양에 귀가하였다.

14일, 맑았다.
여러 날 동안 노정으로 피곤하여 일어나지 못했다.

15일, 맑았다.

16일, 맑았다.

17일, 맑았다.

18일, 맑았다.

19일, 맑았다.
소만(小滿)이었다.

20일, 맑았다.

21일, 맑았다.

22일, 맑았다.

23일, 비가 조금 내렸다.

24일, 큰비가 내렸다.
지난달부터 지금까지 가물었다. 한번 가물면 재해가 되는데, 근래에는 드문 일이었다. 밀과 보리는 장차 여망이 없는 듯하나, 금일의 비는 공교롭게 농사철에 때맞춤이라 도처에서 이앙(移秧)[21]이 어긋나지 않았다. 때맞추어 족히 위로가 되었고, 가뭄 속에 희망이었다.

25일, 흐렸으나 비는 오지 않았다.
이상은 즉 일과이다.

26일, 쾌청하게 개었다.
해룡가(海龍家)가 고성(高城)으로 이사하였다. 금일에 출발하였는데, 수년 동안 이웃에서 살아왔는데 하루아침에 멀리 떠나니 슬픔을 금치 못하였다.

27일, 맑았다.

28일, 맑았다.

29일, 맑았다.

30일, 맑았다.
모산(茅山)에 장기(場基) 댁에 상(喪)이 났다.

신해년(辛亥年 : 1791, 정조 15) 오월(五月) 을해삭(乙亥朔)

초1일, 맑았다.
황어대(黃魚臺)에 황어가 많이 올라온다고 한다. 윗동네 여러 사람들이 어망을 끌어 고기를 잡는다고 한다. 나 또한 함께 가서 세 마리를 잡아 왔다.

21) 모심기.

초2일, 맑았다.

사촌(沙村)에 가서 송계(松溪)를 방문했으나 만나지 못했다. 정오에 조(曺) 상인(喪人)을 만나서 이웃 댁들과 함께 얘기를 나누었다. 여온(汝溫)이 남촌으로부터 와서 저녁때에 들어왔다. 초시(草柴)에 이르러 술에 취하여 부축을 받으면서 하천을 건넜다.

초3일, 종일토록 비가 왔다.

나는 술로 피곤하여 자리에 누워 있었다. 밤에 비가 크게 쏟아붓는 듯하였다. 이번의 비는 또 그 시기가 적당하여 풍년을 점칠 만하였다.

초4일, 아침에 비가 왔으나 늦게는 흐렸다.

앞 하천은 겨우 사람들이 통행하였다. 이번 봄에 도백(道伯) 윤사국(尹師國)이 바닷가 진한(津漢)들에게 많은 폐단이 있다는 이유로 석채(釋菜)·어포(魚脯)를 모두 제거해 버렸다.[22]

근래에 (윤사국)이 순시할 때에 고을 전체 유생들이 상서(上書)하였으나 끝내 받아들이지 않았다. 이로서 향중(鄕中)으로부터 소유(疏儒)를 파견할 것을 정하였다. 그리고 일전(一錢)씩을 내어서 가져오게 하여 노자로 보내자고 하였다. 이로서 이 마을에서도 또한 돈을 모으는 차지(次知)를 정하였다.

초5일, 맑았다가 저녁때 약하게 비가 내렸다.

최언명(崔彦鳴)네 집에서 신주(神主)를 다시 고치고자 나에게 와서 써달라고 부탁하였다. 이로서 아침 일찍 올라갔다. 정오에는 제익(諸益)과 더불어 여온(汝溫)네 집에 이르러 봉호(蓬壺)에 가고자 하였다. 날이 늦었고 또 취하여서 앞들에서 창포(菖蒲)를 채취하였다. 망종(芒種)이었다.

22) 석채와 어포는 향교 제사에 쓰는 채소와 해산물이다.

초6일, 맑았다.
종일토록 약간의 통증이 있었다.

초7일, 서풍이 크게 불었다.

초8일, 서풍이 또 휘감았다.
나는 쌀을 팔려고 시변(市邊)에 갔었다. 이로서 취하여 저녁때 돌아왔다.

초9일, 또 바람이 불었다.
나는 병으로 식음을 전폐하였다.

초10일, 또 바람이 불었다.
여러 날 바람이 일어 논에 물이 다 말랐다.

11일, 바람이 그쳤다.

12일, 맑았다.

13일, 맑았다.

14일, 맑았다.

15일, 맑았다.

16일, 맑았다.
가친(家親)이 남촌으로부터 오시다가 사촌(沙村)에 머문다고 하였다. 그래서 나는 사촌에 이르러 가친을 뵈었다. 돌아오는 길에 내미촌(內美村)과 초시(草柴)를 방문하였다.

17일, 맑았다.

여온(汝溫)이 각공(刻工)을 시켜 선대 묘소 상석에 글을 새기고 있었는데, 이미 보름이 지났다. 이제 오늘 그 역사를 마쳤다.

18일, 맑았다.

남북의 마을들이 모내기는 이미 마쳤고, 그 사이에 여러 차례 김매기가 있었다. 그러나 가뭄이 너무 심하고 하늬바람이 빈번히 일어 농가에서는 비를 바라는 것이 한때의 걱정거리가 되었다.

지난날 방백(方伯)이 순시할 때 상서(上書)했던 유생 중에서 4인이 오늘에 이르러 구금되었다. 이런 까닭에 본읍(本邑)에서 선발된 소유(疏儒)들이 금일에 서울로 출발하였다.

19일, 맑았다.

난국계(蘭菊稧) 모임이 열렸다.

20일, 맑았다.

최원보(崔元寶) 대인의 기일이다. 오늘은 하지(夏至) 날이다.

21일, 맑았다.

이 마을의 모모한 사람들이 초당(草堂) 더불어 활쏘기를 경쟁하였다. 나는 낮에 함께하다가 저녁에 돌아왔다.

22일, 맑았다.

23일, 맑았다.

24일, 맑았다.

방백(方伯)이 오늘 바야흐로 상서(上書)했던 유생들 4인을 감영의 옥사로 이송하려고 하였다. 이에 온 고을 유생들이 향교에 운집하여 유생 4인을 명륜당에 두고 이송을 거부하였다. 그리고 소유(疏儒) 100인을 상경시키도록 하였다.

이 마을에서는 여온(汝溫)이 홀로 참여하였다. 나는 친구 광백(光伯) 및 여온(汝溫)과 향교에 나갔는데, 여러 유생들이 많이 모여 있었다. 한낮에 읍내에 도착하여 두루 돌아다니다가 이백겸(李伯謙)을 방문하였다. 사촌(沙村)에 이르러 아버지를 뵙고 해질 무렵에 귀가하였다.

25일, 맑았다.

소유(疏儒)들이 출발하여 구산(丘山)에서 묵었다. 이에 여온(汝溫)도 일찍 출발하였다. 나는 학천(鶴川) 낚시바위에 이르러 여러 사람들이 활쏘기 하는 것을 구경하였다.

26일, 맑았다.

27일, 저녁에 불을 지필 때 큰비가 내리더니 밤새도록 쏟아부었다.

연일 지속된 심한 가뭄이 무릇 23일이요, 서풍이 7일 동안 크게 불어왔다. 모가 다 말라붙었고, 새로이 어린 벼를 이앙하였으나 대부분 말라붙었다. 그런데 금일 비가 대단히 많이 내려 늦은 감이 있다고 하겠다.

28일, 가끔 비가 내리고 가끔은 그쳤다.

나는 하루 종일 채소밭에 파종하였다.

29일, 맑았다.

여러 사람들이 모여서 서정(西亭)에서 활쏘기를 하였다. 노사언(盧士彦)은 주인집 말을 타고 신촌(新村)에 갔다. 지난밤에 태어난 망아지가 오늘 아침에 짐을 싣고 왔다.

신해년(辛亥年 : 1791, 정조 15) 유월(六月) 갑진삭(甲辰朔)

초1일, 흐렸으나 비는 오지 않았다.

아이들을 받아서 강의를 하였다. 조(曹) 상인(喪人)에게 위로하고 들어왔다.

초2일, 가끔 비가 왔다.

초3일, 큰비가 내렸다.

여온(汝溫)의 서찰이 대화(大和)로부터 내려왔다.

초4일, 맑았다.

조(曹) 상인(喪人)이 나갔다.

초5일, 흐렸다가 갑자기 밤에 비가 왔다.

가친이 사촌(沙村)으로부터 행차하셨다.

초6일, 아침에 비가 오다가 그쳤고, 종일토록 흐렸다.

초7일, 흐렸다가 저녁때가 되어 큰비가 내렸다.

오늘은 소서(小暑)이다.

초8일, 비가 내렸다.

초9일, 비가 내렸다.

초10일, 비가 내렸다.

11일, 아침에 비가 오다가 늦게 흐렸다.

친구 광백(光伯)이 읍에 나갔다. 나는 함께 가려고 했으나 그러지 못했다.

12일, 흐렸다.

처음으로 서울의 소식을 들었다. 이 고을의 소유(疏儒)들이 초6일에 입성하였다고 하며, 입성하기 하루 전날에 감사(監司) 문초한 장계를 주상에게 올렸다고 하였다. 그리고 주상의 전교(傳教)에서는 감영 옥사에 구속된 세 유생에 대한 사실은 당초 부회되지 않았다고 하였다. 그리고 형조로부터 감영으로 착송되어 조사를 받은 소유(疏儒)들은 각자 귀가 조치되었다고 하였다.

그리고 이 지방 수령은 이번 사태를 금지시키지 못한 사실로 먼저 파직되고 나중에 나포될 것이라고 하였다. 수령은 금일 출발하게 되어 나는 일찍이 가서 전별하고 돌아왔다.

13일, 아침에 비가 많이 내렸으나 늦게 그쳤다.

사림재회(士林齋會) 때 나와 공근(公瑾)은 이 마을의 유전(儒錢)을 수합하는 차지(次知)로 정해져 그 역할을 맡았다. 나는 공근(公瑾)네 집에 가서 그 역할을 나누었다.

14일, 흐렸다.

아침 전에 여온(汝溫)이 와서 서울의 소식을 자세하게 들었다.

15일, 비가 오다가 저녁때 개었다.

나는 공근네 집에 가서 유전을 수합하였다. 밤에는 농민들과 유두주(流頭酒)를 마셨다.

16일, 비가 왔다.

17일, 초복(初伏)인데 비가 오다가 저녁때 개었다.

나는 신촌(新村) 본댁에 왔다.

18일, 맑았다.

조부의 기일이다. 앞 냇물이 불어 넘쳐서 사람들이 간신히 통행했다. 오후에 쾌청하게 맑았다. 아래 신촌에 도착하여 혜필(惠必)네 집에서 조(租), 즉 전세로 60두(斗) 가전(價錢)으로 7냥(兩) 5전(錢)을 받아 왔다.

19일, 폭우가 쏟아붓다가 늦게 개었다.

심휘(沈輝) 형과 이(李) 서방(書房)이 함께 왔다. 말을 타고 겨우 앞 냇물을 건넜는데, 수심은 가슴을 넘는 것 같았다. 공근(公瑾)네 집에 도착했다.

20일,

연곡(連谷)의 유전(儒錢)을 수합하니 11냥 2전이었다. 그동안 내지 못한 사람도 있었다. 나는 공근과 함께 향교에 가서 돈을 내었다. 뒤돌아서 옥가(玉街)에 이르러 권(權) 상인(喪人)을 위문하였다. 다시 읍내 약국에 이르러 약을 사면서 두루 진찰해 보기를 청하였다. 잠시 소경청(所耕廳)에 들렀다가 노간(魯澗) 큰댁에서 묵었다.

21일,

늦게 출발하여 하봉(荷峰)을 방문하고, 돌아서 매동(梅洞) 최(崔) 씨 댁에 이르러 잠시 이야기를 나누었다. 다시 백교(白橋)에 이르러 상인(喪人) 최내수(崔乃叟)를 위로하였다. 다시 송계(松溪)를 방문하였는데 재실이 마침 무너져 절을 하지 못하고, 석양에 거처로 돌아왔다. 큰비가 내린 나머지 이틀 동안 잠시 맑았다.

22일, 맑았다.

23일, 맑았다.
군화(君華)네 집에 이르러 제사 음식을 먹었다. 이어서 저잣거리(市邊)에 갔다가 곧 돌아왔다. 오늘은 대서(大暑)였다.

24일, 맑았다.
동내에서 밤에 성황(城隍) 제사를 지냈다.

25일, 맑았다.

26일, 흐렸다.
폭우가 쏟아붓는 듯했다. 나는 서재(書齋)에 가서 묵었다.

27일, 맑았다.
여온(汝溫)네 할머니 제삿날이다. 북평(北坪) 이(李) 서방(書房)[23]이 떠나갔다. 이날은 중복(中伏)이었다.

---

23) 성 뒤에 붙여서 벼슬이 없는 사람을 지칭하는 말.

28일, 맑았다.

나는 시내 점방에 가서 500동(銅)을 지불하고 무명(白木) 2필(疋)을 샀다. 여온(汝溫)은 읍에 갔다.

29일, 맑았다.

여온(汝溫) 들어와 읍내 소식을 들었다. 즉 어제 새로운 수령 유한모(兪漢謨)가 부임하였고, 암행어사가 같은 식에 나왔다고 한다. 그리고 고을에 전습(戰慴)이 감돈다 하여 당일로 이 고을 삼학궁(三學宮)[24]의 재임(齋任)[25]을 구속해서 긴급히 역말을 이용하여 동영(東營)으로 이송하였다고 한다. 또한 도백(道伯) 석채어포(釋采魚脯)[26]를 감축하는 문서를 가지고 왔다고 하였다.

30일, 흐렸다가 맑았다.

마을 아이들과 더불어 냇가에서 은어 회를 떠서 먹었다.

신해년(辛亥年 : 1791, 정조 15) 칠월(七月) 갑술삭(甲戌朔)

초1일, 흐렸다.

일찍 출발하여 광백(光伯) 형과 함께 읍내에 나갔다. 도중에 놀라운 이야기를 들었다. 즉 송계(松溪)와 옥거리(玉街) 생원 권필교(權必敎)도 붙잡혀 구속되어 매질을 당했다고 하였다. 읍내에 이르렀을 때는 큰비가 내렸지만 급하게 내려가 사실을 들었다. 즉 조정에서 강릉 선비들의 행동이 불미스럽다고 하여 특별히 어사를 파견하여 바로잡도록 하였다는 것이다. 어사는 바야흐로 형틀에 결박하여 4가지 죄목을 문초하였다는 것이다.

---

24) 향교, 오봉서원, 송담서원.

25) 임원.

26) 향교 석전제에서 사용하는 제수.

괴수에 해당하는 것으로, 하나는 도로를 막고 도백(道伯)을 모욕한 것이며, 또 하나는 옮겨 가두려는 유생을 성묘(聖廟)에 은닉시켜 둔 것이고, 또 하나는 통문(通文) 중에 패설을 쓴 것이며, 또 하나는 100인 상소를 창론한 것이라고 하였다는 것이다.

재임(齋任)들은 즉 진술을 받은 뒤에 형틀을 풀고 구류시켰으며, 원장(院長) 권한서(權漢瑞)는 형(刑)에 준해서 하옥되었고, 진사 권한옥(權漢玉)은 함께 구속되었다고 하며, 곤장을 맞았던 송계(松溪)와 생원 권 씨는 무죄로 출옥되었다고 하였다.

오죽헌(烏竹軒) 두 분의 권(權) 씨 어른들의 말씀 중에는, "내가 차라리 죄를 받을지언정 어찌 타인을 연루시키는 말을 할 수 있겠는가! 그 죄를 자수하여 변명할 생각은 없다고 하였다"는 것이다. 감탄스럽고 존경스럽다고 하겠다. 송계(松溪)는 그때 서울에 갔었기에 본래 간섭하지 않았음으로 무죄 석방되었다.

초2일, 맑았으나, 바람이 크게 불었다.

창서(滄西) 어른이 1백 인 상소를 창론하였다고 하여 조사를 받으러 들어갔다고 한다. 바야흐로 문초를 받았으나 역시 억울함을 호소하지 않고 장형(杖刑) 감수하였다고 한다. 가히 그 기개를 높이 살만한 일이었으나 그 억울함을 이길 수가 없다. 재임(齋任)들은 치죄 후에 즉시 풀려났다.

나는 여온(汝溫)과 함께 해질 무렵에 집으로 돌아왔다. 이날은 성신(星辰)이 낮에 보였다.

초3일, 맑았다.

듣건대 오죽헌 권(權) 씨 어른이 또 장형(杖刑)을 받았다고 한다.

초4일, 맑았다.

요사이 무더위가 예년에 비해 없었던 일이다. 나는 여온(汝溫)과 함께 한

집(漢鎭)네 집에 가서 제사 음식을 먹었다. 이어서 바닷가에 가서 목욕을 하였는데, 많은 사람들이 또한 참여하여 배로 파도를 타면서 놀면서 생복(生卜)을 따서 먹었다. 저녁때가 되어 집으로 돌아왔다.

초6일, 맑았다.

여온(汝溫)이 여동생 혼사일로 북평(北坪)에 갔다. 김(金) 진사 댁 작은 아이가 은어(銀魚)를 구해 왔다. 나는 옥중(獄中)에 보낼 편지를 썼다.

초7일, 맑았다.

초8일, 맑았다.

관례를 치른 아이들 20여 명이 냇가에서 고기잡이 모임을 가졌는데, 유촌(柳村) 송정(松亭)에 이르러 은어 백여 마리를 잡았다. 송계(松溪)가 아이를 보내 물고기를 구해서 20여 마리를 사람을 시켜서 보내왔다. 퇴촌(退村) 주가(酒家)에서 술을 사 마셨다. 저녁때가 되어 돌아왔다.

초9일, 맑았다.

듣건대 민(閔) 진사가 감영 감옥에 있는데 초6일에 상이 나갔다고 하며, 어제 부고가 날아왔다. 참혹하기가 말로 다할 수 없었다.

초10일,

새벽부터 큰비가 내려서 앞 냇물이 넘쳤다. 정유(丁酉)년 이후로 이번 비가 가장 심했다.

11일,

앞 냇물이 겨우 사람들이 통행할 만해졌다.

12일, (일기 내용이 없다.)

13일,

밤새도록 비가 쏟아부어 하천이 넘쳤다. 어제 그제부터 건너기가 위태로웠다.

14일,

종일 비가 내려서 앞 냇물이 무릇 어깨가 묻힐 지경이었다. 장진(章進)네 집에서 술을 보내왔다. 겨우 올라왔다고 한다. 오후에 비가 더 심하여 다시 불통이 되었다.

15일, 흐렸다.

하천이 넘쳐 종일토록 불통이었다. 밤에 구름 사이로 달을 보았다.

16일, 맑았다.

관례를 치를 아들과 하천에서 목욕을 하였다. 밤에 월색이 대낮 같았다. 긴 장마 끝에 이윽고 달을 바라보는 것도 또한 아름다운 일이었다. 다만 헤엄칠 만한 곳이 없음이 흠이었다. 풀피리를 불면서 시를 주고받았다.

17일, 흐렸다.

박수백(朴綏伯)이 향호(香湖)로부터 찾아왔다. 일어나 책을 수리하여 읍내로 전송하였다. 이날은 말복(末伏)이었다.

18일,

19일,

20일,
여온(汝溫)이 읍에 나갔다.

21일, 맑았다.
어머니가 신촌(新村)에 가셨다.

22일,
여온(汝溫)이 읍으로부터 들어왔다. 어머니가 신촌(新村)으로부터 돌아오셨다.

23일, 맑았다.
나는 읍에 나가서 감옥에 갇힌 자들은 만나 보았다. 감영에 갇힌 죄인들이 보낸 서신으로 감영에 있음을 알 수 있었고, 이 지방에 갇힌 죄수들은 각처로 유배되었다고 하였다. 그리고 관문은 아직 도착하지 않았다고 하였다.
나는 저녁에 이백겸(李伯謙) 댁에서 묵었다. 신(辛) 상인(喪人) 몽서(夢瑞)로 인해 곧바로 이사정(李士鼎)에게 편지를 보냈다. 저녁에 가랑비가 내렸다.

24일,
신(辛) 상인(喪人)을 방문하였더니 이미 떠난 뒤였다. 사촌(沙村) 송계당(松溪堂)을 방문하였다. 오후에 귀가하였다.

25일,

26일, 앞 냇가에 나가 물고기를 잡았다. 신촌(新村) 본댁(本宅)에 갔었다.

27일, 맑았다.
신촌(新村)에서 돌아왔다.

28일, 흐렸다.

나는 최군화(崔君華)에게 어망(魚網)을 부탁하여 노사언(盧士彦)·강사서(姜士瑞)와 더불어 사음탄(舍音灘)에서 고기잡이를 하여 은어 100여 마리를 잡아서 어두워져서야 돌아왔다. 경포(鏡浦) 이백겸(李伯謙)이 와서 묵었다.

29일, 비가 왔다.

백겸(伯謙)이 갔다.

신해년(辛亥年 : 1791, 정조 15) 팔월(八月) 계묘삭(癸卯朔)

초1일, 계묘(癸卯)인데, 큰비가 하루 종일 내렸다.

초2일, 큰비가 왔다.

초3일, 큰비가 왔다.

여온(汝溫)이 비를 맞으며 읍에 나갔다. 나 또한 한진가(漢鎭家)를 방문하였는데, 과거 준비물을 갖추기 위해서였다.

초4일, 큰비가 왔다.

여온(汝溫)은 읍으로부터 천남(川南)에 도착하였으나, 물로 막혀서 말을 타지 못해 초시촌(草柴村)에서 묵었다.

초5일, 큰비가 왔다.

지난밤에 비가 조금 그쳐서 하천의 수위가 조금 내려갔기에 여온(汝溫)이 겨우 건넜다.

초6일, 흐렸다가 간간이 비가 왔다.

나는 초하루부터 시험을 위해 출발하고자 하였으나 비로 인하여 실행하지 못하였다가 금일 저녁때 출발하여 후봉(厚奉)에서 묵었다. 학동(學童) 최지수(崔芝秀)가 따라가기를 원했기에 함께 묵었다. 여온(汝溫)은 경시(京試)를 보고자 하였기에 친구 광백(光伯)과 더불어 역시 출발하였다가 하초시(下草柴)에서 묵었다.

초7일, 쾌청하였다.

나는 지수와 함께 늦게 출발하였다가 마호(麻湖) 정치화(鄭稚華)의 산장(山庄)에서 묵었다.

초8일, 맑았다.

오랫동안 비가 온 나머지 도처에 물이 고여 있어서 겨우 겨우 건너서 임천(林泉) 이사정(李士鼎) 댁에 이르러 날이 저물었다. 강지로(姜至魯)가 매곡(梅谷)으로부터 곧장 임천(林泉)에 이르렀다.

초9일, 아침에 맑았는데, 늦게 흐렸다.

강(姜)·최(崔) 두 명의 학구(學究)와 양양(襄陽) 유생 김시성(金始成)과 함께 출발하여 양치(凉峙)에 이르러 보슬비를 만났다. 점촌(店村)에 이르러 산속의 비가 점점 많이 내려 석천(石川)이 조금 넘치고 있었다. 저녁때 약천(藥泉) 촌집에 투숙하였는데 옷과 배낭이 다 젖었었다.

초10일, 비가 그치고 쾌청했다.

한계령(寒溪嶺)을 넘었다. 이 지역은 김증행(金曾行)의 땅이다. 그리고 시내 골짜기 숲 속의 나무들은 자못 이색적이었다. 전날에는 안면이 검었는데, 마을에는 온통 복숭아꽃이고 보니 유랑자의 탄식이 없지 않았다.

일기는 청명하여 비록 다행이지만, 나무와 잡풀이 무성하였다. 산에는 지름길이 없으니 숲을 뚫고 힘차게 걸었다. 한낮의 더위 속에 재양전(材良田) 촌사(村舍)에 잠시 머물다가 옥녀동(玉女洞)을 지났는데, 맑은 못에 폭포가 떨어져 장관을 이루어 세속의 피로를 잊게 만들었다. 저녁때 와천촌(瓦川村)에 이르렀으나 집집마다 질병으로 고통스러워하여 투숙할만한 곳이 없었다. 산길은 비록 두려웠으나 월색은 사랑스러웠다. 앞에 큰 대천을 만나니 평평하게 달빛 물결이 펼쳐져 넓게 일렁이는 것이 측량하기가 어려웠다. 모두 옷을 벗고 건너는데 깊이가 정강이에 지나지 않았다. 이에 서로 파안대소하며 어두운촌(魚頭雲村)의 촌집에 이르렀는데, 밤이 이경(二更)[27]에 이르고 있었다.

11일, 맑았으나 아침에 안개가 끼었다가 늦게 걷혔다.

식사를 하고 원통촌(圓通村)을 지났고, 한낮에 광치점(廣峙店)은 무더웠다. 매번 길가에서 천석(泉石)을 만나는데 번번히 배회하다가 머물러 쉬었기에 하루에 5, 6십 리를 갔다.

고갯마루에 이르러 유생 김시성(金始成)과 지수(芝秀)는 먼저 양구(楊口)읍에 들어가고, 나와 지로(至魯)는 함춘역(咸春驛)에서 묵었다. 이날은 백로(白露)였다.

12일, 아침에 안개가 끼었다가 늦게 걷혔다.

나는 읍내에 들어가 이사정(李士鼎)의 사관(舍館)[28]에서 아침을 하였다. 한낮에 객사(客舍) 앞 임복노(林福老) 맛 집에서 주인을 만났다. 나는 두 아이들과 같은 곳에 있었다.

13일, 맑았다.

27) 밤 아홉시 경.
28) 객지에서 일시로 숙식하는 집.

동접(同接)[29]을 방문하였다.

14일, 맑았다.

최공기(崔公基)의 사관(舍館)을 방문하여 비로소 고성(高城) 소식[30]을 들었다.

15일, 맑았다.

나는 여온(汝溫)과 더불어 매번 과거에 동접(同接)하였으나, 여온은 서울로 갔다. 나는 사수(寫手)[31]가 없이 박수백(朴綏伯)과 동접이 되었다.

16일, 맑았다.

나는 초장(初場)·종장(終場)의 시지(試紙)를 마름질하였다.

17일, 맑았다.

도사(都事)[32] 윤치성(尹致性)이 읍에 도착하여 절목(節目)[33]을 게시하였다. 이번의 과거 규정은 예전과는 달랐다. 전교(傳敎)[34]의 내용은 환서(換書)[35]를 허용하지 않으며, 모두 자술(自述)[36] 자사(自寫)[37]해야 한다는 것이었다. 그리고 시제(試題)가 내걸린 이후 세 시간이 경과한 후에 시권(試卷)을 제출해야 하며, 만약 그 전에 제출하면 하나같이 모두를 뽑아서 버린다는 것이었다.

---

29) 같이 공부하는 사람들.
30) 이 무렵 고성에서는 과거의 2차 시험 즉 복시(覆試)가 거행되었다.
31) 글씨를 베껴 쓰는 사람.
32) 지방 과거의 감독관.
33) 과거의 시행 절차 및 규칙.
34) 임금이 내린 지시.
35) 글을 바꾸어 쓰는 것.
36) 본인이 직접 짓는 것.
37) 본인이 직접 쓰는 것.

이런 까닭에 나 또한 스스로 쓸 계획을 세우고, 양양(襄陽)과 고성(高城) 출신 접(接) 즉 유생들을 방문하였다.

18일,

신시(申時)[38]에 과장의 문이 열렸는데, 들어간 후에 큰비가 갑자기 쏟아붓듯이 내렸다. 밤에 이르기까지 그치지 않았다.

19일, 새벽에 비가 조금 그쳤다.

묘시(卯時)[39]에 시제(試題)가 내걸렸다. 시제(詩題)는 "주나라 경계에서 농사짓는 자들이 밭두둑을 양보하는 보고, 이에 서백을 만나지 않고 돌아왔다."[40]였다. 부제(賦題)는 "흰 꿩을 바치다."[41]였다.

시간 전에 먼저 제출한 시험지 4장이 뽑아 버려졌다. 나는 직접 써서 오시(午時)[42]에 제출하고 나왔다.

20일,

지수(芝秀)를 시켜서 종장(終場)의 시지(試紙)를 마름질하게 하였다. 밤에 큰비가 내렸다.

21일, 지난밤부터 오던 비가 새벽에 그쳤다.

진시(辰時)[43]에 시제(試題)가 내걸렸다. 의제(義題)는 "천지관"[44]이었다.

---

38) 오후 3시부터 5시까지의 시각.
39) 오전 5시부터 7시까지의 시각.
40) 入周界見耕者遜畔 乃不見西伯而還.
41) 薦白雉.
42) 오전 11시부터 1시까지의 시각.
43) 오전 7시부터 9시까지의 시각.
44) 天地官.

나는 오시(午時)[45]에 시험지를 제출하고 문을 나섰으나, 피곤하여 바로 출발하지 못하였다.

22일, 맑았다.

아침 식사를 하기 전에 고성(高城)의 여러 유생들과 같이 계촌(桂村)으로 출발하였다. 이것은 전날의 약속이었다. 양구(楊口) 덕곡(德谷)의 유생 박(朴)가에서 아침을 먹었는데, 비록 겉모습이 우아함은 없었지만 오히려 유생들을 돌보는 의미는 많았다.

한낮에 달산령(達山嶺)을 넘었는데, 위태로운 봉우리로 좁은 길이 매달리어 하늘에 잇닿아 진실로 높고 험하여 피곤한 나머지 숨이 넘어갈 지경에 이르도록 걸었다. 저녁때 해안(亥安)에 이르렀는데, 하늘에 꽂힌 것 같은 산기슭은 두루 4개의 성채로 짝을 이루었는데 중간에 넓은 들은 족히 40리 정도는 되었다. 그리고 큰 하천을 끼고 있는 들판에는 좌우에 인가가 있어 뽕나무와 삼마를 가리는 우산 같았다. 가호(家戶)는 겨우 백여 호이고, 벼를 심고 조를 경작하여 생계가 가장 넉넉하였다.

나는 예전에 듣기로 해안(亥安)은 무릉도원보다 좋다고 하여 그 아름다움을 한번 보기를 원하였었다. 천만뜻밖에 와서 앞에 이르니 듣던대로였다. 비록 부족하기는 하지만 또한 족히 속세를 피할만한 좋은 땅이었다.

해사촌(解事村)을 방문하여 늙은이에게 촌명(村名)의 뜻을 물었다. 대답하기를, 옛날에는 해안(海晏)으로 불렀던 것은 난세를 평안하게 하는 땅이라는 의미를 갖는다고 하였다. 이곳 땅에는 뱀들 자못 많이 서식하여 사람들이 많은 피해를 입었는데, 어떤 신인(神人)이 지나다가 교촌인(敎村人)을 만나서 해안(亥安)으로 고쳐서 이름을 지었다고 한다. 이후로부터 뱀의 피해가 점차 줄어들게 되었고, 혹 상해를 당한 자가 있어도 수일이 지나면 나았다고

45) 오전 11시부터 1시까지의 시각.

한다. 이런 까닭으로 이름이 지어졌고, 밤에 주인 늙은이가 닭을 잡아 구워 바쳐 기쁘게 한다 하니 이 또한 좋은 풍속이라 하겠다.

23일,

아침 전에 돌산령(突山嶺)을 넘었다. 돌 계곡 물의 험함이 좁은 길보다 더욱 심하였다. 송노산(松老山)에서 아침을 먹었다. 한낮에 삽치령(挿峙嶺)을 넘었다.

나는 일찍이 고갯길을 넘은 일이 많았으나, 이 세 개 고개의 어려움만 하지는 않았었다. 새삼 세상길의 험함을 알게 되었다. 잠시 탄둔(炭屯)에서 쉬었다가 저녁때가 되어 고미성(古美城)에 이르렀으니 고성(高城) 땅이다. 밤에 닭을 삶아서 술을 마시는 것도 또한 산중의 즐거운 일이었다. 큰비가 밤새도록 쏟아졌다.

24일, 비가 여전히 그치지 않았다.

비를 무릅쓰고 출발하였다. 마을에서 소를 빌려 타고 겨우 큰 하천을 건넜다. 골짜기 길이 험하고 미끄러워 뒤꿈치를 디딜 수가 없었다. 늦게 수동(水洞) 양반가에 이르렀다.

아침을 하고 강릉의 경서에 밝은 여러 유생들은 고성(高城)의 동당(東堂)[46]을 관람하였다. 혹은 감호(鑑湖)에 들어가기도 하고 혹은 쌍봉(雙峯)에 가기도 하였다.

나는 친구 최자정(崔子靜)과 함께 태봉(胎峯)에 들어가 마을의 말을 타고 겨우 큰 강을 건넜다. 온정(溫井)에 이르니 하천의 입구가 물이 넘쳐 건너지 못하였다. 다시 돌아와 내동(內洞) 유생 정(鄭) 가에서 묵었다. 양양(襄陽) 노여장(盧汝章)과 최공기(崔公器)는 곧바로 읍의 남쪽에 이르러 배를 타고 먼저 건넜다.

46) 과거의 복시(覆試)를 치른 곳.

25일, 맑았다.

아침 후에 계촌(桂村)에 이르렀는데 한 동네가 한 달 동안을 질병으로 고통받고 있었다. 경량(景良)은 두 아이를 잃었고, 해룡가(海龍家)에 다 연락해 보니 모두 고통스러웠으나 무사하였다. 소생하였으니 비록 다행이긴 하나 객중에서 우환을 겪으니 지극히 걱정스러웠다.

26일, 추분(秋分)인데 가랑비가 내렸다.

계촌(桂村)에 머물렀다.

27일, 맑았다.

계촌(桂村)에 머물렀다. 노(奴)를 광교(廣橋)에 보내 술을 사오게 하였다.

28일 맑았다.

계촌(桂村)에 머물렀다.

29일,

친구 경량(景良)과 함께 몽천암(夢泉庵)에 이르렀다. 생원 노재환(盧再煥)과 함께 담소하였다. 향청(鄕廳)에서 보낸 과방(科榜)에 강릉 7인이 들었으나 나는 굴욕을 맛보았다. 곧바로 뱃놀이를 하고자 하였으나 나루에 비가 쏟아질 것 같아 어려웠다. 혼자서 즐기다가 곧 돌아왔다.

30일, 맑았다.

계촌(桂村)에 머물렀다. 노(奴)를 읍내에 보내서 술을 사오게 하였다.

신해년(辛亥年 : 1791, 정조 15) 구월(九月) 계유삭(癸酉朔)

초1일, 맑았다.

노여장(盧汝章)과 더불어 마을과 북림정(北林亭)을 갔었다.

초2일, 맑았다.

최경량(崔景良)·노여장(盧汝章)과 더불어 동당(東堂) 과유(科儒)들을 방문하였다. 향청(鄕廳)에 이르러 술을 마시고 석양에 계촌(桂村)으로 돌아왔다.

초3일, 비가 왔다.

읍에 나가려고 하였으나 가지 못하였다.

초5일,

친구 중량(仲良)과 더불어 일찍이 읍내에 나갔다. 과유(科儒)들이 입장하였다가 아직 나오지 않았다. 향청(鄕廳)에 이르러 종일토록 담소를 나누다가 마침 해복인(解卜人)을 만나 신수(身數)를 물어보았다. 저녁때 여러 유생들과 모여서 담소하였다. 밤에 친구 여장(汝章)·중량(仲良)과 함께 진대(振大) 가에서 묵었다.

초6일,

과유(科儒)들과 더불어 같이 해산정(海山亭)에 올라 잠시 대화를 나누었다. 여장(汝章)을 비롯해 여러 유생들이 삼일포(三日浦)에 입장하였다. 나는 친구 중량(仲良)과 더불어 곧장 계촌(桂村)으로 왔다. 여장(汝章)도 또한 삼일포로부터 왔다.

초7일, 맑았다.

동당(東堂)에 방목(榜目)이 내걸렸다. 경생(經生) 16인 중에 1인이 낙방하였다. 여장(汝章)은 출발하여 갔다.

초8일, 맑았다.

오봉(五峯)에서 집안의 큰집 작은집들을 방문하였다. 저녁때 돌아오는데 마침 고기 잡는 사람이 배에다가 어망을 싣고 와서 연어(鰱魚)를 포획하고 있었다. 나는 강 상류에 앉아서 고기잡이를 구경하였다. 저물 무렵에 계촌(桂村)으로 왔다.

초9일, 객지에서 아름다운 계절을 만났으나 매우 무료했다. 비록 시로서 회포를 풀고자 하였으나 처량한 어귀만 떠올랐다. 마침내 그만두고 짓지 못했다.

초10일, 맑았다.

감호(鑑湖)를 탐방하였다. 저녁때 계촌(桂村)으로 돌아왔다.

11일, 맑았다.

칠송정(七松亭) 권(權) 진사를 방문하여 반나절 동안 평안하게 대화하였다. 석양에 계촌(桂村)으로 돌아왔다.

12일, 맑았다.

성천(星川)에서 객이 왔는데, 조금은 지리에 밝았다. 나는 계촌(桂村)의 여러 사람들과 더불어 최(崔) 씨의 산소에 함께 올랐다가 오후에 내려왔다.

13일, 맑았다.

계촌(桂村)에 머물렀다.

14일, 맑았다.

계촌(桂村)에 머물렀다.

15일,

나는 출발하여 가고자 하였으나 비를 만나 실행하지 못하였다.

16일, 아침에 비가 오다가 늦게 맑았다.

마침내 출발하여 여정에 올랐다가 저도(猪島) 이복이가(李福伊家)에서 묵었다. 야밤에 월색이 그림 같았다. 나룻가의 서민들은 대부분 방어(魴魚) 잡이를 하였다.

17일, 맑았다.

일찍 출발하여 아침은 최춘백(崔春伯)의 산소 아랫집에서 먹었다. 저녁때가 되어서 교암(橋岩) 밑동의 인가로 들어갔다.

18일, 맑았다.

새벽에 출발하여 청간정(淸澗亭)에 올라 일출을 보았다. 아침은 청초호(靑草湖)에서 하였다. 저녁때 양양(襄陽) 읍에 들어갔다.

19일, 맑았다.

새벽에 출발하여 동산(洞山)에서 아침을 먹었다. 화상암(和尙岩)에 올랐다가 잠시 쉬었다. 저녁때 신촌(新村) 본댁(本宅)에 도착하였다.

20일, 아침에 비가 오다가 늦게 맑았다.

아버지를 모시고 우리 집에 돌아왔다. 여온(汝溫)은 읍에 나가고 돌아오지 않았다.

21일, 맑았다.

여온(汝溫)이 들어왔다.

22일, 바람이 크게 일었다.

비록 큰 재앙이 되지는 않았으나 들판에 곡식이 자못 많아 쓰러지고 떨어져 걱정스러웠다.

23일, 맑았다.

집에서 머물렀다.

24일, 맑았다.

집에서 머물렀다.

25일, 맑았다.

나는 남촌(南村)에 가고자 하여 한진가(漢鎭家)에 이르러 말을 빌려서 왔다.

26일, 맑았다.

여온(汝溫)이 읍에 갔다. 나는 몸이 불편하여 함께 가지 못했다. 종일토록 신음을 하며 앓았다. 오늘은 상강(霜降)이었다.

27일, 맑았다.

모안(慕顔) 댁에 가서 제사 음식을 먹었다. 정연(亭淵) 황(黃) 어른이 오셨는데, 여온(汝溫)의 외숙이시다.

28일, 맑았다.

집에 머물렀다.

29일, 맑았다.

집에 머물렀다.

신해년(辛亥年 : 1791, 정조 15) 십월(十月) 임인삭(壬寅朔)

초1일, 맑았다.

황(黃) 어른 그리고 여온(汝溫)과 더불어 백겸(伯謙) 집을 방문하여 함께 읍내에 나갔다. 나는 모산(茅山)에 가서 장기댁(場基宅)에서 곡을 하였다. 또 최(崔) 진사·최(崔) 좌수 등 두 댁을 찾아 위로하였다.

노가니(魯澗) 큰댁에서 저녁을 먹고 돌아와 읍에서 묵었다. 밤에 관아에 들어가 유생 황(黃) 어른과 잠시 이야기를 나누었다.

초2일, 맑았다.

죄인으로 갇힌 유생들을 방문하였더니, 이제 방금 관노청(官奴廳)에 구류되었다고 하였고, 송계(松溪)는 도내에 통문을 한 일로 또한 갇혀 있었다. 나는 술을 한 병 구해서 들어가 만나보았다. 아침 후에 백겸(伯謙)의 집에 갔다가 황(黃) 어른 그리고 여온(汝溫)과 더불어 들어왔다. 나는 내미촌(內美村)에 갔었는데, 가친은 모름지기 피하여 함촌(咸村)에 계셨다.

초3일,

나는 하초시(下草柴)에 가서 여온(汝溫)네 홍시를 땄다. 가친(家親)이 이곳에 오셨다.

초4일, 종일 비가 왔다.

아이들이 파접회(罷接會)를 열었는데, 촌로(村老)들이 여럿이 참석하였다. 최해진(崔海振)의 어머니가 밤에 상을 당하셨다.

초5일, 맑았다.

접회(接會)에서 남은 술 한 동이를 얻어 가지고 위촌댁(渭村宅)에 모여서 마셨다.

초6일, 맑았다.

이백겸(李伯謙)이 찾아왔는데, 성범(聖範)이 가야금을 가지고 왔다.

초7일, 맑았다.

계촌(桂村)으로 편지를 보냈다. 여온(汝溫)은 불상을 가서 보았다.

초8일, 맑았다.

가친(家親)이 신촌으로 행차하셨다. 매동(梅洞) 최치공(崔稚恭)이 와서 묵었다가 여온(汝溫)네 말을 사가지고 갔다.

초9일, 아침에 비가 오다가 오후에는 맑았다.

바람 기운이 조금 차더니 고산에 대설이 내렸다.

초10일, 맑았다.

황(黃) 어른이 읍에 갔었는데, 영옥(營獄)과 본부(本府)에 죄인으로 갇힌 유생들이 각각 배소(配所)가 정해졌다고 하였다.

11일, 맑았다.

여온(汝溫)이 읍에 나갔다.

12일, 맑았다.

입동(立冬)이다. 여온(汝溫)이 읍으로부터 돌아왔다. 나는 『시전(詩傳)』을 베껴 썼다.

13일, 맑았다.

『시전(詩傳)』을 베꼈다. 정여헌(鄭汝憲)이 찾아와 유숙하였는데, 계촌(桂村)의 소식을 간략하게나마 들었다.

14일, 맑았다.

여온(汝溫)이 세를 거두는 일로 우암진(牛岩津)에 갔다.

15일, 저녁때 비가 왔다.

여온(汝溫)이 왔는데, 장산(長山)에 최(崔) 어른이 또 오셨다. 나는 모전댁(茅田宅)에서 저녁을 먹었다.

16일, 종일 비가 왔다.

최(崔) 어른이 머물렀다.

17일, 맑았다.

황(黃) 어른이 읍내 아중(衙中)으로부터 돌아왔다.

18일, 맑았다.

나는 군화(君華)를 찾아갔으나 만나지 못했다. 보향댁(普鄕宅)에 이르러 잠시 담소를 나누었고, 상인(喪人) 조린(曹璘)이 와서 묵었다.

19일, 맑았다.

해질 무렵 연곡(蓮谷)에서 유전(儒錢)을 수합하였다. 향교 문서 중에 누락된 것을 발견한 까닭으로 수노(首奴)가 들어왔다.

20일, 맑았다.

나는 여온(汝溫)과 함께 북평(北坪) 백겸(伯謙)네 집에 갔다. 저녁을 먹은 후에 읍에 나가서 추책댁(翠冊宅)에 이르러 최(崔) 장의(掌議)를 만나 밤에 성저가(城底家)로 가서 평안하게 담소를 나누다가 돌아와 복동가(福同家)에서 묵었다.

21일, 맑았다.

여온(汝溫)과 함께 술항아리를 가지고 관노청(官奴廳)에 이르렀다. 송계(松溪)는 여전히 구속되어 있었다. 돌아서 노가니(魯澗)에 이르러 아침 식사를 했다.

제천(堤川) 강(姜) 석사(碩士)[47] 용건(用健)이 그의 장인 단양(丹陽) 이(李) 어른과 함께 들어와 읍내에 숙소를 정하였다. 이 지방 수령에게는 인척 관계가 되었던 까닭이었다. 종일토록 함께 대화를 나누었다.

저녁때 여온(汝溫)과 함께 노가니(魯澗)에 이르러 저녁 식사를 하였다. 나는 성저가(城底家)에서 묵었다.

22일, 흐려서 한기가 돌았다.

여온(汝溫)은 집으로 들어가고, 나는 단양(丹陽) 이(李) 어른과 함께 대화를 나누다가 성저가(城底家)에서 묵었다.

23일, 흐렸다.

이(李) 어른과 강용건(姜用健)과 함께 경포에 갔는데 밤에 비가 왔다. 나는 이(李) 어른의 숙소에서 묵었다.

24일, 종일토록 큰비가 왔다.

단양(丹陽) 어른이 경포로부터 와서는 을산(乙山)으로 나왔다. 이런 까닭

---

47) 예전에 벼슬이 없는 선비를 높여 부르던 말.

에 여온(汝溫)에게서 글을 고쳤다. 밤에 폭우가 내려 크게 쏟아붓는 듯하였다. 나는 성저(城底)에 가서 잠시 대화하고 돌아와 이(李) 어른의 숙소에서 묵었다.

25일, 흐렸다.

나는 노청(奴廳)에 도착하여 종일토록 최(崔) 미망인과 전답(田畓)의 일로 얘기를 나누었으나 본족(本族)[48]과 송사는 해결되지 못하였다. 나는 단양(丹陽) 어른의 숙소에서 묵었다.

26일,

새벽에 성저(城底)에 가서 잠시 얘기 나누었다. 노가니(魯澗)에서 아침 식사를 하고, 곧장 서둘러 마을로 돌아오니 서당(書堂) 계원(契員)들이 계조(契租)를 받고 있었다. 최성범(崔聖範) 형제와 더불어 언쟁으로 상호간에 실수를 하였으니 가히 근심스러웠다.

27일, 흐렸다.

황(黃) 어른이 출발하여 가셨다. 정여헌(鄭汝憲)이 아들 인철(仁喆)을 보내 나에게서 수학하도록 하였다. 나는 함애댁(咸哀宅)에서 상인(喪人)을 만났는데, 새로운 일을 앞두고 크게 꺼렸기 때문이다. 신촌(新村)에 가고자 했으나 실행하지 못했다.

28일,

아침 식사 전에 신촌(新村) 본댁(本宅)에 가서 아침 식사를 하였다. 오후에 혜필가(惠弼家)에 가서 사마동조(司馬洞租)를 분반(分半)하는 것으로 타결을 보았다. 밤에는 율하재(栗下齋)에서 묵었다.

---

48) 여자의 친정 친족.

29일, 바람이 불렀다.

날씨가 무척 추운 것이 이번 겨울에 들어 가장 심하였다. 아침 식사 후에 집으로 돌아왔다.

30일, 맑았다.

신해년(辛亥年 : 1791, 정조 15) 십일월(十一月) 임신삭(壬申朔)

초1일, 맑았다.

초2일, 흐렸다.

『시전(詩傳)』을 베꼈다.

초3일, 이른 아침부터 눈비가 섞여 내렸다.

오후에 날이 그쳐 나는 위촌댁(渭村宅)에 도착하여 제삿밥을 먹었다. 밤에는 광백(光伯) 형과 함께 묵었다.

초4일, 쾌청하였다.

서당에서 계조(契租)를 받았다. 나는 종일토록 『시전(詩傳)』을 베꼈다. 여온(汝溫)은 읍내에 나갔다.

초5일, 맑았다.

『시전(詩傳)』을 베꼈다.

초6일, 맑았다.

『시전(詩傳)』을 베꼈다. 여온(汝溫)이 (읍내에서) 들어왔다.

초7일, 맑았다.

북동가(北洞家)가 이번 봄에 고성(高城)으로 이사하였는데, 가을 과거 후에 나와 함께 와서 관송사(官訟事)[49]를 살펴보았고 여전히 이곳에 머물렀다가 금일 출발하여 (고성으로) 들어갔다.

광백(光伯) 형이 집안의 걱정으로 서당으로 피해서 머물렀는데, 매동댁(梅洞宅) 숙부가 일찍이 장의(掌議)로서 유소(儒疏) 중에 소두(疏頭)였었다. 감사(監司) 윤사국(尹師國)이 (유생들을) 죄수로 논죄하였던 까닭에 (유생들은) 여전히 옥중에 있었는데, 처음으로 유배지가 정해졌는데 유배지는 함경도 경흥(慶興)이었다.

금일 떠나보내고 와서 이곳에서 묵었다. 아끼던 병졸도 멀리 유배되면 그 행로가 측은한 법인데, 하물며 지친이 된 자의 마음이겠는가! 급하게 북동가(北洞家)에 (소식을) 보내고 또 이 경황을 보고 있으려니, 심사가 슬프고 혼란스러워 말로는 이루 형언할 수 없었다.

가친(家親)이 행차하였다 하여 곧 돌아왔다. 밤부터 비가 많이 내렸다.

초8일, 밤에 비가 눈으로 바뀌었다.

유배 행렬이 머물며 지체하여 밤이 지나고 새벽이 이르도록 떠나지 못했다.

초9일, 맑았다.

아침 식사 후에 (유배 행렬이) 출발하였다.

나는 집에서 『시전(詩傳)』을 베꼈다.

초10일, 맑았다.

또 『시전(詩傳)』을 베꼈다. 조인지(曹璘之) 상인(喪人)이 들어오고, 노가니

49) 관에 구속된 사건을 지칭함.

(魯潤) 남(南) 생원이 와서 묵었다. 야월이 대낮 같은데 광백(光伯) 형이 서당으로 소식을 나에게 보내왔는데, 요컨대 와서 잉어를 잡았으니 회를 뜨고 겸해서 술 한 잔을 하자는 것이었다. 술잔을 주고받으면서 밤에 즐겼다.

11일,

나는 저녁때 신촌(新村)에 도착하였다. 보슬비가 잠시 내리더니 점차 진눈개비로 바뀌어 많이 내렸는데, 밤새도록 그치지 않았다.

귀양 행렬이 여전히 길을 떠나지 못하였기에 남촌(南村) 여러 사람들이 전송하였다. 이에 이르러 나는 밤에 제익(諸益)과 더불어 하봉댁(荷峯宅)에서 함께 묵었다.

12일, 큰 눈이 내렸다.

이웃이 지척인데도 사람들이 통행하기 어려웠고, 아울러 머물러서 출발할 수 없었다.

13일, 눈이 쌓였다.

비록 맑았으나 (눈이) 깊이가 삼목척(三木尺)이었다. 밤에 최성칙(崔聖則)과 더불어 율하재(栗下齋)에서 함께 묵었다. 나는 고성(高城)에 보낼 편지를 썼다.

14일, 맑았다.

비로소 출발한 귀양 행렬은 우암(牛岩)에서 묵었다. 먼 길이 2천 장(丈)[50] 인데, 눈이 이와 같으니 떠나고 머무르는 사람들이 참혹하기가 이루 말할 수 없었다. 나는 율하재(栗下齋)에서 묵었다.

---

50) 길이의 단위, 1장은 한 자의 열 배로 약 3m에 해당함.

15일, 맑았다.

새벽에 작은댁에 가서 숙모(叔母)의 제사를 받드는 일에 참여하였다. 아침 후에 부동(釜洞)으로부터 돌아와 쉬었다. 고요하고 인적이 없었다. 얼어붙은 눈에 허리가 묻히는데 겨우 도달할 수 있었다. 마침내 한 가락을 읊었다.

一夜雪三尺　　하룻밤 눈이 세 자인데,
일야설삼척
蒼茫失衆巒　　창망하여 뫼 무리를 잃었고,
창망실중만
獵歸驚日曼　　도는 바람에 놀란 해가 아름다운데,
엽귀경일만
容去畏風寒　　얼굴에 세차게 스치는 바람이 차다,
용거외풍한
俯視孤筇穴　　굽어보니 외로운 지팡이 자국은,
부시고공혈
平行萬木端　　만목과 평행하여 바르니,
평행만목단
猶宜豊歲驗　　오히려 풍년의 징험일세,
유의풍세험
扣缶强爲歡　　장군을 두드리며 강하게 환영하네.
구부강위환

16일, 맑았다.

한진가(漢鎭家)에서 13일에 동지연(同知宴)[51]을 열었다. 이에 술을 가져와

51) 나이 든 사람을 위해 여는 잔치.

대접하였다.

17일, 맑았다.

나는『시전(詩傳)』을 베꼈다. 정연(亭淵) 황(黃) 유생이 와서 묵었다. 이 지방 수령의 두 번째 처남이다. 밤에 편안하게 담소했다.

18일, 맑았다.

황(黃) 유생은 관아(衙中)에 나갔다. 여온(汝溫)은 저잣거리(市邊)에 가고, 나는『시전(詩傳)』을 베꼈다.

19일, 맑았다.

여온가(汝溫家)에서 제삿밥을 먹었다. 나는『시전(詩傳)』을 베꼈다.

20일, 맑았으나 추웠다.

나는『시전(詩傳)』을 베꼈다.

21일, 맑았다.

나는『시전(詩傳)』을 베꼈다.

22일, 맑았다.

여온(汝溫)이 읍에 나갔다. 나는 낮에 베껴 쓰고, 밤에 독서하였다. 아침에 상인(喪人) 강여서(姜汝瑞)를 방문하였다. 오늘은 소상(小祥) 즉 1주기 제사였다.

23일, 흐리고 추웠다. 눈이 올 것 같더니 그쳤다.

강희서(姜希瑞)의 제수(弟嫂)가 이때에 환우로 상을 당하였다. 나는『시전(詩傳)』을 베끼기를 마치고 밤에는 독서하였다.

24일, 맑았다.

여온(汝溫)이 읍내로부터 들어왔다. 저녁에 광백(光伯) 아우의 거처에서 식사를 하였다. 나는 시를 읽었다.

25일, 맑았다.

나는 시를 읽었다.

26일, 맑았다.

용삼(龍三)이 고성(高城)으로부터 나왔는데, 이곳에는 눈이 높이 쌓였다고 한다. 그래서 6일 만에 겨우 도착했다고 하였다. 중량(仲良) 아우의 답장(答書)을 받아 보니, 자정(子靜) 씨 어른이 금월 18일에 별세하여 최가순(崔可舜)이 들어왔었다고 하였다. 모산(茅山) 가남가(加南家) 아저씨도 또한 18일에 별세하였다고 한다. 참혹하기가 말로 할 수 없었다.

27일, 맑았다.

절기로 동짓(冬至)날이다. 나는 새벽에 일어나 시를 읽었다. 공원가(恭源家)에 가서 제삿밥을 먹었다.

28일, 맑았으나 추웠다.

나는 한진가(漢鎭家)에서 식사를 했다. 잠시 저잣거리(市邊)에 갔었다. 곧 돌아오는 길에 제익(諸益)을 만나 관옥가(冠玉家)에서 술추렴을 하였다. 여온(汝溫)은 아침을 먹은 후에 곧바로 남촌(南村)에 갔다.

29일, 맑았으나 추웠다.

나는 시를 읽었다. 마을 아이들이 운(韻)자를 청해왔기에 제목을 계빙(溪氷)으로 정하였다. 나도 또한 운을 달아 곧바로 읊었다.

寒氣稜稜雪意晴　　한기 위세에 눈 내릴 듯한 하늘이 맑고,
한기능능설의청
川華疑凍夜逾明　　냇가의 빛이 추위를 의심하여 밤을 넘어 밝네,
천화의동야유명
將渠可比吾心事　　장차 도랑은 내 심사에 견줄 만하여,
장거가비오심사
只蓄其光未發聲　　단지 그 빛을 비축하여 소리를 내지 않는다네.
지축기광미발성

신해년(辛亥年 : 1791, 정조 15) 십이월(十二月) 신축삭(辛丑朔)

초1일,
여온(汝溫)이 와서 나는 시를 읽었다.

초2일, 맑았으나 추웠다.
정연(亭淵) 황(黃) 유생이 관아(衙中)로부터 와서 묵었다.

초3일, 맑았으나 추웠다.
나는 한진가(漢鎭家)에 가서 식사를 했다. 저녁때가 되어서야 집으로 돌아왔다.

초4일, 맑았으나 추웠다.
밤에 정연(亭淵)에게 감사하는 편지글을 썼다. 시를 읽었다. 밤에 숙조(宿鳥)를 읊었다.

風寒棲鳥不爭林　　찬바람에 깃든 새는 숲을 다투지 않으며,
풍한서조부쟁림

窺伺茅檐暮日陰　　띳집 처마를 엿보다가 해가 저물어 그늘졌네.
규사모첨모일음
散食投閑隨賦性　　한산하게 먹거리를 기다림은 타고난 천성이요,
산식투한수부성
笑看棐翠在籠深　　웃는 듯한 큰 새는 대바구니 깊숙이 앉았네.
소간비취재롱심

초5일, 맑았으나 추웠다.
나는 시를 읽었다.

초6일, 맑았다.
시를 읽다가 '석연(夕烟)'을 운자로 읊었다.

水市山閭摠夕陽　　어촌 저자와 산마을이 모두 석양인데,
수시산여총석양
家家煙氣驗林光　　집집마다 연기는 불빛을 증험하고,
가가연기험임광
須曳斂盡村容靜　　다 거두어 끌고 가니 촌 모습이 고요하고,
구예렴진촌용정
細作輕雲一抹長　　가늘게 일은 가벼운 구름이 약간은 길다.
세작경운일말장

아침에 사언가(士彦家)에 이르러 제사 음식을 먹었다.

초7일, 맑았다.
시를 읽다가 '노우(老牛)'를 읊었다.

籬邊將犢暫偸閑　　울타리 가에 송아지가 잠시 한가한 틈에,
이변장독잠투한
夜夜桃林入夢間　　밤마다 복숭아나무 숲에 드는 꿈속에서,
야야도림입몽간
羸老服箱何事業　　낡은 옷상자를 짊어지니 무슨 사업인가!
영노복상하사업
不如麋鹿臥靑山　　사슴이 청산에 누운 것만 못하네.
불여미록와청산

장진(章進)이 신촌으로부터 와서 소식을 전했다.

초8일, 흐리고 눈이 올듯하더니 그쳤다.
시를 읽다가 '닭(鷄)'으로 시를 읊었다.

丹鳳精彩降爲鷄　　붉은 봉황의 미색이 내려 닭이 되었고,
단봉정채강위계
愧爾低飛屋下捿　　이를 부끄러워하여 낮게 날아 집 아래 서식하며,
괴이저비옥하서
何不去隨叢桂老　　어찌 계수나무 숲을 따라가지 아니하고 늙어서,
하불거수총계노
飛昇天上報晨啼　　천상에 날아올라 새벽을 알리며 우는가!
비승천상보신제

초9일, 맑았다.
서당에서 강신회(講信會)를 열었다. 나는 시를 읽었다.

초10일, 맑았다.

나는 시를 읽었다.

11일, 맑았다.

시를 읽었다. 아이를 잃은 조인지(曹獜之)가 왔는데, 모름지기 피하여 상사촌(上沙村)에서 우거했다고 하였다.

12일, 맑았다.

소한(小寒)이다. 시를 읽었다. 저녁때가 되어서 천기는 눈이 내릴 듯하였다. 이에 '욕설(欲雪)'을 주제로 삼아 아이들에게 시를 짓도록 하였다. 나도 시를 지었다.

海風從北水雲西 해풍이 북으로 불면 비구름은 서로 가고,
해풍종북수운서
樹外寒天忽四低 나무 밖이 찬 기운이 갑자기 사방에 내리면,
수외한천홀사저
曉起呼兒催拾木 새벽에 일어나 아이를 불러 나무 줍기를 재촉하고,
효기호아최십목
前宵鳴瀨驗於溪 어젯밤 여울 소리는 냇가에서 증험한다네.
전소명뢰험어계

시골의 속담에 이르기를 "윗 여울이 울면 즉 바람이 일고, 아래 여울이 울면 즉 눈이 내린다."라고 한다.

아이를 잃은 조(曹)가 두루 빌려서 쉬다가 떠나갔다.

13일, 맑았다.

시를 읽었다.

14일, 맑았다.
바람이 따뜻하고 눈이 그쳤다.

15일, 맑았다.
겨울 무지개가 아주 기이했다. 아침 안개에 사방이 혼미했다. 계절의 기온이 평상보다 높아 걱정스러웠다. 나는 시를 읽었다. 정여헌(鄭汝憲)이 와서 묵었다.

16일, 맑았다.
정오에 위촌댁(渭村宅)에서 술을 마셨다. 어둑어둑해질 때 돌아와서 관아에 보낼 글을 고쳤다.

17일, 흐리고 추웠다.
나는 신촌(新村) 본집에 갔다. 금년은 돌림병이 평소에 비할 바가 아니었다. 장정(壯丁)이 사망한 4곳이 하나같이 아래 신촌(下新村)이었다. 수개월 안에 죽어 나간 사람이 거의 48인이 넘었으니, 다른 촌락도 미루어 짐작할 만하다고 하겠다. 하늘의 재앙으로 백성들이 이 같이 참혹했다. 밤에는 하봉가(荷峯家)의 사랑(外室)에서 묵었다.

18일, 맑았다.
제사에 참석한 후에 율하재(栗下齋)에 도착하였다. 이곳에 옛날 병풍 6첩이 있었는데, 어지럽게 헤어지고 좀먹고 부서져 있었다. 주인이 모두 다를 수즙하려고 하려는 뜻을 가지고 있었다. 이런 까닭으로 종일토록 보완하여 새롭게 꾸몄다. 율하재에서 묵었다.

19일, 맑았으나 바람이 일었다.

율하재(栗下齋)에 있으면서 병풍을 수리하였다. 하봉가(荷峯家)에서 묵었다.

20일, 아침에 흐렸다.

제사에 참석한 후에 또 율하재(栗下齋)에 가서 병풍을 수리하였다. 아버지(家親)께서 연곡(連谷)으로 행차하였다. 향호가(香湖家)에서 복조(卜租)를 싣고 갔다. 저녁 무렵에 눈바람이 불다가 밤에 조금 잦았다. 율하재에서 묵었다.

21일, 맑았다.

율하재(栗下齋)에 화죽(畵竹) 8장이 있었다. 위천(渭川 : 김상적(金尚績)의 별호(別號))의 필적 그림이었는데, 오호라! 지금까지 보관된 지 이미 오래도록 병풍에 붙어 있었다. 매 폭에다가 나는 오언절구 한 수씩을 지었다. 즉,

월죽(月竹)

老質騎蟾來 노질기섬래	늙은 모습으로 달빛을 타고 와서,
蒼蒼倚脩竹 창창의수죽	창창한 긴 대나무 의지하니,
寂然無俗喧 적연무속훤	고요한 듯 세속의 소요가 없고,
不見彈琴容 불견탄금용	거문고 타는 얼굴은 볼 수가 없구나.

순죽(笋竹)

舊竹毓精多	옛 대나무 기른 정기가 많아,
구죽육정다	
新竿受氣出	새 줄기가 기를 받아 나오니,
신간수기출	
俄從迸地時	갑자기 땅을 박차고 솟아오를 때,
아종병지시	
倏見干霄日	홀연히 비갠 햇살이 드러나네.
숙견간소일	

노죽(老竹)

老大精神古	노대한 정신은 오래되어,
노대정신고	
蒼唐未作林	우거짐이 넓어 숲을 이루지 않고,
창당미작림	
直節猶存內	곧은 절개는 오히려 안에 간직하니,
직절유존내	
風霜不敢侵	풍상도 감히 침범하지 못하네.
풍상불감침	

우죽(雨竹)

亂葉雖相仄	어지러운 잎사귀 비록 서로 기울었으나,
난엽수상측	

高枝不欲垂　　높은 가지는 굽히려 하지 않고,
고지불욕수
一洗塵埃盡　　한 차례 세상 티끌 다 씻으니,
일세진애진
靑靑本色奇　　청청한 본색이 기이하네.
청청본색기

풍죽(風竹)

竹性元空直　　대나무는 본디 속이 비어 곧고,
죽성원공직
風聲本瑟淸　　바람 소리 본디 거문고처럼 맑으니,
풍성본슬청
自然靈籟發　　자연히 영험한 소리가 나는데,
자연영뢰발
何必僭人鳴　　하필이면 참람히 사람을 울리는가!
하필참인명

설죽(雪竹)

竹如不逢雪　　대나무는 눈을 맞지 않을 것 같은데,
죽여불봉설
郍識竹爲奇　　어찌 대나무가 기이하게 됨을 알리오,
나식죽위기
聊得雪中見　　눈 속에서도 드러나 보이니,
요득설중견

貞姿世始知　　곧은 자태 세상에 비로소 알리네.
정자세시지

오후에 하봉댁(荷峯宅) 이자 돈(利錢) 한 냥을 받아 가지고 집으로 돌아왔다. 여온가(汝溫家)에서 밤에 지신(地神)·성황(城隍)·조왕제(竈王祭)를 지냈다. 나는 지신제(地神祭)의 축문을 지었다.

지신제 축문

天運而穹地載 而廣德配靈祇
하늘이 정한 운세는 온 천지에 실리고, 넓은 덕은 신령과 짝하여,
各鎭五方卜我居址
각기 오방을 진호하여 우리의 삶의 터를 정하고,
賴錫神明 肆我春秋 禋事敬
신명이 주석함에 힘입어 우리는 춘추로 제사를 받들어 공경하니,
將神鑑孔昭冥 隲庸彰小穀
장차 신이 살피시어 어둠을 밝히니, 작은 곡식을 쓸모 있게 현창할 것이요,
必佑徵必藏蠢
반드시 바라는 바에 도움이 될 것이고 반드시 어리석음은 감추어 질 것이다.
我不敏攸報無望
우리가 불민하여 보답을 예기치 못하였거니와
矧今四陬 時氣不淨 惡沴蔓熾
하물며 이제 사방에 기운이 부정하고 악기가 번성하여
孔威死喪 萑習闖起
죽어 나가는 것을 심히 위협하니 습속에 틈이 생기고

帍慕肆張 夒心擢誠

남을 본받으려는 방자함이 펼쳐지니 삼가 마음으로 정성을 다하고

靡神疇仰 潔身消日

신에 복종하여 우러르며 몸을 청결히 하면서 나날을 보냅니다.

敢將粢盛 踖踖奉饎

감히 장차 곡식이 번성하여 삼가 공손히 주식을 받들어

暴我誠敬祀事

우리의 정성을 담아 제사를 드리오니,

迺明五位攄靈 驅災降康

이에 오위를 밝히고 신의 영험을 펼치시어 재앙을 물리치고 온화함이 내려 받아,

基址安靜 穿窬不入 癘疫退屛

터전이 안정되고 여역이 침입하지 못하게 물리쳐

一室無虞 四序吉寧入飽

온 집안이 걱정이 없고 사계절이 안녕하며 들어와서는 배부르되,

而鼩畜茁 而長佑福如期

생주가 줄기를 비축하듯 길게 복을 받기를 기약한다면

勿替繩繩

법도가 쇠퇴하지 않을 것입니다.

伏惟尊神降昭微誠.

엎드려 바라옵건대 신께서 내리시어 밝히시기를 작은 정성으로 기도합니다.

조왕제 축문

自昔竈竂曰 有神位中於五祀 殷典尙矣. 粒食烹飪 皆出於此.

옛부터 조왕(竈王)은 오사(五祀)[52] 중에 있는 신으로 『은전(殷典)』에 기록되어 있다. 날알을 익혀서 먹는 것은 모두 여기에서 나왔다.

明神所尊五行 攸修鎭我家室錫,

신을 모시는 데는 오행을 따른다. 나의 집과 방과 지팡이를 잘 지켜 수리하여,

我繁祉釜煁淸潔 惟神之賜 我雖無似豈昧圖報

내가 번창하여 가마와 화덕이 청결한 복을 누리는 것은, 오직 신이 내리는 것이다. 내가 비록 비슷하지는 않지만, 하나 어찌 보답하지 않으리오.

玆揀穀日載濯中 廚敢陳大饎

이에 곡일(穀日)[53]을 가려서 세탁하는 중에 부엌에 감히 크게 술과 음식을 진설하니,

神降在玆 誠敬是薦

신께서는 여기에 강림하시어 정성과 공경을 받아 주시고,

逌降神桀 鬱攸災蘖驅逐遁避

바라옵건대 잘못된 것을 바로 잡아 주시고 모든 재앙을 구축하고 피할 수 있도록 도와주소서.

凡諸妖殃廓而淸 毖一室安康

무릇 여러 요망과 재앙을 두루 청산하시어 삼가 온 집안이 편안하고 강령하게 하심은,

惟神是恃百拜冥禱 (庶幾歆斯)

오직 신을 믿고 백배 기도하나이다. (두루 살피시고 흠향하소서).

52) 『예기(禮記』 제법(祭法) : 오사(五祀)는 문(門)·호(戶)·정(井)·조(灶)·중류(中霤)의 신이라고 하였다.

53) 음력 정월 여드렛날.

22일, 아침에 눈이 오다가 정오에 맑았고, 저녁 무렵에 들어서 대설이 내렸다.

전해 들으니, 애자(哀子) 함처덕(咸處德)이 어제 세상을 버렸다고 한다. 그는 내 집에서 수업을 받던 사람이다. 참혹하여 말을 이을 수 없었다.

밤에 또 눈이 왔는데 삼경(三更)[54] 즈음에는 달과 별이 하늘에 총총하였다.

23일, 쾌청하게 눈이 그쳤다.

24일, 맑았다.

서당 계원들이 돈을 보내왔다. 마을 사람들이 소를 잡았다.

25일, 맑았다.

나는 아내의 기제(忌祭)를 행하고, 여온가(汝溫家)에서 제사 음식을 먹었다.

26일, 맑았다.

동산(洞山)[55]에서 편지를 썼다. 즉일로 답장을 보았다. 저녁에 계촌(桂村) 소식을 들었다.

27일, 대한(大寒)인데 일기 또한 추웠다.

28일, 추웠다.

나는 시를 읽었다.

---

54) 자정 전후.

55) 양양의 동산현(洞山縣)으로 짐작됨.

29일, 추웠다.

듣건대, 송계(松溪)가 옥중에서 병을 얻어서 조치하고자 집으로 돌아왔다고 한다. 이런 까닭에 나와 여온(汝溫)은 함께 가서 문후하였다. 문여(文汝)가 먼저 와서 이곳에 있었다.

송계(松溪)는 자리에 누워 있었는데, 신음하는 모습이 아픈 기색이 역력했다. 나와 두 사람은 저녁 무렵에 돌아 나와서 김진여(金振如) 집을 방문하였다. 진여(振如)도 옥중에 있었다. 진여(振如)는 대인(大人)이었으나 몸에 병이 들어 쇠약하여 누워서 일어나지 못했다. 이런 까닭으로 절을 받지 못했다. 장진가(章進家)에 이르러 잠시 대화를 나누다가 돌아왔다.

30일, 바람이 차가웠다.

나는 신촌(新村) 본댁(本宅)에 갔는데, 아버지께서 눈길에서 사고를 당하여 행차하지 못하였다. 나는 율하재(栗下齋)에서 묵었다.

나의 성질은 본래 어리석고 졸렬하여 학문이 거칠었다. 이로서 일언일행이 어그러지지 않음이 없었다. 이번 봄에 북동가(北洞家)가 세간을 싣고 이사나간 후로는 시시비비로 비방하는 일이 주변에서 그칠 날이 없었다. 나는 제야에 감사하는 시를 지어 광백(光伯) 노형(老兄)에게 보냈다.

默念平生感愧多　　묵묵히 평생을 생각하니 부끄러움만 쌓이고,
묵념평생감괴다
皤然三十惜年華　　나부끼듯 삼십에 세월이 아깝고,
번연삼십석년화
裵徊天地元無友　　천지를 배회하나 본디 벗이 없고,
배회천지원무우
栖屑江湖獨靡家　　강호를 유람하다 홀로 집에 쓰러졌네.
서소강호독미가

世態其何同柳絮　　세상은 그 어찌 버들개지 같고,
세태기하동유서
襟懷祗自對梅花　　마음속에 자신을 지키며 매화를 대하여,
금회지자대매화
芳隣幸得山南宅　　꽃다운 이웃으로 다행히 남산 댁을 얻으니.
방린행득산남댁
文酒相從不我遐　　글월과 술이 서로 좇아 나를 멀리하지 않네.
문주상종불아하
(山南卽崔山南也 : 산남은 곧 최산남이다.)

시효(是曉) 최맹익(崔孟益)이 악기로 죽어서 묻힌 지 일주기가 되지 않았다. 참혹하여 차마 말을 할 수가 없었다.

일 년의 연중 일을 총론하자면 작년에는 풍년이었다. 이로써 정월 초에 백동(百銅)의 가치는 조(租) 12두(斗)에 이르렀으나, 4, 5월에는 가뭄이 23일 지속되어 피해를 입었고, 서풍이 7일간 크게 불어서 밀과 보리는 모두 조락하였고, 새로 이앙한 묘판은 적지(赤地)가 되었으며, 8월 초에는 큰비가 연일 이어져 수해로 많은 피해를 입어서 그 피해가 많았고, 북풍이 심악하여 늦벼가 대부분 결실을 이루지 못하였다. 이로써 가을걷이 후에 백동(百銅)의 가치는 조(租) 8두(斗)에 불과했다. 그러나 여전히 여러 해의 풍년에 힘입어 마을에서는 그렇게 궁핍하지는 않았다.

여름부터 질병의 기세가 크게 번졌다. 사망한 자가 무수히 많아 그 위태로움이 열 집에 한 집이 텅 비는 지경에 이르렀다. 이와 같은 변화는 예년에 비해 드문 일이었다.

『치치암일록』 권4.
매곡(梅谷)에 있을 때의 일록(日錄) 나이 32세

임자년(壬子年 : 1792, 정조 16) 정월(正月) 신미삭(辛未朔)

초1일, 신미(辛未), 일기가 안정되고 평안하였으나, 오후에 바람이 조금 불었다.

곳에 따라 마을에서는 악기에 대한 혐의가 없지 않은 까닭으로 하세하는 사람들을 만날 수 없었다. 나는 아침 후에 집으로 돌아와 가까운 이웃 여러 집을 돌아가며 세배하였다.

초2일, 바람이 차가웠다.

위촌댁(渭村宅)을 방문하였다. 최맹익(崔孟益)과 그 동생 맹필(孟弼)이 연달아 서거하였다. 이틀 사이에 형제가 모두 사망하였다. 참혹한 심정으로 돌아왔으나 두려운 심사를 가눌 길이 없었다.

초3일, 맑았다.

김(金) 중군(中軍)[56] 댁을 방문하였다. 밤이 되어서야 돌아왔다.

초4일, 맑았다.

여온(汝溫)과 함께 다시 김(金) 중군(中軍) 댁을 방문하였다. 상주 최해진(崔海振)을 위로하였다.

56) 각 군영의 장수.

초5일, 밤에 대설이 내렸다.

다시 성범(聖範) 형제와 더불어 말로서 서로 다투었다.

초6일, 눈이 목척(木尺)[57]에 이르렀다.

여온(汝溫)네 집에서 제사 음식을 먹었다.

초7일, 맑았다.

여온(汝溫)이 읍에 갔다.

초8일, 맑았다.

나는 성범(聖範)과 다툰 일로 아버지로부터 벌을 받았다. 저녁에 위촌(渭村) 댁을 방문하였다.

초9일, 맑았다.

나는 원보(元寶)네 집을 방문하여 마위답(馬位畓)의 일을 들어주었다.

다섯 사람이 유배가 정해졌다. 송계(松溪)와 진여(振如)는 그중에 포함되었는데 소유(疏儒)에 연루된 까닭이었다. 송계의 유배지는 전라도 광양(光陽)이었으나 병으로 출발하지 못했다. 진여는 전라도 흥양(興陽)이었으며, 머지않아 길을 떠날 것이라 하였다. 이런 까닭에 가서 만나보고, 돌아 나오면서 전(全) 생원 댁을 방문하였다. 밤이 되어서야 거처로 돌아왔다.

초10일, 맑았다.

11일,

57) 나무로 만든 자.

위촌(渭村) 댁에 도착하여 춘첩(春帖)[58]을 지었다. 날이 추워지면서 바람이 일었다.

12일, 매우 추웠다.

이미 때는 입춘이라, 공근(公瑾)이 찾아와서 춘첩(春帖)을 부탁하였다. 여온(汝溫)이 남쪽으로부터 돌아왔다.

13일, 조금 따뜻하였다.

광백(光伯) 형이 집안에 있으면서 독종(毒瘇)으로 신음하고 있었고, 나는 찾아가 문병하였다.

14일, 맑았다.

공근(公瑾)이 찾아와 얘기를 나누다가 저녁이 되어서야 돌아갔다. 주비(主婢)[59]인 복섬(福暹)이 병이 들어서 닷새 동안이나 심하게 열을 내자, 괴질이 아닐까 의심스러워 두렵고 놀라웠다.

15일, 날씨가 청량했다.

동산에서 망월하면서 달이 북쪽 가까이에서 솟아 풍년의 징조라고들 하였다. 그리하여 망월을 주제로 하여 각기 부(賦) 한 구절씩 짓기로 하였다.

내가 시를 지었다.

今夕中於第一朔　　제일 첫 달 금일 저녁에,
금석중어제일삭
爲憐淸景翫初月　　맑은 경치 어여삐 여겨 신월을 가지고 노는데,

58) 기둥이나 대문에 써 붙이는 글귀.
59) 여자 종의 어머니.

위련청경완초월

生子何須先驗斯　　태어난 아이가 어찌 이것을 먼저 경험했을까마는,
생자하수선험사

熊羆自是吉人福　　웅비는 본시 길인의 복이리라.
웅비자시길인복

광백(光伯)이 짓다.

孕滿嫦娥十二朔　　만삭한 항아[60]님은 열두 달인데,
잉만항아십이삭

年年生子是元月　　연년이 아들을 낳으니 모두 원월이라,
연년생자시원월

慇懃抱送麒麟兒　　은근히 기린아를 안아 보내니,
은근포송기린아

近水人家獨有福　　물가에 인가는 홀로 복을 누리네.
근수인가독유복

인철(仁喆)이 짓다.

一理虧盈晦與朔　　하나의 이치로 그믐과 초하루에 줄었다 채워지는데,
일리휴영회여삭

海山他夜豈無月　　바닷가 산의 다른 밤에 어찌 달이 없으랴 마는,
해산타야기무월

新年第一今宵光　　신년을 맞아 오늘 밤 달빛이 제일이요,

60) 고대 중국신화에 나오는 달의 여신.

신년제일금소광

可驗豐登四海福　　풍년을 징험하니 온 세상 복이로다.

가험풍등사해복

16일, 오전에 흐렸으나 저녁에 맑았다.

놀면서 망월을 읊은 시를 덧붙여 기록하였다.

聊將蟾免視熊羆　　장차 두꺼비의 허락으로 웅비를 보니,

요장섬면시웅비

預賀人家湯餠期　　미리 축하하니 인가에서 국수를 기약하네.

예하인가탕병기

處士無妻何所驗　　처 없는 처사 무엇으로 효험을 보리요,

처사무처하소험

獨看梅樹孕花時　　홀로 매화나무 바라보며 꽃피는 시절을 꿈꾸네.

독간매수잉화시

17일, 맑았다.

광백(光伯) 형이 시를 지어 보내고 화답을 요구했다. 나는 뜻에 감동하여 부(賦)를 지었다.

梅發牖前月上皐　　매화 핀 창 앞 달이 늪에 오르고,

매발유전월상고

故人佳什此時遭　　옛 사람 아름다운 시가 이때 다다르니.

고인가집차시조

靑萍價重藏何久　　푸른 부평 값이 중하나 저장이 어찌 오래요,

청평가중장하구

白雪吟成氣尙豪　　백설이 노래하니 기상이 오히려 호방하네,

백설음성기상호

松露濯觴兮鶴料　　송로로 잔을 씻으니 학이 되질하고,

송로탁상혜학료

林星窺屋借禽巢　　숲 속 별이 집을 살펴 새 집을 빌리고,

임성규옥차금소

嘐嘐不是心中事　　닭이 홰치는 소리 심중의 일이 아니고,

교교불시심중사

回笑平生倚枕高　　평생을 회상하니 높은 침목에 기대었네.

회소평생의침고

광백(光伯)이 짓다.

谷梅未發在東皐　　골짜기 매화 피지 않아 동쪽 늪에 있는데,

곡매미발재동고

客館寒燈歲又遭　　객관에 등이 차니 세월 또 만나고,

객관한등세우조

闊步妄期詩上健　　활보하여 허망하게 기약하여 시상을 세우니,

활보망기시상건

淸狂愧作酒中豪　　미치광이의 작품이 부끄러우니 주중에 호방이네,

청광괴작주중호

瘦驪未穩頻遷窟　　수척한 말이 평온하지 못해 자주 소굴을 옮기고,

수려미온빈천굴

病鶴將翔尙戀巢　　병든 학이 힘찬 날갯짓으로 여전히 집을 그리니,

병학장상상연소

挐節苦吟悲宿昔　　계절을 잡는 쓴 노래는 예전의 슬픔이요,
나절고음비숙석
長夙層浪氣猶高　　첫 새벽 겹겹의 파도는 기가 오히려 높구나.
장숙층랑기유고

18일, 맑았다.

경흥(慶興)으로 유배가 정해진 일로 해서 사형(舍兄)이 상언(上言)하고자 서울로 출발하였고, 나는 황교(黃橋) 이(李) 댁에 편지를 썼다. 고성(高城)에서 온 편지를 받았다.

19일, 맑았다.

나는 시를 읽었다. 저녁에 위촌(渭村) 댁에 가서 제사에 참여하였다. 끝나고 돌아오니 의집(儀集)이 와서 자고 있었고, 인지(獜之)가 또한 왔다.

20일, 맑았다.

저물 무렵에 광백(光白) 형의 집에 갔다. 술에 취해 비틀거리며 시 한 수를 지었다.

不惟新月上元明　　새달 보름은 밝을 뿐만 아니라,
불유신월상원명
故舊逢時喜又晴　　옛 친구 만난 때처럼 기쁘고 개운하네,
고구봉시희우청
司馬史藏烟水濶　　사마의 역사는 아지랑이 낀 물처럼 우활한데,
사마사장연수활
伯牙琴古海山鳴　　백아의 가야금 소리 옛 바다와 산을 울리네,
백아금고해산명

尋常撫劒心猶壯　예사로이 검을 만지나 마음은 오히려 장하고,
심상무검심유장
三十看書意不平　삼십 년 책을 보았으나 뜻은 편하지 않네,
삼십간서의불평
慵睡樂吟皆我分　게으른 자 즐거운 노래는 모두 나의 분수이니,
용수악음개아분
棲遲蓬累有何成　오두막에 살면서 무엇을 이루었는가!
서지봉루유하성

광백(光伯)이 짓다.

梅發東窓月又明　매화가 핀 동창에 달이 밝은데,
매발동창월우명
相逢何幸是宵晴　상봉이 얼마나 다행인가 밤이 개운하네,
상봉하행시소청
長松得雨將舒意　장송이 비를 얻어 큰 뜻을 펼치는데,
장송득우장서의
倦鳥逢春不自鳴　게으른 새 봄을 맞아도 스스로 울지 못하네,
권조봉춘부자명
安得盈樽如北海　편안히 술통을 채우니 북해 같은데,
안득영준여북해
欲將至樂擬東平　장차 즐거움에 이르고자 동평을 헤아리네,
욕장지락의동평
主人酒料終難乏　주인이 술을 헤아리니 끝내 부족하니,
주인주료종난핍
秫畝山南有一成　산 남쪽 기장이랑 하나를 이루었네.

출무산남유일성

21일, 맑았다.

광백(光伯) 형의 생신이다. 나는 수일(壽日)을 운으로 시를 지었다.

秫熟梅開醉盎然　기장이 익고 매화가 피니 술동이에 취한 듯하고,
출숙매개취앙연
故人佳會做團圓　옛 친구와 아름다운 모임은 단원이 되었네,
고인가회주단원
壯心虛負幸孤日　장한 마음 헛되이 등지고 외로운 날에,
장심허부행고일
好誼同論竹馬年　가까운 정리와 동론은 죽마 때의 일이네,
호의동론죽마년
山水村深來道友　산수 깊은 마을에 친구가 찾아드니,
산수촌심래도우
江湖日永臥詩仙　강호에 날이 길어 시선으로 누웠는데,
강호일영와시선
一堂談笑和氣多　일당의 담소는 화기가 가득하여,
일당담소화기다
客裏猶能樂事全　객지에서 오히려 능히 사전을 즐기네.
객리유능락사전

오후에 성황사(城隍祠) 축문을 지었고, 밤에 제단에 이르러서 한 마을에서 저민 소고기를 판설하였다.

22일,

새벽에 성황제를 지내니, 온갖 소리가 고요하고 촛불도 움직이지 않고 초파리도 날아들지 않을 때 숙연하여 마치 한 마을의 복 받는 모습을 보는 것 같아 미리 축하할 만하였다.

저녁에 광백(光伯) 형이 술을 보내왔다. 나는 작일소추(昨日所抽)로 운을 삼아 시를 지어 감사하였다.

交契先從翰墨遊　　교분에 앞서 글 짓는 것으로 즐기고,
교계선종한묵유
多年學海遡虛舟　　다년간 배움의 바다를 거스르는 빈 배,
다년학해소허주
新春梅信來如友　　새봄 매화의 서신은 친구가 찾아온 듯,
신춘매신래여우
寒日書巢淨似樓　　추운 날 글방은 다락같이 차갑구나,
한일서소정사루
林架琴閑風語靜　　나무 시렁 거문고 소리 막히니 바람소리 고요하고,
임가금한풍어정
溪罇酒白月華浮　　계곡 술통에 밝은 달빛이 화려하네,
계준주백월화부
賀君新寓多淸福　　그대에 새 처소 축하하여 다복을 빌며,
하군신우다청복
間浦雲煙擅一洲　　포구 사이 운연으로 한 섬을 이루었네.
간포운연천일주

광백(光伯)이 짓다.

人情老去惜遨遊　　인정이 늙어가니 오유가 애석하고,
인정노거석오유
自任江湖不繫舟　　강호를 자임하여 매이지 않은 배,
자임강호불계주
氣欲崢嶸瞻絶岳　　호기만 가파르게 일어 큰 산악을 바라보고,
기욕쟁영첨절악
心將放曠想層樓　　마음만 방광하여 층루만 상상하네,
심장방광상층루
雲煙凝駁春猶涉　　운연이 얼룩하게 엉기니 봄이 오히려 건너가고,
운영응박춘유섭
星月淸齊夜共浮　　별과 달이 맑고 가지런하니 밤이 함께 떠오르네,
성월청제야공부
三絶若論詩酒友　　삼절을 논하자니 시와 술이 벗하니,
삼절약론시주우
玉杯花軸在菽洲　　옥배와 화축은 풀밭 섬에 있구나.
옥배화축재은주

23일, 맑았다.

24일, 맑았다.

25일, 맑고 온난했다.

26일, 맑고 따뜻했다.

아침에 가볍게 아지랑이가 일었는데 봄기운이 7푼은 되었다. 가친이 본댁으로 돌아오셨다.

27일, 흐렸다.
우수(雨水)였다.

28일, 흐렸다.
광백(光伯)이 윗마을(上村)로 이사를 하였다. 나는 한질이 걸려서 여러 날을 신음하였다.

29일, 오전에 보슬비가 내렸다가 언뜻 언뜻 눈이 되었다.

임자년(壬子年 : 1792, 정조 16) 이월(二月) 경자삭(庚子朔)

초1일, 경자(庚子) 맑았다.
이(李) 선달(先達)[61]이 와서 묵었다. 본 고을 수령이 현창(縣倉)[62]에 들어갔다. 이런 까닭으로 여온(汝溫)이 가서 보고 머물러 묵었다.

초2일, 맑았다.
북동가(北洞家)는 계촌(桂村)에 머물러 있어 소문을 듣지 못하였는데, 인편에 시 한 수를 보내왔다.

兩地情懷此一身　두 곳에 정회는 이 한 몸에 있는데.
양지정회차일신
祇將談笑慰雙親　삼가 담소하여 양친을 위로하고,
지장담소위쌍친
江湖滿地家何在　강호에 넓은 천지에 집에는 무엇이 있는가?

---

61) 과거에 합격한 자의 호칭.
62) 현창(縣倉)은 예전에 연곡현이었기에 현에 있는 창고를 가리킨다고 보인다.

강호만지가하재

節序關心歲又新　　절기가 바뀌는가 하였더니 세월이 또 새롭네,

절서관심세우신

鶴病幾驚明月夢　　병든 학이 조짐의 두려움에 명월을 꿈꾸니,

학병기경명월몽

梅寒應待故山春　　매화가 추위 속에 응대하니 옛 고향은 봄이요,

매한응대고산춘

容華漸減佳期遠　　예쁜 얼굴은 점점 줄어 좋은 계절은 멀어지고,

용화점감가기원

始信人情反誤人　　처음으로 믿은 인정은 도리어 사람을 그릇되게 하네.

시신인정반오인

초3일, 맑았다.

삼척에 김응태(金應泰)는 일찍이 북동가(北洞家)와 전답을 쟁송하는 일로 해서 모함하여 관청에 정소한 것이 고성(高城)으로 이문(移文)[63]되었다. 고성 군수 김복근(金福根)이 서신으로 그 설명을 듣고 범인을 붙잡아 들이는 지경에 이르러 봉변을 당하게 되었다. 사람의 인심이 맑지 않아 이 지경에 이르렀으나, 모두가 척족으로 재종(再從) 간이다.

최중량(崔仲良) 형이 종(奴)편에 보낸 편지에는 일이 무척 긴박하다고 하였다. 그 주인의 편의로 일이 잘되도록 하는 도리가 없지 않았던 것 같다. 노비를 시켜서 수백 리 땅에 전하였으니 그 정성스러운 뜻은 칭찬할 만하다고 하겠다.

밤에 노간(魯澗) 큰댁에서 편지를 써서 먼저 보내고, 고성 종은 스스로 몸을 보양하도록 하였다.

---

63) 관청끼리 주고받는 문서.

초4일, 맑았다.

늦게 출발하여 신촌에 이르러서 가친께 인사하고, 잠시 조(曹) 상인(喪人) 댁에 위문하고, 서둘러서 길을 나섰다. 동산(洞山)[64]에 이르러 길에서 정여헌(鄭汝憲) 대인(大人)을 만났다. 잠시 얘기를 나누고 오점(午點)하고자 하였더니, 가게 집들이 모두 아프고 괴로워하여 진촌(津村) 민가에 들어가니 주인 영감이 나가서 이미 취사하여 밥을 짓고 있었다.

서둘러서 상운(祥雲) 앞들에 이르렀을 때, 갑자기 한 사람을 만났는데 통천(通川) 사람이었다. 동행하면서 양양(襄陽) 읍에 이르니 이미 해질 무렵이었다.

초5일, 아침에 흐렸다.

또 통천(通川) 사람과 동행으로 강선역(降仙驛)에 이르러 남쪽 시장에서 비쓰개(雨冒)를 샀다. 청초(靑草)에 진가(津家)에 도착하니 주인 여자가 이미 취사하여 밥을 짓고 있다. 자봉(自奉)이 임천(林泉)으로부터 와서 만났는데, 나는 발 부분이 크게 부었으나 뼈마디는 다행히 시리기만 하였다. 말을 빌릴 만한 곳이 없었다. 한 걸음을 걷기도 매우 어려웠는데, 이것은 어제 급하게 행보한 까닭이었다.

고백진(古栢津)에 이르러 통천 사람은 인사하고 가고, 나는 자봉(自奉)과 함께 교암진(橋岩津)에 이르렀는데 날은 여전히 일렀으나 발병으로 머물러 묵었다. 주한(主漢)·북술(北述)과 자봉(自奉)은 친구들이었다. 자못 봄맞이의 정의가 많아 술을 사가지고 와 대접하였다.

초6일, 흐렸다.

늦게 행보하였으나 진흙으로 극히 험하여 발병이 또 심해졌다. 경황없이

64) 고려시대 양양의 속현.

고성 군수를 만나고자 영문(營門)에 갔으나 돌아오지 않았었다. 마음은 한탄스럽고 육신은 지쳤다. 비록 성질이 피어올랐으나 어찌할 수가 없었다.

겨우 간성읍 최춘백(崔春伯) 어른을 찾아갔다. 모름지기 수석(首席)에 있으면서 일러 주기를, 곧장 향청(鄕廳)에 들어가서 저녁 식사를 제공 받으라고 하였다. 좌수(座首)께서는 석전제(釋奠祭)의 제물을 봉송하는 일로 분주하여 오지 않았다. 반나절을 별감(別監)과 더불어 얘기를 나누었으나 일찍이 면식이 없었다. 춘백(春伯)의 동생께서 입재(入齋)에 차출되어 왔다. 이에 타고 온 말을 돌려서 초경(初更)[65]에 죽포역(竹浦驛)에 도착하니 북풍에 눈보라가 쳐서 머물러 묵었다.

초7일,

새벽에 일어나 눈을 보니 정강이를 넘어 설 정도였다. 말을 타고 포남평(浦南坪)에 도착하니 눈이 크게 내렸고 천지가 어둑어둑하여 흙비가 오는 듯하였다. 살갗이 벗겨지고 입이 얼어붙어 거의 죽을 지경에 이르렀다. 겨우 길가 집에서 구생하였다.

오후에 최(崔) 좌수 댁에 도착했으나 풍설은 여전히 그치지 않았다. 이에 머물러 자면서 춘백(春伯)과 편안히 얘기하였다.

초8일, 맑았다.

유숙하면서 종일토록 담소하면서 객지에서의 피로를 풀었다.

초9일, 맑았다.

늦게 행보에 나섰는데 눈이 날렸다. 바람에 쌓인 곳이 있었는데, 깊은 곳은 사람의 키를 넘을 지경이었다. 아픈 다리로는 비틀거리면서 다섯 걸음에

65) 오후 7시~9시.

세 번을 쉴 만큼 어려웠다. 해서(海澨)에 다다르니 파도가 모래를 찧어 흰 도로를 이룬 것이 하나의 선을 이루었다.

저녁나절에 포외진(浦外津)에 도착하여 점심을 하고, 현종암(懸鐘岩)에 이르렀는데 눈으로 노정은 더욱 어려웠다. 하루해를 계산해 보니 도착할 희망이 만무했다. 또 다리의 힘도 이미 다하여 지척을 옮기기 어려웠다. 이로서 부득이 돌아서 진촌(津村)에 도착하여 묵었는데, 밤에는 한기로 고생이 얼마나 심했던지.

초10일, 맑았다.

춘천 사람과 동행하였다. 남강(南江)에 이르러 얼음을 건넜다. 오전에 계촌(桂村)에 이르러 전후의 사실을 자세히 탐문하였다. 관아 마당에 잡혀 들어갔다. 비록 이문(移文)에 대한 사실을 응대하였고, 부탁하는 사람들이 없지 않았으나 세도의 어려운 결정에 한탄할 뿐이었다고 한다. 중량(仲良) 형이 의리에 근거했으나 끝내 풀어주기를 허락하지 않자, 관아의 마당에 들어가 매우 강직하게 말했으나 구류 당하는 지경에 이르렀다는 것이다. 선비된 자의 뜻을 볼만했으나 여전히 법관된 자는 공의(公議)에 부끄러움을 돌보지 않았을 뿐이라고 한다.

그때 북동가(北洞家)는 여러 번 절망하였으나 다시 소생하여 진실로 죽지 않은 것은 다만 내가 오기를 기다리고자 함이었으며, 오늘 그 참혹스러운 상황을 보니 도리어 보지 않는 것만 못하였다. 밤에 중량(仲良) 형과 술을 하면서 걱정스러운 얘기를 나누었다.

11일, 맑았다.

중량(仲良) 형이 읍내에 나갔다가 저녁에 돌아왔다. 나는 안질로 고통스러웠다. 아침에 양양댁(襄陽宅)에 위문하고, 오후에 최공기(崔公基)를 방문하였더니, 상인(喪人) 최용오(崔龍五)가 모름지기 난리 통에 집으로 피신하였다.

날이 다하여서 날씨는 따뜻하게 풀렸다.

12일,

고성 군수가 관청에 돌아왔다. 중량(仲良) 형이 읍에 나갔다. 나는 점점 심해져서 사물을 볼 수가 없었다. 공기(公基)에게 상서(上書)를 짓도록 하여 관가에 보냈다. 청포 자루에 소금물을 짜서 종일토록 약으로 다스렸더니, 밤부터 조금 차도가 있었다.

13일, 맑았다.

나는 아침 전에 읍에 가서 향청(鄕廳)에서 아침을 먹고, 각 촌 면임(面任)들이 온 모임에서 종일토록 같이 얘기를 나누다가 밤에 함께 묵었다.

14일, 맑았다.

향청에 머물면서 관청에 상서(上書)를 올렸다. 답변(題辭)[66]하기를 이문(移文)을 까탈로 삼아 시혜의 뜻을 들어줌이 없었다. 나는 울분을 이기지 못하여 모욕을 주고자 하여 관청 마당에 들어가고자 하였으나 관가에서 허락하지 않았다. 이로서 중량(仲良) 형과 집으로 돌아왔다.

15일, 맑았다.

아침 후에 수령이 창고를 열고 환곡을 내어 주고 있었다. 나는 곧장 향청(鄕廳)에 도착하여 저녁이 되어서 관아 마당에 들어가서 의례를 갖추어서 전후의 일을 알리고, 또 의리로 보아 불가하다는 점을 일일이 응수하여 대답하였다. 수령이 다시 다른 말이 없었으나, 단지 말하기를 근원을 헤아려서 처리하여 신속히 내보내겠다고 하였다. 나는 이웃 사람들과 함께 달을 보며 집으

66) 상서에 대한 관의 처결.

로 돌아왔다.

양양댁(襄陽宅)에 도착하여 술을 마셨다. 친구인 권언명(權彦明)이 어제 방문하였으나, 나는 읍에 도착하여 만나지 않고 머물러 묵었다. 오늘 계촌(桂村) 오는 중도에 만나 사정을 얘기했다.

16일, 맑았다.

안질이 말끔히 사라졌다. 기쁨으로 제익(諸益)과 더불어 얘기를 나누었다.

17일, 보슬비가 내렸다.

18일, 맑았다.

사람을 보내 읍시(邑市)에서 무명을 샀다.

19일, 흐렸다.

이웃 사람들이 구속에서 사면되자 모여서 술을 마셨다. 밤에 눈이 왔다.

20일, 새벽에 눈이 오다가 늦게 맑았다.

세상에 전하기를 오늘은 우설(雨雪)이라 하여 풍농의 징조로 삼았다. 미리 기뻐하면서 축하하였다.

21일, 아침에 흐렸다가 저녁에 안개가 끼었다.

최(崔) 별감(別監)이 읍으로부터 와서 수령이 나의 거취를 묻는 편지를 전하였는데, 이르기를 오후에 공기댁(公基宅)에서 한잔 하자는 것이었다.

22일, 맑았다.

또 마셨다.

23일, 맑았다.

공기댁(公基宅)에 도착하여 제사 음식을 먹었다. 나는 감기로 일삼아 끙끙거리며 콧물이 괴었다. 비록 맡겨진 자리는 면하였으나 돌아다니면서 매우 힘들고 걱정스러웠다. 바람이 크게 일었다.

24일, 바람 차기가 여전히 성했다.

상제(喪制) 최용오(崔龍五)가 우리 집으로부터 자기 집으로 돌아갔다. 오봉(五峯)에서 종(奴)이 내려왔다. 이에 나는 글을 써 주었다. 권언명(權彦明)이 와서 방문하였기에 살붙이와 오래되어 강릉으로 갈 채비를 해야겠다고 하면서 반나절 동안 얘기를 나누었다.

나는 공기(公期)와 함께 사라진다는 생각도 없이 몰래 갔다. 권습재(權習齋)가 시를 지었다.

僑居寥落掩山門　　우거에 쓸쓸한 촌락 산 어귀를 가리어,
교거요락엄산문
二月風光尙未溫　　이월 풍광 여전히 따뜻하지 않은데,
이월풍광상미온
北滯行裝緣桂友　　북에서 막힌 행장 계우와 연분이요,
북체행장연계우
南來信息夢梅樽　　남으로 온 소식 매곡에 술을 꿈꾸네,
남래신식몽매준
(계는 즉 계촌이요, 매는 즉 매곡이라)
孤村近峽人心古　　외딴 마을 가까운 골짜기 인심은 예스러운데,
고촌근협인심고
眞士憂貧世道飜　　참된 선비 가난 걱정에 세도가 넘쳐나네,
진사우빈세도번

萬卷詩書無事讀　　만권의 시서 탈 없이 읽으니,
만권시서무사독
此生生計亦君恩　　이런 생애 생활 방도 역시 임금의 은혜일세.
차생생계역군은

공기(公期)가 짓다.

一味疎慵始出門　　거칠고 게으름을 일미로 비로소 문을 나서니,
일미소용시출문
山光水色釀新溫　　산 빛과 물색이 새로운 온기를 빚는구나,
산광수색양신온
窮齋幸得能詩友　　궁색한 재실 다행히 능숙한 시우를 얻으니,
궁재행득능시우
良夜愧空對月樽　　어진 밤 부끄러운 공간 달을 마주해 술 기울이네,
양야괴공대월준
幾日病床筋骨瘦　　몇 날 병상에 체력이 마르고,
기일병상근골수
一年人事海棠飜　　일 년 세상사에 해당이 넘쳐나네,
일년인사해당번
靜觀萬物爭春意　　조용히 관상하니 만물은 춘정을 다투고,
정관만물쟁춘의
梅柳先知雨露恩　　매화 버들이 먼저 알고 우로에 감은하네.
매유선지우로은

밤에 삼연(三淵)을 붙잡고 시를 지었다.

茅椽四五粘高岑　　띠 서까래 4, 5점 높은 봉우리,
모연사오점고잠
擬護名園養樹林　　명원을 헤아려 수림을 키우고,
의호명원양수림
書爲敎兒藏凡久　　아이를 가리키려 지은 글 오래도록 간직하니,
서위교아장범구
泉緣無婢漑廚深　　샘솟는 인연 비가 없어 물댈 부엌이 깊구나.
천연무비개주심
送人三日香留座　　사람 보내고 삼일 향에 머물러 앉고,
송인삼일향유좌
檮藥千年石老砧　　약 찧기 천년 돌이 늙어 모탕이 되고,
도약천년석노침
遙想故山春色早　　아득히 고향생각 춘색이 이른데,
요상고산춘색조
殘梅知我未歸心　　시든 매화 나를 아는데 마음이 돌지 않는다.
잔매지아미귀심

25일, 새벽에 눈이 내리며 매우 추웠다.
다음은 황지천(黃芝川)이 매(梅)를 운자로 시를 지었다.

羅浮香信素娥來　　나부향 신호에 예쁜 소녀가 오고,
나부향신소아래
一笑天然下玉臺　　일소 천연으로 옥대에 내리고,
일소천연하옥대
獨樹淸高能自立　　맑고 높이 홀로선 나무 능히 자립하고,
독수청고능자립

百花推讓不先開　추양하지 않는 백화는 먼저 피지 않는다네,
백화추양불선개
精通湌液凝天雪　정통한 끼니 반찬은 천연 눈에 엉기고,
정통찬액응천설
理在扶陽占地雷　이치가 부양에 들면 지뢰를 지키고,
이재부양점지뢰
梅社故人知我意　매곡에 옛 벗은 내 뜻을 알고,
매사고인지아의
相思倘寄一枝廻　상사하여 혹 기생함은 한 가지에 돎일세.
상사당기일지회

26일, 맑았다.

일전에 최춘백(崔春伯)에게 말을 팔았다. 그러한 즉 나는 때맞추어 오지 못했다. 이후에라도 환퇴할 뜻이 있다고 한다. 그래서 사람을 시켜 문서를 만들고, 겸해서 가격에 해당하는 돈을 보냈다.

공기(公期)와 함께 걸으면서 그 아름다움을 시로 지었다.

積雪新消野色虛　쌓인 눈 다시 녹으니 야색이 허망하고,
적설신소야색허
幽居風味轉悠如　은둔 생활 풍미는 오래 전해지는 듯하고,
유거풍미전유여
高山不欲深藏士　고산은 선비를 깊이 감추고자 아니하고,
고산불욕심장사
聖世還羞久讀書　성세가 돌아와 부끄러우니 독서가 길어지네,
성세환수구독서
幾夜鄕心歸鴈後　몇 밤 향심은 기러기 돌아온 후에,

기야향심귀안후

干林春意聽鳩初　　숲에 막힌 춘정은 처음으로 비둘기 소리 듣고,

간림춘의청구초

名區正合東坡函　　명승지는 소동파 술에 합당하니,

명구정합동파함

願置山田二頃餘　　이경 남짓한 산전을 두기를 바라노라.

원치산전이경여

27일, 맑았다.

최미수(崔眉叟)가 오봉(五峯)에 가서 담배(南草)를 사가지고 와서 내가 일파를 샀다.

최춘백(崔春伯)이 말을 보냈는데, 겸해서 답서를 써 보냈다. 나는 오전에 택당(澤堂)을 차운하여 마(馬)에 대한 시를 지었다.

月窟風聲動碧蹄　　월굴 풍성에도 옥돌 발굽을 움직이고,

월굴풍성동벽제

柙鬃寶鬣與龍齊　　우리에 상투 보배로운 갈기 용처럼 가지런하고,

합종보렵여용제

生逢聖世才難試　　살아 성세를 당하니 재주 시험하기 어렵고,

생봉성세재난시

老以英雄氣不低　　영웅은 늙어서도 기가 떨어지지 않는다네,

노이영웅기불저

歲暮瑤池黃竹老　　세밑 아름다운 연못에 황 죽이 늙었으니,

세모요지황죽노

路長閶闔白雲迷　　먼 길 가을바람에 흰 구름 어지럽고,

노장창합백운미

安能跨汝行千里　　어찌 너를 타고 넘어 천 리를 가리오,
안능과여행천리
上見瑤皇步玉挮　　먼저 요임금 만나 걸으면서 옥 같은 눈물 흘렸네.
상견요황보옥체

28일, 흐렸다.

오봉(五峯) 최행원(崔行源)이 와서 담소를 나누었다. 사람됨이 밝고 빼어나며 온아하여 사랑스러웠다. 나는 택당(澤堂)을 차운하여 시를 지었다.

林花猶晦意閏歲　　수풀 꽃이 검은듯하나 뜻은 윤년이요,
임화유회의윤세
最春寒野沃無閑　　이른 봄 차고 기름진 들은 한가롭지 않고,
최춘한야옥무한
土江深小曲灘詩　　토강 심히 얕아 굽은 여울이 시를 읊고,
토강심소곡탄시
眉凝遠樹書帶怏　　가장자리 엉긴 먼 나무 서대를 두른 듯하네,
미응원수서대앙
幽蘭莫道名山好　　난이 그윽한데 길이 없으니 명산이 좋고,
유난막도명산호
春堂早問安余寒　　춘당에 일찍 문후에 어찌 나는 추운가,
춘당조문안여한
咳猶未祛苦悶悶　　기침이 오히려 떨어지지 않으니 고민이라.
해유미거고민민

29일, 맑았다.

계촌(桂村) 제익(諸益)과 행원(行源)에게 가서 담화를 나누면서 하루를 보냈다.

30일, 맑게 갠 날에 가벼운 바람이 있었으나 삼푼(三分)은 춘정이었다.

양양댁(襄陽宅)에서 산지(묏자리)를 결정하였다. 지관(地師)과 함께 옛 산자리 기슭을 두루 둘러보았다. 나는 행원(行源)과 함께 다녔으며, 늦게 하산하면서 석양에 이르도록 얘기 나누었고, 밤에 또 모여서 얘기 나누었다.

임자년(壬子年 : 1792, 정조 16) 삼월(三月) 경오삭(庚午朔)

초1일, 맑았다.

행원(行源)을 보내고, 양양댁(襄陽宅)에서 점심을 했다. 여온(汝溫)이 일찍이 바라는 바가 있어, 후에 북쪽에서 만나기로 기약했으나 여전히 소식이 없다. 마음에 담아 생각하는 중이라 더욱 괴이하기 그지없다.

초2일, 흐렸다.

오봉댁(五峯宅)은 아저씨뻘 되는 사람이 주인이다. 다만 자식 하나가 있어 집안을 잇고 있었으나, 한 달여 전에 참변으로 요절하는 변을 당하였다. 내가 온 후로 비록 서둘러 위로하고자 했으나 초기에 눈이 쌓였고 뒤에는 강물이 불어 막혀서 여태까지 헤아리기만 하고 가지 못하고 척숙(戚叔)의 소문만 듣고 있었다. 하루는 향청(鄕廳)에서 운운하는 까닭에 중량(仲亮) 형과 함께 가서 문안하고 저녁 후에 술에 취해서 집에 돌아왔다.

초3일, 맑았다.

공기댁(公期宅)에서 식사를 했다. 성천(星川) 사람 김(金) 지관(地師)이 작년에 와서 이 땅을 유람하였는데, 여전히 향리에 돌아가지 않고 있었다. 그 자식이 나이 15세인데, 수일 내로 천리를 관통하여 부모를 찾아온다고 한다. 천륜의 소중하거니와 또한 볼만하였다.

권언명(權彦明)이 강릉에 갔다. 이로 인해 나는 본댁에 편지를 보냈다.

초4일, 맑았다.

권원명(權元明)이 와서 방문하였다. 그는 언명(彦明)의 동생이다. 함께 순제(旬題)[67] 한 수를 지었다. 원명이 머물러 묵었다.

초5일,

내댁(內宅)에서 제사 음식을 먹었다. 공기(公期)가 신계사(新溪寺)에 갔다. 나는 원명과 또 시 한 수를 지었다. 오후에 대설이 내렸고, 원명은 또 유숙하였다.

초6일, 흐리고 추웠다.

나는 어제 저녁부터 감기(寒感)가 점점 심해져서 거의 인사불성이 되었다. 하루를 다 지나서 자리를 물리고 정신이 혼미한 기운이 가라앉았다. 원명이 갔다.

초7일, 맑았다.

동풍이 매우 추웠다.

초8일, 맑았다.

오후에 어떤 사람이 있었는데, 자칭 강릉 읍내 사람이라고 하며, 김응태(金應泰)와 함께 왔다. 응태는 고성(高城) 읍에 머물면서 그 사람을 시켜 소식을 먼저 탐문하게 하였다고 하며, 그 사람은 모집을 당해서 함께 가는 사람이라고 한다.

저녁 후에 응태(應泰)가 올라와 해룡(海龍) 누이를 데리고 가서 말했는데, 본래 그 사람의 뜻이 아니었다고 한다. 이것은 김필여(金弼礪)가 한두 사람을

---

67) 순제는 향교에서 보내는 과제이며, 열흘에 한 번씩 시를 지어 향교에 제출하는 형식의 과제이다.

꾀어서 했다고 한다. 그 아이는 끝내 갈 뜻이 없었다고 한다. 이런 까닭으로 나는 밤이 지나면 보내라고 권하였다.

초9일, 맑았다.

김응태(金應泰)가 아이를 데리고 떠나갔다. 모녀의 상태를 차마 볼 수가 없었다. 오후에 관청에서 사람을 보내 붙잡아 갔다. 이런 까닭으로 나는 직접 관문(官門)에 갔더니 마당에 들어가지 못하게 하였고, (붙잡힌 자는) 주인가(主人家)에 구류되었다. 김가(金家)에서 술을 사서 마셨다.

나는 중량(仲亮) 형과 함께 향청(鄕廳)에서 묵으면서 관의(官意)를 살펴보니, 전적으로 돈을 받으려는 뜻이었다.

초10일, 맑았다.

관가에서 끝내 허락하지 않고 늙은 기생 귀분(貴分)이 집에 송치해 두었다. 오후에 비가 조금 내렸다. 나는 귀분이 집에 묵었고, 중량(仲亮) 형은 향청(鄕廳)에서 묵었다. 귀분이를 시켜 관에 얘기를 보냈더니, 분노하는 것이 격하였고 자못 불손하다는 얘기가 많았다고 한다.

11일, 맑았다.

관에서 내 언사가 공손하지 못하다 하여 제보하겠다고 하면서 초안을 내 보이면서 책임을 물었고, 그리고 향청(鄕廳)도 무함하는 얘기가 아님이 없다고 하였다. 나는 강릉에 가지고 가서 이문(移文)하고자 하겠다고 하면서, 공공연히 화를 내면서 바야흐로 죄인으로 몰아 가두고자 계략을 세워 사람을 위험한 지경에 몰아넣고 생판 돈을 징수하려 한다고 하였다.

나는 어둑어둑 동틀 녘에 가서 늙은 여인네 집을 모함한다 할 것이고, 법관이 된 자가 어찌 백주에 근거 없는 일을 허락한단 말인가? 이것이 할 수 있다면, 무엇이 하지 말아야 할 바이겠는가?

나는 부득이 다시 사정을 하소연 하고 귀분가에서 묵었고, 중량(仲亮) 형은 올라갔다.

12일,

새벽에 기생 한 사람이 주식(酒食)을 가지고 와서 주면서 말하기를, 이것은 그 집의 제사 음식이라고 하면서, 나는 비록 창기이지만 어찌 인정이 없겠습니까?라고 하였다. 그 지조가 아름답다고 할 만했다.

아침을 한 후에 관가에 나갔더니 제사(題辭)[68]를 보내왔다. 그리고 형리(刑吏)를 시켜 말을 전하기를, "납속(納贖)[69]하겠다는 얘기를 듣고 심히 답답하게 생각하여 특별히 방면하여 보내고자 한다. 다만 당신이 법관을 능멸하고 모욕한 죄가 가볍지 않지만, 내가 감영에 보고하여 중지토록 할 것이니, 속죄할 요량으로 속히 납전을 하도록 하라"는 것이었다.

그 말의 뜻을 생각하면 그 마음은 알 수 있으나, 나는 울분을 이길 수 없어 대호정(帶湖亭)을 두루 돌아다니다가 오후에 집으로 돌아왔다.

13일, 맑았다.

나는 병을 앓아 떨쳐 일어나기 어려웠다. 오후에 양양댁(襄陽宅)에 이르러 큰 병풍 여덟 첩을 고쳤다.

14일, 맑았다.

또 병풍을 칠했다. 곧 한식(寒食)이다. 객지에서 가절을 맞으니 부모 생각이 배가 되었다. 봄철 추위가 심하니 꽃이 피기에는 아직 멀었구나.

15일, 흐렸다.

---

68) 백성의 소장이나 원서에 쓰던 관서의 판정이나 지령.
69) 죄를 면하고자 돈을 바침.

중량(仲亮) 형과 향청(鄕廳)에 이르러 이방(吏房)을 불러서 20민(緡)을 납부했다. 관가에서는 비로소 기쁜 기색으로 이르기를, "나에게 부끄럽다고 하면서 또 여덟 관(貫)을 더 내야 한다고 하였다." 무척이나 한심스러웠고, 숙연해하는 객당의 추이를 보고 방도가 없음을 고민하며 괴로워하였다.

16일, 맑았다.

중량(仲亮) 형이 감호(鑑湖)에 갔다. 오봉댁(五峯宅)에서 나에게 만사(輓詞)를 지어주기를 요청했고, 그것을 양양댁(襄陽宅)에 보내려 하였다. 만사는,

塗粧園圃守遺基　　진흙으로 동산을 꾸미어 머무르는 터를 지키고,
오장원포수추기
丹桂蒼松護作籬　　붉은 월계수 푸른 솔은 울타리 삼아 보호하여,
단계창송호작리
一子承家君莫恨　　한 자식 집안을 승계하니 그대는 한이 없으니,
일자승가군막한
兩孫頭玉已芳儀　　양손과 명석한 머리는 이미 향기로운 거동일세.
양손두옥이방의
對客何曾說是非　　객을 맞아 어찌 일찍 시비를 설파하고,
대객하증설시비
逢人祗欲勸情色　　사람을 만나 공경하여 정색을 권하였으니,
봉인지욕권정색
萑畦巡圃猶閑暇　　잡초 낀 두둑에 밭을 돌보니 오히려 한가하여,
추휴순포유한가
幾夜書燈敎子時　　수많은 밤의 서등은 자식을 가르치는 시간이었네.
기야서등교자시

裏年哭子獨何爲　　나이 어린 곡자 홀로 무얼 하리오,
양년곡자독하위
願逐吾兄死不知　　내 형 따르기를 원하나 죽어서 알지 못하고,
원축오형사부지
吾有今卽兄有子　　나는 지금이 있으나 형은 자식이 있으니,
오유금즉형유자
生前懷事慰於斯　　생전 일을 생각하며 여기에서 위로합니다.
생전회사위어사

(오봉의 신곡하는 독자는 양양댁(襄陽宅) 상주의 사위이다.)

少時情續老年遊　　소시절의 정을 이어 노년을 즐기고,
소시정속노년유
蕪子江連永述洲　　차조기는 강을 이어 오래도록 섬을 짓나니,
어자강연영술주
君已登仙吾獨在　　그대는 이미 선에 들었으니 내 홀로 남았네,
군이등선오독재
荒凉桂村月千秋　　황량한 계촌에 달빛만 천추로다.
황량계촌월천추

17일, 맑았다.

천광(穿壙)하는 곳에 이르러 산에서 일하는 모습을 보았다. 월촌(越村) 두 사람이 내게 제문을 짓기를 요청했다. 나는 제문을 지어서 정(鄭) 상인(喪人)의 아들 안(安)에게 주었다. 또한 19일에 양례(襄禮)[70]를 행하였으므로 나는

70) 죽은 사람을 장사 지내는 일.

중량(仲亮) 형과 함께 가서 상인(喪人)을 만났다.

18일, 맑았다.

이웃들이 모두 제문을 청하였다. 나는 다섯 장을 지어서 향인들이 대부분 상가에 모였기에 주었다. 권회언(權晦彦)과 함께 묵었는데, 그는 언명(彦明)의 아우이다.

19일, 맑았다.

양양댁(襄陽宅)이 양례(襄禮)를 행하였다. 나는 산에 올랐다가 저녁에 돌아와 초우(初虞)[71]에 참석하고, 밤에는 행원(行源)과 더불어 얘기를 나누었다.

20일, 맑았다.

중량(仲亮) 형이 감호(鑑湖)에 갔다. 나는 오전에 월촌(越村)에 가서 상인(喪人) 정자안(鄭子安)을 만나서 저녁을 대접하고 땅거미가 지면서 돌아왔다.

21일, 맑았다.

밤에 고갈이 있어 부엌에 들어가는 중에 개를 보았다. 나는 큰소리로 쫓아버리니 갑자기 달려 나갔다. 월촌(越村)에서는 부엌에 들어가려 하여 마을 사람들이 힘을 합쳐 몰아내었다.

행원(行源)이 돈 한 냥을 보냈다.

중량(仲亮) 형이 부탁하여 "동생 의중(毅仲)을 슬퍼하며"라는 글을 지었다. 이르기를,

"나의 집 동생 의중(毅仲)이 영원히 돌아간 날은 임자(壬子) 3월 23일 임진(壬辰)이다. 하늘이여! 하늘이여! 어찌 이리도 잔인하십니까? 아비가 슬퍼하

71) 장사 지낸 뒤 첫 제사.

고, 그 아들과 형이 슬퍼합니다. 그 동생이 세상을 버리니 사리에 어긋난 참변이요, 또한 어찌 차마 말할 수 없는 변고가 있을 수 있단 말입니까?

작년 섣달에 먼저 그 처를 잃고, 금년 정월 초8일에 거듭해서 어머니 상을 당하고, 22일에 자신이 또 이어서 서거하니, 그대의 나이 겨우 30이요, 더욱이 이어갈 아이도 없이 이 가문이 끊어질 지경에 이르렀습니다. 그는 본시 선하여 생전에 악을 짓는 일이 없었습니다.

하늘이! 하늘이여! 어찌 이리도 잔인하십니까? 너의 형은 작년 여름 두 아이를 잃고, 작년 겨울에 여장(汝章)을 슬퍼하고, 금년 봄에 또 이 쥐어짜는 고통을 당하여 겨우 겉껍데기는 보존하였으나 생명을 보존하기 어려우니 비록 천광을 보지 않으려 해도 지극한 정이 남아 있어 또한 차마 보지 않을 수 없으며, 비록 문자를 새기지 않으려 해도 여한이 되어 원망이 남을 것 같고, 만에 하나라도 슬픔을 날리고 싶지 않은 즉 흉중에 울화가 일어 이성적으로 달래기 어려웠다. 하루 전날인 신묘(辛卯) 저녁에 비로소 황당한 이야기로 그 애통함을 간략하게 펼치었다. 말하기를,

오호라! 의중(毅仲)이 평상시 일 때, 나는 감호(鑑湖)에 갔었다. 그가 문득 기쁜 듯 마중을 나와서도 아는 것이 없어 말하지 않고 듣는 것이 없어 전하지 않는 듯하였다. 이제 너의 집을 찾은 지 3일이 지났으나 너는 어느 곳에 갔는가? 너의 행적을 찾을 길이 없구나. 집안 구석구석은 마치 몸짓이 보이는듯하나 명쾌히 보이지 않고, 섬돌 사이에는 헛기침 소리 들리는듯하나 명확히 들리는 않으니 너는 과연 죽었는가! 그 장례가 갖추어져 조문하여 곡을 하면서 슬픔인 즉 비록 그의 사망을 믿으려 하나 나의 심중은 오히려 믿어지지 않았다.

오호라! 의중(毅仲)이여, 형제의 정이 어찌 이승과 저승의 다름이 있겠느냐? 만약에 막히지 않았다면 내 슬픈 이야기나 들어라. 너와 나는 일찍 부모를 잃었다. 너는 부모의 얼굴을 알지 못하지만, 내가 아비 노릇을 하며 서로 의지하며 목숨을 부지했다. 잠시의 이별이라도 참지 못하였고 중년에는 가까운 친척이 후사가 없다하여 너를 양자를 삼겠다는 말씀에 붙들지 못했었다.

가까운 거리에 한집이나 다름없어 비록 아침저녁으로 서로 대할 수는 없었지만, 평시에는 열흘에 한 번은 만났었고 한 달에는 두 번은 보았었다. 갑자기 감정을 토로하고 싶으면 편지로 은밀히 하였고 차마 매일매일 가지는 못했지만 서로 위로하여 말하기를 "어느 날 응당 집을 빠져나와 상종하여 미리 참으로 즐거운 계획을 세워 죽지 않을 만큼 즐겼다. 또한 마치 두 차조기가 서로 날이 길어지는 의미를 쫓는 것 같았다." 어찌 한집 땅에서 멀리 떠나게 되는 것을 생각이나 했겠는가! 이 황천은 짓기 어려운 만리에 있단 말인가!

오호라! 슬프도다. 만약에 이렇게 될 줄 알았다면, 어찌 이 서로의 이별을 참으며 이 하늘을 원망했겠는가! 작년에 섣달 네가 상처하고 내 집에 와서 머물면서 형님에게 큰 허물이 되었다고 하면서 나를 상대할 때 경계하여 말하기를 "사람이 처를 잃는 것은 상사 예상사"라 하였다. 너는 몸이 지중하고 가정의 복이 이와 같으니 너는 마땅히 벗어나야 할 것이라고 하였다. 그랬더니 너는 끝내 형의 말을 듣지 아니하고 집으로 돌아갔었다. 다만 노련한 사랑으로 묘소를 돌보면서 차마 멀리 떠나지 못하였으니, 그런 연유였다.

오래되지 않아 또 어머니 상을 당하여 빈소를 지키면서 사람이 없었던 까닭에 본분을 피하지 않았다. 너의 진실한 효성은 비록 가상하다 하겠으나 너의 몸이 이 지경에 이르니 효자라고 할 수 있겠는가? 너 또한 이와 같음을 알면서도 어찌 반드시 근실하게 지키면서 불통하였는가! 네가 정월 21일 밤에 사망하였으니, 너의 병이 20일 저녁에야 알려졌다. 나중에 전하는 말을 들어보면 증세가 심하거나 고통이 악화되지 않았었다고 한다. 내가 다음 날 곧장 쫓아가서 병세를 살펴 본 즉 가까운 친척 여러 사람이 굳게 고집하여 이송하지 않았다고 하면서 말하기를 "너는 종손으로서 책임이 막중한데 한데 어울려 화목하지 못하여 고통에 빠지게 만드는가! 또 병세를 듣고서도 위중한데도 돌보지 않고 개인의 사사로운 정에 구속된 것은 옳지 않으며 그 대의를 망각한 것이다."라고 하였다. 나 또한 사적으로 생각하여 말하노니, "병이 지중한 지경이면 즉 반드시 사람을 시켜 급히 알려야 하거늘 어찌 그 기이함을 전해 듣게 한단 말인가! 부득이하여 사촌 동생 상동(相東)을 잠시 보내서 증세를 먼저 살피도록 하였구나!"

이튿날 아침에 소식을 듣고 서둘러 이에 이르렀는데 어인 변고란 말인가! 병에 대한 소식을 듣고 하루 만에 이 지경에 이르렀으니 뜻밖의 변고가 아닌가! 하늘이 어찌 내 동생을 이렇게도 빨리 빼앗는가! 내가 임종하지도 못하게 하는가!

미루어 생각하니 너는 사망에 이르러 흉중에 슬픈 생각이 가득하여 한번 이 형에게 토로하고 싶었을 것 같구나. 황천에서 눈을 감으면서도 느낄 괴로움을 생각하니 한탄스러움이 쌓여 풀리지 않는다. 말없이 잠들어 그곳으로 영원히 돌아갔으니 반드시 황천에서도 잊기 어려운 원망이 될 것이다. 나에게 있어서도 또한 백 년에 끝이 없는 한이 되는구나.

만약 이와 같음을 안다면, 나는 비록 함께 죽는다 하여도 어찌 차마 회피할 것이며 임종을 하지 않겠는가! 나는 죽은 후에 후사가 있으니 내 어찌 외로운 죽음이라 하겠느냐. 단 하루라도 문병을 하였다면 어찌 생각이 여기에 미치겠는가. 하늘에 부르짖고 땅에 묻는다고 한들 누가 원망하고 누구를 책망하겠는가? 사촌 동생이 와서 네가 임종에서 한 말을 전하였는데, "나는 포촌(浦村) 피병했던 집에서 죽고 싶지 않았다. 바라건대 나의 집 편안한 자리에서 생을 마치고 싶다."고 하였다고 한다. 온 마을이 두려워하고 꺼릴까 염려하여 죽기 전에 그 소원을 알리지 않았다고 한다. 무릇 지하의 한으로 남았을 것이고, 더욱이 이 형에게도 깊은 서러움이 되는구나.

내가 임종을 보지 못하였으니, 사후 염습하여 보내는 것은 마땅히 친히 해서 마쳤다. 죽음에 임했을 때 서로 이별은 못했으나 사후에는 시신을 수천 번을 어루만지며 울부짖었으니 어찌 일어나 나올 이유가 있겠는가! 또 생각하면 내 집은 형제이고, 나는 두 애가 있고 너는 이미 끝났으니, 내가 마땅히 모두의 신명을 보존하고, 너의 몸도 편안히 매장하고, 너의 후사를 세워서 남은 업을 보전할 것이다. 이는 진실로 정리의 마땅한 이치요, 만약 내가 한때의 지친의 정을 차마 하지 못한다면, 반드시 한집안의 남은 재앙을 만나게 될 것이고, 다시는 일후에도 남은 희망이 없을 것이다.

이런 까닭에 또 사촌 동생을 시켜 수시로 빈소에 다니게 하고 친히 빈소에 나아가 한 차례 무익한 통한을 풀었다. 그 후 비록 왕래하고자 하였으나 매번 감호(鑑湖) 두 글자를 듣는 즉 마음은 잃은 땅을 보게 되나니, 내가 어찌 차마 너의 빈집에 가서 너의 초빈(草殯)을 보겠는가!

오호라! 의중(毅仲)! 너는 생전에 매번 나에게 부탁이 있다면서 말하기를, "둘째 아이 철(喆)을 나의 아들로 삼고 싶다."고 하였다. 네 일은 네가 책임지라고 하면서 이르기를, "네 나이가 30이 안 되었으니 일후에 자식을 볼 것인데 하필이면 조카자식을 기다리는가?"라고 하면서 아주 거절했었다. 일찍이 네가 후사가 없이 죽을 줄 알았으면, 내 둘째 아들을 너에게 정하지 않았겠는가! 생전에 여망대로 사후의 한이 없도록 할 것이다.

너는 이미 여기에 이르렀으니, 너의 뒤를 이어 주어서 위로를 다하고자 한다. 나고 죽는 아픔은 인정상 한결같은 것이고 의리에서 마땅한 것이다. 그러나 나이가 어려서 어리석게도 끝내 죽음에 이르고, 또 네 몸이 여전히 장례를 완전하게 이루지 못하였으니, 너의 후사는 정할 겨를이 없었다. 네 형이 한 차례 변고를 겪은 뒤부터 하늘을 우러러 망막하고, 땅을 굽어 아득하여 마치 하나의 목우가 있어 바람에 나는 티끌에 붙어 일어서는 듯하다. 중심을 잡지 못하고 오래도록 멍하니 바라보노라면 마치 신명을 보존하기가 구차한 것 같으니 어찌 차마 네가 헛되이 주인 없는 괴로움을 짓게 하겠는가! 바라건대 일후에 마땅히 너의 후사를 세워서 잘 기르고 잘 가르쳐서 너에게 착하게 보답을 하도록 할 것이다. 이는 진실로 이 형의 책임이다.

오호라! 의중(毅仲)아! 지금은 모두 끝났다. 이로서 희망을 삼는다. 지극한 정분이 일어나고 슬픈 글과 슬픈 말은 이미 사사로움에 불과하나 그중에는 더욱 분통하고 애석함이 있구나. 너 비록 나이는 적었지만 포부는 적지 않았고, 말은 함부로 하지 않았고, 행동은 함부로 움직이지 않았다. 그러기에 마을 사람들이 시비하는 일에서는 비록 듣고서도 말하지 않았고, 친척들이 진휼하는 일에 대해서는 역량에 따라 반드시 시혜하였으며, 하루 종일 상대하여도 너그럽고 두터운 말이 아님이 없었고, 한 번도 화려함에 쏠리는 태도가 없었고, 넓게 보고 친밀하게 말하곤 했었다. 깊은 지식을 가졌으니 깊은 덕을 가진 사람이라고 할 만하다.

오호라! 의중(毅仲)아! 너는 어찌 아느냐? 네가 만약 지식이 있다면 너의 형이 지독히 원망스러웠을 것이다. 이에 이르니 비록 괴로움은 반드시 말이 있고, 고요함은 말이 없다. 너는 과연 알지 못하였구나. 그러한 즉 이 얘기가 펼치는데 불과하다면 내가 너에 대한 사사로운 슬픔은 무슨 도움이 있겠는가!

비록 그러하나 청년이 묻힌 땅에는 죽었어도 원망이 남는다고 하며, 또 정신은 반드시 없어지지 않는다고 한다. 만약에 혹시라도 알고 있다면, 네 형의 이러한 얘기는 임종의 말로 대신하고자 하노니, 황천에서도 다시는 여한이 없기를 바라노라. 말하고자 하는 것을 모두 쓸 수가 없는데, 목이 마르고 눈물이 말라 이렇게 말로 다하지 못하는구나.

오호라! 슬프도다! 신명께서는 제물을 받으소서.

22일, 바람이 어지러웠다.

공기(公期)와 함께 말고삐를 잡고 감호(鑑湖)에 도착했다. 밤에는 행원(行源)과 함께 묵었다. 여러 날 전에 언명(彦明)이 들어와서 내 집에 감호(鑑湖)에 관한 책을 두었는데 비로소 살펴보았다.

23일, 맑고 온난했다.

의중가(毅仲家)의 삼상(三喪)[72]이다. 같은 날 함께 앉았는데, 참혹한 상

---

72) 여기서 삼상(三喪)은 장례일로 보아도 좋을 것이다.

황은 보지 않는 것만 못했다. 하구한 후에는 곧바로 세상 돌아가는 대로 따랐다. 늙은이들도 같은 마음으로 동행하였다.

쌍봉촌(雙峯村)으로부터 고잠(高岑)에 이르렀고, 역촌(驛村)에서 소를 빌려 남강(南江)을 건넜다. 김가(金家)에 차례로 자리 잡았을 때, 공기(公期) 역시 이르렀다. 광교(廣橋)에 이르러 술을 마시다가 황혼에 집에 돌아왔다.

24일, 맑고 따뜻했다.

오전에 공기(公期)와 산에 올랐다. 멀리 바라보며 회포를 풀자하니 미세한 아지랑이 농산(籠山)에 피어오르고 꽃은 피어 점점 화려하다. 또 가다가 또 앉고 하면서 비스듬히 까치봉(鵲峯) 아래 기슭에 이르니 홀연히 하나의 산이 보이는데 기맥이 높고 빼어나며 용이 가듯 조용하고 평안하여 세력이 있는 형상에 가깝다. 이런 까닭으로 동행하여 맥을 따라가서 산 정상에 이르니, 삼포(三浦) 한 면이 안온하고 그 앞에는 청룡이 거듭 겹쳐난다. 백지를 끌어안아 아름다움을 담고 물러나니 안개가 허망하게 어그러지고 산천은 바둑알 같이 섞이어 형용을 얻지 못하니 서로 돌아보며 아름답다 하였다. 석양에 돌아왔다.

25일, 바람이 불었다.

공기(公期)가 광교(廣橋)에 도착하였고, 평양(平壤)에서 온 손님과 함께 어울렸는데 조금은 풍수에 밝은 자였다. 함께 어제 본 곳에 대해서는 즉 그 손님의 말로는 여기는 영동에서는 희귀한 곳이라고 한다. 확실하게 믿을 수는 없어서 잠시 다른 지관을 기다렸는데, 이른바 평범한 안목을 가진 자에 지나지 않는다고 하였다.

26일, 바람이 불었다.

여러 사람들과 더불어 다시 그 산에 이르렀는데, 봄 햇살이 하늘을 수놓고 꽃은 피어 사람을 유혹한다. 오후에 곧장 돌아왔는데, 저녁에 대풍이 일어 땅이 들썩이고 양 다리가 날리는 듯했다.

27일, 바람이 불었다.

태수(太守)가 처음으로 순제(旬題)[73]를 치렀다. 내가 제출한 것은 초문(初文)이 이중(二中)[74]이요 재문(再文)은 삼상(三上)[75]이었다.

28일, 바람이 불었다.

방백(方伯)[76]이 군(郡)에 들어왔다. 나는 공기(公期)·중량(仲亮) 형과 천천히 걸어서 읍에 나갔다. 권(權) 진사를 도천(道薦)[77]하는 일로 고을의 유생들이 많이 모였다. 나는 피곤해서 불 피우는 곳에서 술을 마시고 읍내 인가에 누웠다. 밤에는 바람이 크게 일었고, 제익(諸益)과 함께 묵었지만 취해서 마주 대하지 못했다. 오늘은 곡우(穀雨)였다.

29일, 맑았다.

취기와 피곤함이 풀리지 않았다. 오후 집에 돌아왔다. 종일토록 자리에 누워 있었다.

임자년(壬子年 : 1792, 정조 16) 사월(四月) 기해삭(己亥朔)

초1일, 맑았다.

아침은 양양댁(襄陽宅)에서 먹고, 점심은 월댁(越宅)에서 먹었다.

73) 관가에서 출제한 문제를 자기 집에서 답안지를 작성하여 제출하는 형식.
74) 아홉 등급에서 다섯 번째,
75) 아홉 등급에서 일곱 번째.
76) 관찰사.
77) 관찰사가 도내의 유능하고 학식 있는 자들을 임금에게 천거하는 일.

초2일,

나는 적혈을 토해내는 것을 감내하였는데, 한 되박은 되었다. 나는 (고성으로) 들어올 때 처음 생각은 일을 마치는 즉시 가정으로 돌아가려고 하였다. 불행하게도 이 탐관오리를 만나 먼저 20민(緡)을 주었고, 비록 오랜 친구의 두루 힘써 준 문장에 힘입었으나, 8관(貫)은 아직 밀어 옮기지 못하여 사람이 묶이게 되어 고향으로 돌아가지 못하였다.

이러한 상황이었으나, 친가에서는 그간의 사실을 듣지도 아니할 것이고, 반드시 돌아오는 것을 망각한 책임이 있다 할 것이다. 이러한 걱정과 생각으로 침식이 줄었다. 또 여온(汝溫)에게는 일찍이 언명(彦明) 편에 지난달 23일에 출발할 것을 약속하였으나, 소식이 끊겼으니 일일이 관심은 있겠으나 일이 얽히고설킨 것을 깨닫지는 못할 것이다.

저녁에 천둥치며 큰비가 내려서 쉬었다.

초3일, 종일토록 비가 내렸다.

오랜 가뭄에 큰비를 만나서 밀과 보리가 무성하게 자랄 희망이 생겨 축하할 만했다. 또 피를 토했는데 여러 되박이었다.

초4일, 맑았다.

정신과 기운이 혼미했다. 또 학질(瘧疾)로 날마다 신음하면서 고통스러웠다.

초5일, 맑았다.

정신이 가물가물하여 자리에 누웠다. 여온(汝溫)이 사람을 보내 편지를 가져와 집안 소식을 들은 기쁨이 족히 만금을 얻은 듯하였다. 여온(汝溫)은 일찍이 북쪽에서 한 약속이 있었으나 양수(養壽)의 혼사가 서울로 정해진 까닭으로 들어오지 못한다고 하였다.

초6일, 맑았다.

여온(汝溫)이 돈을 보냈기에 문어(文魚)를 사고자 하였다. 이에 중량(仲亮)이 종을 데리고 북진(北津)에 갔고, 나는 종일 혼미한 상태였다.

초7일, 비가 왔다.

중량(仲亮) 형이 문어를 사가지고 왔고, 나는 한축(寒縮)으로 고통스러웠다.

초8일,

오봉(五峯)에 큰집과 작은집들을 방문하였다. 이어서 최행원(崔行源)을 방문하여 술을 마시면서 이야기를 나누었다. 저녁때 칠송정(七松亭)의 남석(南石) 어른에게 이르러 금강(金剛)에 들어갔다. 언명(彦明) 형제와 잠시 회포를 풀고 서둘러 집으로 돌아왔다. 오후에 통증이 조금 있어 저녁에는 조금 쉬었다.

초9일,

중량(仲亮) 형이 읍에 나갔다. 나는 용삼(龍三)이를 몽천암(夢泉庵)에 보내서 복어를 사가지고 오게 하였다.

초10일, 맑았다.

나는 월촌(越村)에 가서 상인(喪人) 정자안(鄭子安)을 만났다.

11일, 맑았다.

중량(仲亮)과 동행하여 집을 나서 길을 떠났다. 객지에 묶인 고독한 단신으로 믿는바 오직 나였다. 나는 또 나오면서 그간에 생활비용은 비록 친척의 도움에 힘입었지만, 이것 또한 슬프고 슬픈 상황이었다. 실로 인정상 난감한 바이었다. 이웃의 익제(益齊)가 나와 송별해 주었다.

감호(鑑湖)에 이르러 막회댁(幕洄宅)에서 점심을 하였다. 상인(喪人) 최용오(崔龍五) 댁에서 술을 마시고, 서둘러서 열산(烈山)에 도착하니 이미 날이 저물었다. 밤에 주인 춘백(春伯)과 함께 얘기를 나누었다.

12일, 맑았다.

늦게 출발하여 수성읍(水城邑)[78]에 도착했다. 갑자기 길옆을 보니 임시 거처가 마련되었고, 좌수(座首)가 관군(官軍)을 데리고 제언(堤堰)을 축조하면서 도랑을 수리하고 있었다. 좌수는 곧 춘백(春伯) 어른이었다. 술과 담배를 사가지고 와서 점심을 먹었다. 공수진(公輸津) 동장(洞長)이 술을 가지고 와서 만났는데, 그 또한 후덕한 풍모였다. 밤은 청간정(淸澗亭)에서 묵었다.

13일, 맑았다.

일찍 출발하여 청초진(靑草津)에서 술을 사서 마시고, 낙산사(洛山寺)에서 점심을 하는데, 새로 과거에 급제한 최경수(崔慶洙)가 함께 들어왔다. 오후에 바람이 크게 일어 천지가 진동하였다. 나는 중량(仲亮)과 함께 겨우 임천(林泉)에 도착했는데 의관이 모두 진흙에 상하였다. 밤에는 사정가(士鼎家)에서 묵었다.

14일, 바람이 크게 불었으며, 어제와 같았다.

노여장(盧汝章)이 영귀(永歸)하는 날이다. 중량(仲亮)이 이로써 나갔다가 왔고, 나는 바람으로 나가보지 못하였다. 용삼(龍三)이를 보냈다. 저녁에 노댁(盧宅)에 가서 중량(仲亮)과 함께 종일토록 대화하였다. 백인당(百忍堂)에 도착해서 애자(哀子) 이백(李伯)과 얘기를 주고받았다. 밤에는 사정댁(士鼎

78) 간성(杆城)의 옛 이름.

宅)에서 묵었다.

15일, 바람이 조금 잦았다.

늦게 출발하여 중량(仲亮)은 동면(東面)으로 가기에 길에서 손을 잡고 이별하였다. 한 발작 한 발작 걸으면서 고개를 돌려 돌아보면서 서글픔을 감당할 수 없었다. 나는 송전(松田)에 도착하여 지변댁(池邊宅)을 방문하였다. 정오에 적성(赤城)을 지나는데, 갑자기 울타리 가에 중량(仲亮)의 말이 매인 것을 보았다. 상봉하여 서로 손을 잡으며 날이 저무는 줄 몰랐다.

나는 간신히 시문진(柴門津)에 도착했으나 이순봉(李順奉) 집은 문을 닫고 들이지 않았다. 인심이 정숙하지 않음을 볼 수 있었다. 나는 타한가(他漢家)에서 묵었다.

16일,

일찍 출발하였는데 비를 만나 길가에 있는 집에서 쉬었다. 저녁때 비가 조금 그치기에 여헌가(汝憲家)를 방문하여 유숙하였다.

17일, 맑았다.

늦게 출발하였다. 밤에는 신촌(新村)에서 묵었다. 부모에게 문후하면서 강녕하심에 기쁨을 이길 수 없었다.

18일, 맑았다.

정오에 집에 돌아가 어머니께 문후하니 역시 평안하셔 큰 기쁨이었다. 정오부터 큰비에 천둥까지 쳤다.

19일, 맑았다.

집에 있었다.

20일, 맑았다.
여온(汝溫)이 남촌(南村)에 갔다.

21일, 맑았다.
여온(汝溫)이 들어왔다.

22일, 맑았다.
양수(養壽) 혼사가 서울의 이진도(李珍島) 집으로 정해졌다. 이런 까닭에 금일 관례를 행하고 마을 사람들이 와서 모였다. 정연(亭淵) 황(黃) 석사(碩士)가 관아로부터 왔다.

23일, 맑았다.

24일, 맑았다.

25일, 맑았다.

26일, 저녁에 비가 왔다.

27일, 맑았다.
반인(泮人)[79] 이문태(李文泰)가 서울로 돌아갔다.

28일, 흐리고, 바람이 조금 있었다.
아버지께서 남촌(南村)에 가셨다.

---

79) 성균관에 다니는 사람.

29일, 맑았다.

사형(舍兄) 어른이 왔고 문여(文汝) 또한 방문하였다.

30일, 맑았다.

모산(茅山) 장기댁(場基宅) 소상(小祥)이다. 나는 서울 행차를 관리하느라 참석하지 못했다.

임자년(壬子年 : 1792, 정조 16) 윤사월(閏四月) 기사삭(己巳朔)

초1일, 맑았다.

나는 일찍이 일동(壹洞) 이(李) 판서(判書) 댁과 면식이 있었다. 그 조카 경서(景瑞) 씨와는 사귀어 온 정이 가장 돈독했다. 이(李) 판서(判書)는 관북(關北)의 우두머리였고, 내 족숙(族叔) 어른이 유소(儒疏)의 일로 경흥(慶興)에 유배되어 있었다. 경서(景瑞) 씨는 나에게 함께 북쪽으로 가자고 하였다.

이로서 나는 여온(汝溫)과 함께 서울로 갈 계획을 세웠다. 여온(汝溫)은 혼사를 거행하려는 까닭이었다.

초2일, 맑았다.

저녁에 집에서 물러나와 후봉가(厚奉家)에서 묵었다.

초3일, 맑았다.

늦게 출발하여 송계댁(松溪宅)을 방문하였다. 송계(松溪)는 광양(光陽)이 유배지였는데, 형편이 참혹하다고 하였다. 정오에 백겸가(伯謙家)에 이르러 점심을 한 후에 노간(魯澗)에 이르니 아버지께서 큰댁에 머무르고 계셨다. 저녁에 남현댁(南峴宅)을 위문하고 밤에 아버지를 모시고 큰댁에서 묵었다. 경흥(慶興)에 관한 회보가 새로이 도착하였다. 중간 길에서 통증이 일었다.

또 경흥은 전례 없는 큰 침습으로 생활이 극히 어렵다고 한다. 매동댁(梅洞宅) 형편은 차마 볼 수 없었다. 여온(汝溫)은 가고 장현(長峴)에서 묵었다.

초4일, 맑았다.

늦게 출발하여 읍내 성저가(城底家)를 방문하였다. 서둘러서 구산(丘山)에 이르니 여온(汝溫)이 먼저 와서 기다렸다. 나는 함께 대령산(大嶺山)을 넘었다. 한낮에 횡계(橫溪) 피목점(披木店)에 이르니 큰비가 빗소리를 내며 내렸다. 날이 이미 저물어서 잠시 쉬다가 해질 무렵에 진부(珍富)에 이르니 감관(監官)[80] 강응좌(姜應佐)가 쫓아 나와 영접해 주었다.

초5일, 맑았다.

아침 전에 출발하여 모노치(毛老峙)를 넘어서 동하점사(洞下店舍)에 도착하니 큰비가 급하게 쏟아부었다. 조금 멎어서 또 나가기를 무릇 세 차례나 하다가 잠시 쉬면서 맑기를 기다렸다. 한낮에 대화창(大和倉) 밑 창고지기가 소주(燒酒)를 내어 왔다. 저녁때 방림역(芳林驛)인데 해가 여전히 높았다.

초6일, 흐렸다.

새벽에 출발하여 아침에 화운교(火雲橋)를 지나니 감관(監官)이 술을 보내 주었다. 저녁나절에 조원역(鳥原驛)인데 해가 여전히 중천이다.

초7일, 흐렸다.

구름은 4·6으로 얼룩얼룩한데 찬바람이 몸을 핍박한다. 새벽에 출발하여 한낮에 석우점(石隅店)을 지나고 오후에는 큰 바람이 갑자기 일어나 모래가 말리고 돌이 굴러다니는 상황에서 어렵게 광기점(廣基店)에 이르러 잠시 쉬

---

80) 관아에서 곡식을 보관하고 출납하는 관리. 진부의 관창을 관리하는 관리였을 것이다.

었다. 계획을 바꾸어 동곡(東谷) 남(南) 생원 댁을 방문하였다.

여온(汝溫)은 먼저 안창(安倉)에 이르러 나를 기다렸다. 저녁나절에 이운리(二雲里)에 이르렀는데 해는 중천이었다.

초8일, 맑았다.

새벽에 출발하였다. 한낮에 세화점(世和店)에 이르렀는데, 삼척 정(鄭) 찰방(察訪)[81]이 뒤에 도착하여 동행하다가 흑천점(黑川店)에서 쉬었다. 저녁나절에 양근읍(楊根邑)에 이르렀다.

초9일, 맑았다.

새벽에 출발하여 한낮에 이수두(二水頭), 저녁나절에 평구(平丘)에 이르렀다.

초10일, 흐렸다.

일찍 출발하였다. 아침 절에 망우리(忘憂里)를 지났고, 오후에 입성(入城)하였는데 길에서 이군헌(李君憲)을 만나서 황교(黃橋) 소식을 물었더니, 주인은 가평(加平) 본댁(本宅)에 갔다고 한다. 관동(館洞)[82] 조(趙) 참봉 댁을 방문하였는데, 조(趙) 어른은 이미 세상을 버리셨다고 한다. 그 후손과 잠시 이야기하고, 밤에는 반촌(泮村)[83] 이문태가(李文泰家)에서 묵었다.

11일, 하루 종일 큰비가 내렸다.

비를 무릅쓰고 이동(里洞) 이진도(李珍島) 댁을 방문하였더니, 곧바로 양수(養壽) 혼처를 물었다. 주인이 작은 술자리를 만들었고, 비로 인해서 다른

81) 각 도에 역참을 맡아 보던 외직 문관 벼슬.
82) 성균관이 있는 동네.
83) 성균관을 중심으로 그 근처의 동네.

댁들은 방문하지 못하고 돌아와 반촌(泮村)에서 묵었다. 강릉 관동(官僮)[84]이 내일 내려간다고 해서 밤새 집에 보낼 편지를 썼다.

12일, 쾌청하게 개었다.

나는 여온(汝溫)의 종 둘과 말 두 마리를 거느리고 가평(加平)에 갈 계획이다. 아침을 하고 퇴계원(退溪院)을 지났다. 풍양(豐壤) 태극정(太極亭) 주인은 비록 안면이 없지만, 그 정자에 훌륭한 경치는 시 한 수를 빌려 족히 감상할 만하였다. 이에 마침내 읊어서 기록하였다.

林叢蒼薈翳深亭　숲이 우거져 푸르름이 무성하게 덮인 속에 정자,
임총창회예심정
匝崖鳥園不復庭　낭떠러지로 둘러진 새 동산은 다시없는 정원이요,
잡애조원불복정
半畝恰呑群水白　반무 너비는 흡사 온갖 물새들을 삼킨 듯하고,
반무흡탄군수백
孤欄剩受亂山青　고란이 받고도 남을 크고 작은 산이 푸르네,
고란잉수난산청
幽幽不作塵埃色　그윽하여 먼지를 타지 않은 색이요,
유유부작진애색
寂寂猶存混沌形　고요하여 혼돈이 남아 있는 형상이네,
적적유존혼돈형
中有主人忘世事　가운데 있는 주인은 세상사를 잊고,
중유주인망세사
也應清晝讀羲經　맑은 한낮 화답하여 역경을 읽네.

84) 관에 소속된 심부름하는 아이.

야응청주독희경

오후에 말에게 꼴을 먹이고, 광릉점(光陵店) 술을 사 마시고 엄현(嚴峴)을 넘으니 송현(松峴) 계곡은 깊고 험하여 나루를 물었으나 머물 곳이 없고, 날은 흐릿하여 더욱 어려웠다. 이진산(李珍山) 댁에 이르니 달이 중천에 있다.

13일, 맑았다.

나는 여로에 피곤하여 누워 있었다. 주인과 평안히 마주한 지 3년에 회포가 막힌다.

14일, 맑았다.

주인과 채소밭을 두루 걸은 즉 산소 주변에 심은 땅이다. 산기슭에 숲이 늘어서서 맑고 그윽하여 아낄 만하였다. 부(賦)가 일곱이요, 율(律)이 열다섯인데, 율(律) 하나를 기록한다.

陟盡岡巒涉隩隈　산등성이를 오르고 물굽이를 건너,
척진강만섭오외
我行勤苦爲誰催　내가 행하는 근고는 누구를 위한 재촉인가?
아행근고위수최
芳林有蔭鸎頻到　향림에 그늘지니 꾀꼬리 자주 오고,
방림유음앵빈도
舊宅多情鷰復來　옛 댁 다정에 제비 다시 오네,
구댁다정연복래
高士久嫌浮世聒　고결한 선비 부세에 소요를 혐오한 지 오래인데,
고사구혐부세괄
近畿郝識別區開　근기는 어찌 구역을 식별하여 여는가?

근기나식별구개

慇勤共話咸關路　　은근히 함께 얘기하니 모두 관로인데,

은근공화함관로

千里覊懷賴拓恢　　천 리 길 굴레 잡고 생각하니 넓힌 데 힘입었네.

천리기회뢰척회

(주인과 북쪽 감영에 가고자 한 까닭에 마지막 구절을 읊었다.)

四年江海別　　사년 강과 바다 이별하고,

사년강해별

三夜舊情新　　세 밤에 구정이 새롭구나,

삼야구정신

習靜非忘世　　습속은 고요히 세상을 잊지 않으니,

습정비망세

存心是可人　　남은 인심 바로 가인일세,

존심시가인

樽中多妙理　　술통에 가득한 묘한 이치요,

준중다묘리

林下有經綸　　수풀 아래 경륜이 있으니,

임하유경륜

書劍棲之地　　문무가 깃드는 땅인데,

서검서지지

惟君歎我貧　　그대만이 내 가난을 탄식하는구려.

유군탄아빈

15일, 맑았다.

나는 양수(良壽)[85] 혼례를 보기 위하여 일찍 출발하였다. 광릉점(光陵店)에서 점심을 하고 저녁나절에 입성하였다. 여온(汝溫)은 이동(里洞)에 가고 오지 않았다. 나는 밤에 반촌(泮村)에서 묵었다.

16일, 맑았다.

양수(良壽)는 오늘 파례(爸禮)를 행하기 위해 병사(兵使)[86] 구세적(具世績) 댁에서 치장하였다. 나는 귀로(歸路)를 보러 갔다가 참봉 어른 홍양유(洪亮裕)를 방문하였으나 만나지 못했다. 낮에 참판 이집두(李執斗) 댁에 가서 반나절 동안 평안히 얘기를 나누었다. 저녁에 정언(正言)[87] 이동식(李東植)을 방문하여 잠시 얘기를 나누었다. 돌아 나와 석사(碩士) 이정수(李廷秀)를 방문했으나 만나지 못했다. 돌아와 반촌(泮村)에서 묵었다. 황(黃) 전적(典籍)[88]과 함께 밤새 얘기하였다.

17일, 맑았다.

의동(義洞) 이(李) 판서 댁을 방문하고, 돌아서 호동(壺洞) 이군헌(李君憲)에게 이르니 집을 매입하여 중수하고 있었다. 술을 사서 함께 마셨다. 한낮에 묘동(廟洞) 진사 권비응(權丕膺)을 방문하였다. 여온(汝溫)은 이동(里洞)에 가고 나는 저녁을 이(李) 정언(正言) 댁에서 하였다. 밤에는 주인과 평안히 글을 지었다.

18일, 맑았다.

아침에 의동(義洞)에 이르러서 군헌(君憲)과 함께 잠시 얘기를 나누고, 이

85) 양수(養壽)와 혼용되고 있음.
86) 병마절도사.
87) 조선시대 사간원의 정6품 관직.
88) 조선시대 성균관의 정6품 관직.

어서 송동(松洞)에 들어가 우암(尤菴) 선생이 지은 "증주벽립(曾朱壁立)"[89] 네 글자를 보았다. 돌아 나와서 관동(館洞)에 이르러 마을의 궁색한 곳에 산에 나무가 가리어 덮였는데 바위 사이에 샘물이 맑게 갈라져 흐르니, 항차 바위 언덕이 향하는데가 있는가?

오후에 반촌(泮村)에 내려와 여온(汝溫)과 함께 묵고자 하였는데, 작별하려는 이유에서였다. 여온(汝溫)은 이동(里洞)에서 들어왔고, 황(黃) 전적(典籍) 또한 와서 함께 묵었다. 밤에는 집에 보낼 편지를 작성하였다.

19일, 맑았다.

아침 전에 다시 가평(加平)에 갈 채비를 하였다. 양수(良壽)는 이동(里洞)에 있었기에 만나지 못했다. 여온(汝溫)과 작별하고 천 리 길을 갈라져 떠날려니 슬픔을 이길 수가 없었다. 마침내 시를 지었다.

離筵不欲作幾微 이연불욕작기미	작별 자리 않으려는 낌새가 일고,
只恨鄕心與子違 지한향심여자위	향심이 한스럽지만 더불어서 어기니,
對酒胡爲聊不御 대주호위료불어	마주 하는 술에 의지하나 제어하지 못하고,
臨歧忽爾却忘歸 임기홀이길망귀	갈림길에서 홀연히 돌아갈 길 잊고,
從知遠別入皆老 종지원별입개노	멀리 헤어짐을 알면서도 들어가 모두 쇠하니,
始信剛腸世所稀	비로소 굳센 장기 믿으니 세상에 드문 일이라,

89) 서울 종로구 명륜동의 화강암 암벽에 있는 우암 송시열의 필적이다. 여기서 증과 주는 증자와 주자를 가리키며, 이들이 대의를 지키려 절벽에 선다는 고사를 뜻한다.

시신강장세소희

賴有主人消客苦　　주인에 힘입어 객고 사라지니,

뇌유주인소객고

爲將吾語報庭闈　　장차 말하노니 뜰에 문이 보답하네.

위장오어보정위

퇴원(退院)에서 아침을 먹고 서둘러서 주인댁에 이르니 이미 땅거미가 지는데 마침내 북쪽 감영으로 가는 행차가 정해졌다.

20일, 맑았다.

산속의 서재는 맑고 고요하나 손님은 없다. 주인은 사세(四世)의 유고(遺稿)를 가지고 있다. 하루 종일 바로잡으며 베껴 썼다.

21일, 맑았다.

나는 또 베껴 썼다. 주인은 판서(判書) 댁에 말을 보낼 요량으로 갔다. 나는 홀로 앉아 있었다. 판서 어른은 일찍이 '안곡정사(安谷精舍)'에서 시를 지었는데, 속초(續貂)[90]를 압운한 것이 많았다.

주인은 나를 재촉하였기에, '수경(邃敬)'이라는 시에서 호벽(蠔壁)을 차운하였다.

山扉不見客驢鳴　　산방에 객은 없는데 나귀만 울고,

산비불견객여명

滿砌蒙茸草漸生　　섬돌 뒤덮은 무성한 풀은 점차 생장하여,

만체몽용초점생

90) "貂不足狗尾續"과 같은 말이며, 담비 꼬리가 부족하여 개꼬리를 사용한다는 의미이며, 군자가 소인재와 동석한다는 뜻을 풍자한 것이다.

遲日鶯歌濃樹色　　더딘 날 꾀꼬리 소리 나무 색에 짙네.
지일앵가농수색
夕陽魚網捲溪聲　　석양에 어망은 계곡 소리 감아 말고,
석양어망권계성
忘機自覺閑中樂　　베틀 잊고 자각하여 한가로이 즐기고,
망기자각한중락
學道偏宜靜處行　　도를 배워 화목에 치우쳐 고요한 곳에 행하니,
학도편의정처행
地近松楸黑舊宅　　가까운 곳 송추에 옛 집이 검고,
지근송주흑구택
百年身計隱於畊　　백 년 내 계획은 밭고랑에 숨었네.
백년신계은어경

長楸逸驥爲誰鳴　　장추에 묶인 준마는 누구 위해 울고,
장추일기위수명
謾把經綸了半生　　게을리 잡은 경륜에 반생이 끝나고,
만파경륜료반생
山似主人多古態　　산 닮은 주인은 옛 자태가 많은데,
산사주인다고태
水邀歸客送新聲　　물리 맞이한 귀객은 새 소리 보내고,
수요귀객송신성
江州入夢愁東望　　강 고을이 꿈에 드니 동쪽 바라보며 시름하고,
강주입몽수동망
鐵嶺關心畏北行　　철령 관심에 북행이 두려우니,
철령관심외북행
勝地煙霞諸我志　　승지에 연하는 내 뜻을 헤아리고,

승지연하해아지
芝田數畝願分畊　　지초 밭 몇 고랑 나누어 갈아 보세.
지전수무원분경

松桂爲籬百鳥鳴　　송계[91]는 수많은 새소리 울을 삼고,
송계위리백조명
簷連嶽色白雲生　　산색과 맞닿은 처마 흰 구름 일고,
첨연악색백운생
閑庭鶴立稀車跡　　한가로운 뜰에 학이 서니 수레 자취 드물고,
한정학립희거적
古峽岩奇聽水聲　　옛 골짜기 바위 기이한데 물소리 들리고,
고협암기청수성
世事碁邊看得失　　바둑판 같은 세상사 득실을 보고,
세사기변간득실
天機卷裡悟流行　　천기는 책 속에 깨달음이 유행하고,
천기권리오유행
爾吾林下百年計　　너와 내가 숲에서 백 년 계획으로,
이오임하백년계
買得山田話伴畊　　산밭 사들여 함께 경작함을 얘기하세.
매득산전화반경

22일, 종일토록 비가 오고 그치기를 반복했다.

가물은 나머지 한차례 때맞추어 비가 내렸다. 비록 농사에 희망으로 위로는 되었지만, 그 미흡함이 흠이었다. 나는 문집을 찾고 열람하였다.

---

91) 송계는 작자가 살았던 고성군의 지명.

23일, 맑았다.

주인댁 종이 그물질하기를 좋아해서 하천에서 고기를 잡았으나 무척 작았었다. 이름을 알지 못했고 맛도 일천했는데, 입에는 오히려 푸성귀 줄기가 많았다. 이 계곡의 맛있는 음식이었다. 곧 시 한 수를 지었다.

嘉陵四月白魚肥　아름다운 언덕 4월 빙어가 살찌고,
가릉사월백어비
萬柳陰中一片磯　버드나무 우거진 그늘 속에 한 조각 물가에,
만유음중일편기
小僕亦知主人趣　작은 종 또한 주인의 취향 알아서,
소복역지주인취
夕陽携網渡溪歸　석양에 그물 가지고 계곡 건너 돌아오네.
석양휴망도계귀
坐此累日只對南　여기에 앉아 여러 날 단지 남쪽을 대하네,
좌차누일지대남
山主人憫我涔寂　산 주인 시름에 나는 잠적하고,
산주인민아잠적
同行到縣倉周觀　동행하여 현창에 이르러 두루 살피니,
동행도현창주관
郊原客懷頓覺小豁　교외 들판 객의 회포 갑자기 깨달아 조금 뚫리네.
교원객회돈각소활

24일, 맑았다.

비록 출발하여 가고자 하나 주저하다가 오래 머물렀다. 북쪽 감영에서 돌아오는 인마(人馬)를 기다리고자 하나, 이 또한 주인이 아의 뜻을 돌봐 주어야 한다. 한가하게 앉아서 일없이 문집만 찾아 열람하니 책상이 가득차고 서

가가 넘친다.

주인댁 선세의 유고(遺稿)가 아님이 없지만, 종횡으로 이어지니 많은 책은 언뜻언뜻 보아도 마음에 상처가 된다. 그중에 으뜸가는 책은 즉『월사집(月沙集)』[92]이다. 삼가 문집 중에서 이양구(李養久)에게 보낸 시를 차운하여, 주인의 책상에 올려 놓았다. 다음은 그것이다.

伊我早遘乏　　나는 일찍이 가난을 겪으면서,
이아조구핍

役役不得息　　일에 골몰하여 쉴 틈이 없었고,
역역부득식

傳家有古經　　집에 전해지는 옛 경서가 있어,
전가유고경

夜讀蓬門隙　　쑥대로 엮은 문틈에서 야독하였네.
야독봉문극

在家只獘褐　　집에서는 해어진 옷을 입었지만,
재가지폐갈

出門惟短策　　집을 나서면 오직 짧은 죽간을 지녔고,
출문유단책

懷書坐十年　　서책을 지녔던 십 년을 생각하면,
회서좌십년

寸心人誰度　　뜻을 품은 사람이면 누구나 헤아릴 것이다.
촌심인수탁

燈籠秋螢懸　　등롱 수형을 매어달고,

92) 조선 중기의 문신 이정구(李廷龜 : 1564~1635)의 시문집.

등롱추형현

筆鋒霜免衄　　필봉은 추상같아 코피를 면하고,

필봉상면뉵

浩歌思遠遊　　호가하면서 유람 생각하니,

호가사원유

不歎窮途辱　　궁벽한 길 욕됨을 탄식하지 않네.

불탄궁도욕

徘徊戀京闕　　서울 궁궐 연모하여 배회하며,

베회연경궐

慷慨瞻沙漠　　사막을 쳐다보며 강개하니,

강개첨사막

遠訪黃橋路　　멀리서 황교 길을 찾아오니,

원방황교로

曉開靑門鑰　　푸른 문 자물쇠 새벽부터 열려 있네.

효개청문약

主客言未竟　　주인 손의 말이 끝이 없고,

주객언미경

情欵已先屬　　정성이 이미 먼저 이어지고,

정관이선속

同是落拓人　　동일하게 영락한 사람인데,

동시락탁인

幾年空抱玉　　몇몇 해에 실속 없이 옥을 품으랴.

기년공포옥

憐我衣未完　　가련한 나는 옷이 미완이고,

연아의미완

無人理紡績	사람 없어 방적을 다스리다가,
무인리방적	
男兒遇知己	남아가 지기를 만나,
남아우지기	
一見輸心赤	일견에 마음이 붉게 번지네.
일견수심적	
襟抱我獨知	가슴에 나를 품어 홀로 알고,
금포아독지	
慈詳人莫敵	자상한 사람은 적이 없고,
자상인막적	
意氣素所蓄	의기는 본디 쌓여만 가고,
의기소소축	
賙急多計畫	진휼에는 여러 계획이 급하다네.
주급다계획	
當我覲親日	내가 근친 일을 당하여,
당아근친일	
久失聯床食	오래도록 연을 잃고 상식을 올리니,
구실연상식	
臘月臥鄉閭	섣달에 향당에 누웠으니,
납월와향려	
病與窮陰剝	병과 궁색함이 음습하게 괴롭히누나.
병여궁음박	
音耗阻四載	글하는 소리 다하여도 사재가 걱정이요,
음모조사재	

囈之心跼蹙　　잠꼬대 같은 이 마음에 몸이 오그라드는데,
예지심국축

逢春心猶健　　춘심을 만나 오히려 건강하니,
봉춘심유건

千里行李促　　천 리 행려를 재촉하네.
천리행이촉

相逢記顔髮　　상봉하여 안사를 기억하니,
상봉기안사

依舊秀骨格　　옛 같이 골격이 빼어나고,
의구수골격

淸生芝宇豁　　맑은 생에 안색이 활달하니,
청생지우활

肅若松標直　　엄숙하기가 소나무 우듬지 같이 바르네.
숙약송표직

伊來厭囂塵　　살아오면서 세속의 소요를 싫어하여,
이래염효진

高蹈笑傾覆　　속세에 초연하여 경복에 미소 짓다가,
고도소경복

恬退守丘隴　　편안히 물러나 구롱을 지키니,
염퇴수구롱

孝感由悃愊　　효에 감동은 정성에서 비롯되네.
효감유곤핍

滿床皆先稿　　상 가득히 모두 선인의 원고이고,
만상개선고

擎玩恒在目　　들어서 노는 것은 항상 안목에 있고,
경완항재목

沉嘿確所守　　가라앉아 침묵하니 지키는 바가 확실하니,
침묵확소수
不違家庭學　　가정 학문을 어기지 않네.
불위가정학

會待揄揭日　　모여서 날을 정해 이끌기를 기다리며,
회대유게일
竭誠思報國　　정성을 다하여 보국을 생각하니,
갈성사보국
要我賦壯遊　　나의 시는 장하게 놀기를 원하니,
요아부장유
其踏靑海磧　　그 발판은 푸른 바다 자갈밭이네.
기답청해적
到今諧夙願　　이제야 일찍이 소원을 이루니,
도금해숙원
鄕心宕爲惻　　향심은 방탕하여 서글퍼지고,
향심탕위측
勗以寬厚心　　애써서 두터운 마음 관용하니,
욱이관후심
終始記碌碌　　마지막과 시작이 하나하나 기억되네.
종시기녹녹

25일, 맑았다.

몇몇 객들이 와서 애기를 나누었다. 나는 일 년여 전에 서울에서 만났을 때, 김(金) 유생 자윤(子潤)과 여러 밤을 연이어서 묵었다. 곡산(谷山) 사람인데 가평(加平)에서 우거한다고 한다.

생각하여 말하기를 지금의 행적은 반드시 만남의 도가 있을 것이라고 한다. 그리고 만났을 때 증상은 면전에서 풀지 못했고 허망하여 슬픔을 깨닫지 못하였다. 마침내 '월사(月沙)'를 차운하였고 폐하여 황교(黃橋)에서 송별하였다. 연이어 묵으면서 물었다. 어느 때 한번 만나 옛 지기와 같이 기뻐할 수 있겠는가?

밝은 달이 창망하고 천리가 백운을 그리는데, 멀리 4년 이별에 누가 병든 환자가 의심이 많음을 알리오? 죽고서야 마침내 벗에게 잔을 올리고, 호기를 잃고서야 홀로 정운을 끌어안으니, 시름을 생각하니 한이 없고, 산새 소리 들으며 새로운 시를 베낀다네.

26일, 맑았다.

현등사(懸燈寺)는 안곡(安谷) 가까운 곳에 있는데, 나는 분망하여 오르지 못하였고, 마침 늙은 스님 한 분을 만났는데 그 절의 스님이었다. 경개를 두루 이야기하는데, 등람이나 다름없었다. 나는 한 수 읊었기에 기록한다.

名區咫尺未攀登 명승이 지척이나 등반하지 못했고,
명구지척미반등
遙望雲林認佛燈 멀리 운림을 바라보며 불등을 인식하고,
요망운림인불등
盡日聞之猶不厭 종일토록 듣고 있으나 오히려 싫증나지 않고,
진일문지유불염
萬山消息一胡僧 만산의 소식은 한 노스님이 전하네.
만산소식일호승
今余之行非爲遊 지금 나의 행적이 유람은 아니나,
금여지행비위유
賞祇爲慶興事也 공경을 찬양하니 경흥사가 될 것인데,

상지위경홍사야

北來人馬尙無聞　　북쪽에서 오는 인마는 여전히 소식이 없고,

북래인마상무문

明朝徒行爲計遂　　내일 아침 무리지어 갈 계획을 마쳤네.

명조도행위계수

(두 율로 소회를 읊었다.)

我行何事苦悠悠　　내가 무슨 일하기에 고통이 길기만 하고,

아행하사고유유

默計長程淄客愁　　묵묵히 긴 여정 생각하며 치객이 시름하고,

묵계장정치객수

自是人情同患亂　　이로부터 인정은 같은 환란이니,

자시인정동환란

非關勝地愛遨遊　　승지 관심 없으나 놀고 즐기기를 사랑하네.

비관승지애오유

幾時萍水逢靑眼　　언제 평수가 천안을 만나,

기시평수봉청안

獨夜楡關泣白頭　　홀로 밤에 느릅나무 빗장하고 흰머리 수여 근심하니,

독야유관읍백두

早晏聖明頒霈渥　　아침저녁 성명이 패봉을 하사하여,

조안성명반패봉

窮途莫恨久淹留　　궁한 길에서 원망 없이 오래도록 담그고 머무네.

궁도막한구엄유

隔江煙大是胡村　　강 사이에 큰 마을이 호촌인데,

격강연대시호촌

物色應驚客懷魂　물색에 놀란 객이 혼을 품고,
물색응경객회혼
萬里孤蹤惟玦淚　만 리 외로운 자취 옥 같은 눈물뿐인데,
만리고종유결루
百憂雙鬢但霜痕　백우에 양쪽 귀 앞머리 서리 흔적뿐이네.
백우쌍빈단상흔
盤岩古宅愁賢婦　암반 고택에서 시름하는 어진 며느리,
반암고택수현부
玉塞殘燈夢稚孫　옥수로 잔등을 막으며 치손을 꿈꾸고,
옥새잔등몽치손
賴有斑衣趍膝下　무늬 옷에 힘입어도 슬하에 늦어지니,
뇌유반의추슬하
異鄉稍慰謫愁煩　타향 작은 위로에 번다한 시름 털어내네.
이향초위적수번

송계(松溪)는 광양(光陽)에서 유배 중에 있다. 고로 뜻이 감동스러워 시를 지었다.

犢兒無恙善吟詩　독아는 근심 없이 시 읊기를 잘하고,
독아무양선음시
莫把羈懷惜遠離　회포 굴레잡지 않고 먼 이별 슬퍼하니,
막파기회석원리
子厚胡爲多毁謗　자후[93]는 어찌 여러 가지 훼방하며,
자후호위다훼방

93) 송나라 장재(張載)의 자.

賈生非不遇明時　　가생[94]은 밝은 시절 만나지 않음이 없네.
가생비불우명시
從來直道難容矣　　종래 곧은 길 용납하기 어려웠기에,
종래직도난용의
自是文名蓋忌之　　이로부터 문명은 대개 꺼렸으니,
자시문명개기지
近日吾王多霈澤　　요즈음 내 왕은 모두가 패봉인데,
근일오왕다패봉
湘江雷雨待歸期　　상강[95] 뇌우는 돌아갈 때를 기다리네.
상강뇌우대귀기

(밤에 여온(汝溫)을 꿈꾸고)

依依楊柳別時情　　버드나무 기대어 이별의 정을 나누었는데,
의의양류별시정
一出靑門各去程　　청문을 한 번 나와 각기 여정을 가고,
일세청문각거정
寂是慇懃前夜夢　　가장 은근한 지난밤 꿈에,
최시은근전야몽
如何相見不分明　　여하히 상견했는지 불분명하네.
여하상견불분명

27일, 맑았다.

주인 경서(景瑞) 씨가 한 마리 말과 종 둘을 데리고 나와 함께 출발하여 북

94) 한나라 문제 때 유명한 학자 가의(賈誼)의 별칭.
95) 호남성 동정호로 흘러드는 강.

쪽으로 행했다. 육송정(六松亭)을 지나서 짝이 되어 시를 읊었다. (영평(永平) 땅에서 머물렀다.)

昔年誰植六松亭　　옛날 누가 육송정을 세웠는가?
석년수식육송정
此地嘉名賴古亭　　이 땅 아름다운 이름 옛 정자에 힘입었네,
차지가명뢰고정
繞屋蒼蒼無數立　　누옥 둘레에 창창하게 수없이 섰으니,
요옥창창무수립
不妨今作萬松亭　　이제 만송정이라 한들 방해되겠는가?
불방금작만송정

청학동(靑鶴洞)은 영평(永平) 팔경 중의 하나이다. 동구 밖에 수석은 제법 볼만한데, 단지 행색이 바쁘니 진상을 탐색하지 못하고 돌아섰다. (길에서 세 발짝임을 깨닫지 못해 머리를 돌렸다.)

曉起間關度石皐　　새벽에 일어나 빗장 틈새로 돌 언덕 헤아리고,
효기간관도석고
異鄕期會幸相遭　　타향의 정기 모임 다행히 상조하고,
이향기회행상조
行裝點檢歸笻短　　행장 점검하고 돌아서니 대지팡이 짧고,
행장점검귀공단
前路思量去夢旁　　앞 길 헤아리니 꿈길을 가는 것 같네.
전로사량거몽방
四月鶯啼山日永　　꾀꼬리 우는 사월 산에 해가 길고,
사월앵제산일영

千年鶴去澗松高　　천 년 학이 간 계곡 소나무 높고,
천년학거간송고
時人不識漁舟趣　　당시 사람 낚싯배 빠름을 알지 못하니,
시인불식어주취
何處深深銷碧桃　　어느 곳이나 깊고 깊어 벽도가 사라지네.
하처심심소벽도

포천 길에서

川抱平郊認郡名　　하천이 들판을 끌어안으니 군명을 알고,
천포평교인군명
回磴盡處是長程　　비탈길을 돌아 끝나는 곳 실로 먼 길인데,
회등진처시장정
石間種粟輸官稅　　돌 틈으로 곡식 심어 관세를 바치고,
석간종속수관세
郊外擔薪賣市城　　교외에는 땔감을 메고 와 성 저자에서 판다네.
교외담신매시성
列肆淸酷皆富店　　늘어 선 맑고 향기로운 술 모두 점방에 풍성하고,
열사청혹개부점
隔林疎屋盡書生　　숲 사이 트인 집에는 모두가 생원에 서책이고,
격림소옥진서생
行之半日經三縣　　행여 반나절에 삼현을 지나니,
행지반일경삼현
鷄犬相聞十里聲　　닭과 개가 십 리 소리 서로 듣는다.
계견상문십리성

몇 년 전에 나는 정연(亭淵)으로부터 서울로 간 적이 있다. 일찍이 이 땅을 경과하였는데, 마치 꿈속에 일 같은데 상기해서 산 이름과 땅의 호칭을 물어 찾았으나 사람은 없다. 서탄점(西灘店)에 이르러 한 잔 마셔 목마름을 해소하니, 술파는 여인이 무슨 산이요 무슨 강이라고 이름을 가리키며 알려 준다. 기쁜 마음에 시 한 수를 읊었다.

昔年經過似前生　　여러 해가 지나서 전생 같은데,
석년경과사전생
近水遼山不記名　　가까운 산 먼 강 이름이 기억나지 않으나,
근수요산불기명
多喜酒姬能解事　　신명 난 주희는 능숙하게 일을 깨우쳐주며,
다희주희능해사
出門先指古山城　　문밖을 나가 먼저 옛 산성을 가리키네.
출문선지고산성
(마을 남쪽에 산성 터가 있다.)

가평(加平)에서 출발하여 안곡(安谷)에서 점심하고, 영평(永平) 만세교(萬歲橋) 50리를 지나고, 약문(藥門)이 10리요, 유정(楡亭)이 10리요, 굴울(窟蔚)이 10리요, 서탄(西灘)이 10리를 지나 밤에는 철원(鐵原)에서 숙박하고, 기슬포(其瑟浦) 10리를 지나니 무릇 100리가 되었다. '점사(店舍)'로 주제 삼아 밤에 시를 지었다.

平楚夕陽下　　평초 석양 아래
평초석양하
旗亭映翠煙　　기정이 취연을 비치니,
기정영취연

客粮爲活計　　객의 양식 생계로 삼으니,
객량위활계
行路視良田　　행로에 양전을 바라보며,
행로시양전
勸酒何情誼　　권주는 무슨 정의요,
권주하정의
迎人若睠連　　사람을 맞아 계속 돌아보는 듯하네.
영인약권연
(부상(富商)은 상객(上客)이 되는데, 능숙하게 전대(纏帶) 속의 돈을 사용한다.)

28일, 맑았다.
철원(鐵原)에 도착하니 어염산(魚鹽山)이 10리이다. 시를 한 수 지었다.

店舍平開野勢長　　점방이 평평하게 열린 들판에 세력이 길고,
점사평개야세장
門臨大道遂爲場　　문 앞 큰길은 마침내 장을 이루고,
문임대도수위장
東音杳杳無家信　　동쪽 소리는 아득하여 가신이 없고,
동음묘묘무가신
北語喧喧盡布商　　북쪽 말은 의젓하여 모두 포상일세.
북어훤훤진포상
車馬尙多畿下路　　거마는 대부분 경기 아래 길을 좋아하고,
거마상다기하로
魚蝦猶賤海邊鄕　　고기와 새우는 오히려 해변 마을보다 천한데,
어하유천해변향
當粐美女迎人笑　　당호 미인은 웃으며 사람을 영접하여,

당호미인영인소
爭道吾家酒味香　　길을 다투며 내 집 술맛이 향기롭다네.
쟁도오가주미향

갈오현(葛五峴) 10리를 넘으니 김화(金化) 지경이 10리요, 장림(長林)이 10리요, 김화읍(金化邑) 20리에 이르렀다. 점심을 한 후에 답치(畓峙) 15리를 지나서 구정천(丘井遷)이 5리요, 금성(金城) 진목(陳木)이 15리요, 금성읍(金城邑)이 15리인데 머물러 숙박하니 무려 110리이다. 종일토록 고양(高陽) 유생 신성권(申聖權)과 동행하였다. 도중에 시 한 수를 지었다.

十里官橋路　　십 리 관교로,
십리관교로
脩蕪直裏如　　수풀 무성하여 겉과 속이 같고,
수무직리여
岩巓懸麥畝　　바위산 꼭대기 보리밭 매달렸고,
암전현맥무
草際着茅廬　　풀이 무성하여 오두막 띠를 둘렀네.
초제착모려
野遠牛呼犢　　들판 멀리 어미 소 송아지 부르고,
야원우호독
溪虛鳥啄魚　　시내에 허조는 고기를 쪼고,
계허조탁어
天中時漸近　　천중절이 점점 가까워지니,
천중시점근
絨索出林疎　　색출한 융이 숲으로 열린다.
융색출임소

29일, 맑았다.

갑자기 북쪽 감영으로부터 온 사람을 만났다. 편지를 보고 겸해서 알리는 것을 들어 보니, 북쪽 감영 도백(道伯)이 멀지 않아 교체되어 온다고 한다. 갑자기 소식을 가져온 자를 만나고 온 경서(景瑞) 형이 중지하고 집으로 돌아갈 뜻을 결정하였다. 또 더위 먹은 증세가 간간이 발생하여 행보를 감당하지 못하게 되었다. 나는 백방으로 부탁하였으나 끝내 생각을 바꾸지 못하였다. 그날로 말고삐를 돌리니 서글픈 생각이 잠시 들었고, 중도에 패사라고 할 만했다.

나는 비단 혼자 가는 것도 어렵게 되었다. 또 이글거리는 혹서를 생각하니 한 발자국 한 발자국에 생병이 나 잡아 묶는 것 같았다. 또한 공허함도 그치지 않았다. 여러 날을 경영하다가 모두 작약청(芍藥廳)에 들어가기로 했다. 비록 어찌 이러한가를 탄식하였지만 경서(景瑞) 형과 서별하고, 우연히 통천(通川)으로 가는 인마(人馬)를 만나 동행하였다. 이후부터는 무의미하게 웅얼거렸지만, 다시 시를 짓지는 않았다.

창도(倉道) 30리를 지나고, 다시 오현(五峴) 20리에서 점심을 한 후에 배로 연송포(連松浦)를 건너고, 신안(新安) 20리를 지나고 화천(花川) 30리를 지나 숙박하였으니 무릇 100리였다.

임자년(壬子年 : 1792, 정조 16) 오월(五月) 무술삭(戊戌朔)

초1일, 무술(戊戌) 맑았다.

아침 전에 추지령(秋至嶺) 15리를 넘었고, 지둔지(地屯之) 20리를 지나서 아침을 먹었다. 아침 식사 후에 양원(養源) 25리, 동자원(桐子院) 5리, 두목(斗木) 15리, 운암역(雲暗驛) 15리를 지나서 유숙하였으니 무릇 95리가 된다.

초2일, 맑았다.

아침 전에 남애(南涯) 15리, 장전(長田) 20리를 지나 성직(城直) 박인수(朴仁壽) 집을 방문하여 아침을 먹으려고 하였으나 뜻을 이루지 못하였다. 곧바로 양진(養珍) 10리를 지나서 계촌(桂村)에 이르니 20리였다. 아침 식사하기 전에 무릇 60여 리를 지났다.

가뭄으로 식물이 말라죽은 게 벌써 기 30일에 이르니, 여러 곳이 아직 이앙(移秧)[96]을 못하였다. 비록 모를 옮긴 곳에서도 잎이 절반 이상 누렇게 시들었다.

초3일, 맑았다.

계촌(桂村)에서 먼 길을 걸으면서 쌓인 피로로 고통스러웠다. 친척 형인 중량(仲亮) 형이 기우제(祈雨祭)의 대축(大祝) 역할로 읍내로부터 올라왔다.

초4일, 흐렸다.

구름이 하늘을 가려 거의 비가 내릴 기미를 보였다. 또 갑자기 비가 내리기도 하고 혹은 그치기도 하여, 여러 사람들이 비를 바라는 여망은 이루 형언할 수 없었다.

초5일,

태양이 작열하여 하늘을 태우는 듯했다. 비가 올 기미는 없었지만 집집마다 단오주(端午酒)가 있어 모여서 마셨다.

초6일,

하늘에 한 조각의 구름도 없었다. 관가에서 기우(祈雨)할 사람들을 옥당(玉堂)에 모으자 중량(仲亮) 형이 또 대축(大祝)의 역할로 내려갔다.

---

96) 모내기.

초7일, 흐렸다.

중량(仲亮) 형이 저녁때 왔다. 약간 어두워서부터 비로소 비가 내렸는데 밤새도록 크게 쏟아졌다.

초8일,

종일토록 보슬비가 내리다가 저녁때가 되어서 그치고 흐렸다. 가뭄이 해소되지는 않았지만, 한차례 내린 비로 세 가지 농사에는 족히 위안이 되었다. 비록 탄식한 뒤였지만, 두 차례의 기우제로 적기를 만나니 또한 하나의 기이한 일이다.

나는 『좌전(左傳)』[97]을 얻어서 날마다 찾아서 잡으니 책을 펼칠수록 유익하다고 할 만했다.

초9일,

모내기를 하지 못한 곳에서는 일시에 이앙(移秧)하였다. 한낮에 시 한 수를 지었다.

초10일, 쾌청하였다.

권회언(權晦彦)이 와서 묵었다. 나는 시 한 수를 지었다.

11일, 맑았다.

양양댁(襄陽宅) 상인(喪人) 최자정(崔子靜)이 병풍을 꾸며 달라고 하였다.

12일, 약간 흐렸다.

---

97) 공자(孔子)의 『춘추(春秋)』를 해설한 주석서이다. 『좌씨전(左氏傳)』, 『좌씨춘추(左氏春秋)』, 『좌전(左傳)』이라고도 한다. 『춘추』는 중국 최초의 편년체(編年體) 역사책으로 춘추시대(春秋時代, B.C. 770~476)에 일어난 사건들이 기록되어 있다.

밤중에 큰비가 내렸다.

13일, 종일 비가 내렸다.

나는 시 한 수를 지었다.

14일, 오전에 비가 오다가 저녁때 그쳤다.

금년에 담배(南草)는 삼약(蔘藥)보다도 귀하고 사고자 하여도 파는 곳이 없다. 여러 날 태우는 자들이 끊어졌다. 생각이 더욱 혼란스러워 시를 지으려 해도 생각이 가라앉았다.

오후에 곧장 삼포(三浦)에 가고자 하여 주가(酒家)에 갔다. 마침 초상(草商)[98]이 서쪽으로부터 와 있다고 하였다. 사람을 보내서 일전(一錢)으로 남초(南草)를 샀으나 다섯 죽(竹)을 채우지 못했다. 그러나 역시 소일하는 밑천으로 삼기에는 족했다.

15일, 종일 비가 왔다.

근래에 가물어서 초목이 심하게 시들었는데 이번 비는 오래도록 큰비가 한결같으니 어찌 음양이 고르지 않다고 하겠는가?

공기(公期)와 함께 시 한 수를 지었다.

16일, 맑았다.

시를 지었다.

17일, 맑았다.

날씨가 무척 더웠다. 시를 지었다.

---

98) 담배 파는 상인.

18일, 맑았다.

공기댁(公期宅)에서 제사 음식을 보내왔다. 날씨가 무척 더워서 일을 할 수가 없었다. 아이들과 온정천(溫井川)에서 목욕을 하였다.

19일, 맑았다.

또 남은 술을 마시고, 시를 지었다.

20일, 엷게 흐렸다.

시를 지었다. 중량(仲亮)이 서해진(西海津)에 갔다. 감호(鑑湖)에 권(權) 어른, 상을 당한 최명서(崔明瑞) 그리고 중인(仲仁) 형이 잠시 왔다가 곧 돌아갔다. 별감(別監) 최재(崔載)가 와서 외창미(外倉米)를 나에게 두 말(斗)을 주었다.

21일, 맑았다.

시를 지었다. 정(鄭) 씨네 아이 계손(繼孫)이 와서 배웠다.

22일, 맑았다.

객지에서 울적하여 병을 고치기 어려웠다. 공기(公期)·중량(仲亮) 형과 더불어 늦게 출발하여 삼일포(三日浦)에 이르렀다. 사선정(四仙亭)에 들어가고자 하였으나 동북풍이 매우 심해서 배를 이용하지 못하였다. 이어서 남쪽 바위 절정에 올랐는데 석면에 양봉래(楊蓬萊)의 시가 새겨져 있었다.

鏡裏芙蓉三十六	거울 속에 핀 연꽃 36송이요,
경리부용삼십육	
天邊螺髻萬二千	하늘가에 소라 상투 일만 이천 봉인데,
천변나계만이천	

中間一片滄洲石　　중간에 한 조각 바다 섬 바위,
중간일편창주석
合着東來海客眠　　동쪽으로 온 바다 손님 쉬기에 알맞구나.
합착동래해객면

글자 획은 분명한데 완연히 새로 새긴 것 같이 보인다. 이것은 지금 사람들이 유람하면서 옛 정취에 대한 공허한 상상에 지나지 않을 것이다. 하산하여 광교(廣橋)에 이르러 술을 찾으니, 술병은 이미 텅 빈 듯하다. 곧바로 돌아서 상주 정자안(鄭子安)을 방문했다가 집으로 돌아왔는데, 주인 여자가 술을 내어 놓으니 쾌재를 불렀다.

23일, 맑았다.
어제 가상했던 것이 미진했는데, 마침내 '봉래(蓬萊)'를 차운하여 시를 지었다.

海中佳境蓬萊萬　　해중에 가경 봉래가 만이요,
해중가경봉래만
世上虛名永述千　　세상에 허명 길게 이으니 천인데,
세상허명영술천
獨有滄洲垂釣客　　홀로 바위에 올라 낚시 드리운 객,
독유창주수조객
修然來伴白鷗眠　　수양하듯 짝을 이룬 백구가 졸고 있네.
수연래반백구면

중량(仲亮) 형이 재임(齋任)[99]에 천거하는 일이 정해져 향교(鄉校)에 갔다.

99) 유생 중의 임원.

저녁 후에 와서 전하기를, 공기(公期)에게 삼망(三望)[100] 중의 하나로 추천했다고 한다.

이날은 초복(初伏)이었다.

24일, 흐리고 비가 왔다.

시를 지었다.

25일, 맑았다.

한낮에 치영(致永)이네 괴주(魁酒)를 마시고, 시를 지었다.

26일, 맑았다.

또 철옥(喆玉)이네 괴주(魁酒)를 마시고, 시를 지었다.

27일, 맑았다.

아이를 보내어 외창(外倉)에서 환곡(還穀)[101] 1석 4두를 실어 왔다. 안집(內宅)이 시용할 몫이다.

28일, 맑았다.

한낮에 계손가(繼孫家)에 가서 제사 음식을 먹었다. 또 계손(繼孫)에게서 두 번 향을 냈다는 괴주(魁酒)를 얻어서 취하도록 마셨다.

29일, 맑았다.

오후에 정원(定元) 씨가 경흥(慶興)으로부터 출발하여 이 먼 지역에 소식도

---

100) 후보자 셋을 추천하는 일.

101) 관청에서 춘궁기에 가난한 집에 빌려 주는 곡식인데, 가을에 약간의 이자를 붙여서 갚도록 하는 것이었다. 다만 고리대로 남용되는 경우가 허다하였다.

없이 왔다. 그동안 안부도 묻지 못했고 해가 바뀌도록 연락도 못했던 얼굴인데, 갑자기 이 땅에서 상봉하였으니 놀랍고 기쁜 마음은 황천에서 새싹을 만난 것 같았다.

듣건대, 토속 음식은 제 절기마다 넉넉하지 않다고 하였다. 말하자면 2천 리를 걸어서 오는 동안 겪은 상황은 이루 형언할 수 없다고 하였다. 다만 거친 음식으로 몸은 지탱하지만, 어찌 다행이라 하겠는가? 하였다.

나 또한 객지라, 타향에서 옛 사람을 만나니 한차례 기쁨이 항차 부모를 만난 것 같았다.

30일, 맑았다.

나와 그는 공기(公期)와 함께 삼일포(三日浦)에 가서 잠시 쉬었다가 몽천암(夢泉庵)에서 배를 타고 사선정(四仙亭)에 들어갔다. 좌우에 모든 바위는 붉은 난간이요 푸른 나무들이라 비록 매일매일 올라온다고 하여도 버리고 갈 것 같지 않았다. 그리고 배를 돌려서 단서암(丹書岩) 서쪽 해안에 정박하여 손잡고 돌아왔다.

공기(公期)는 향교(鄕校)에 가고, 중량(仲亮) 형은 나 그리고 그와 함께 어두워질 무렵에 읍내에 나갔다. 정원(定元) 씨는 이사(吏舍)에서 숙박하고, 나와 중량(仲亮)은 향교에 들어갔다. 밤에는 서재(西齋)에 있었는데 한 사람이 동상례(東床禮)[102]를 차려서 밤늦도록 즐기며 놀았다.

임자년(壬子年 : 1792, 정조 16) 유월(六月) 무진삭(戊辰朔)

초1일, 가랑비가 내리다가 개여 맑아졌다.

정원(定元) 씨가 길을 나섰다. 나는 중량(仲亮)과 전송하면서 남강(南江)에

102) 신랑을 신부 집에서 매다는 의례인데, 향교에서는 처음 들어온 유생이 치르는 신고식 정도로 이해된다.

이르러 집에 보내는 편지를 부탁하였다. 작별한 후에 울적한 마음으로 돌아왔다.

초2일, 매우 무더웠다.

나는 서울로부터 이곳에 온 후로 여정의 피로가 말끔히 해소되기를 기다리다가 부모님을 뵐 계획을 세우고자 하였다. 그러나 연일 무더위가 지속되면서 오래전부터 가지고 있었던 질병이 다시 도졌다.

그동안 설사하는 병이 생겨 긴 여정을 감당하지 못하고 고향으로 돌아왔는데, 기약 없이 이러한 상황이고 보니 물러나 엎드려서 해야 할 일을 포기한 형편이다.

초3일, 매우 무더웠다.

자안댁(子安宅)에서 제사 음식을 먹었다. 양촌(陽村)의 재종(再從) 씨와 얘기를 나누었다. 오늘은 중복(中伏) 날이다.

초4일, 또 무더웠다.

연일 지속되는 무더위다. 날씨가 기승을 부려 떨치고 일어나 활동하기는 어려울 것 같고, 가라앉은 것 같은 연무로 걱정은 이루 말할 수가 없다.

초5일, 또 무더웠다.

반나절을 누워 있다가 저녁때가 되어서 시를 지었다.

초6일, 또 무더웠다.

고통으로 끙끙대다가 겨우 시 한 수를 지었다.

초7일, 밤에 큰비가 왔다.

초8일, 쾌청해졌다.

여러 날 찌는 듯한 더위의 고통으로 한차례 비가 오기를 기다렸는데, 밤이 되자 도리어 맑아졌다. 하늘이 인간을 생각하는 마음은 때가 있다고 한다. 금년의 더위는 온당함을 잃은듯하지만 무릇 필연이라고 함이 옳을 것이다.

칠송(七松) 권운경(權雲卿)이 찾아왔다.

초9일, 무척 더웠다.

내댁(內宅)·월댁(越宅)이 함께 상을 당했다. 나는 연이은 더위 먹은 증세로 식음을 전폐하고 속을 태우며 괴로워하였다.

초10일, 또 더웠다.

공기(公期)가 숙환에 민물고기를 들었다가 여름 설사가 더해져 연일 시 짓기를 접었다고 하니 동병상련이라 할 만했다. 나는 시 한 수를 지었다.

11일, 한낮에 비가 오다가 저녁에 그쳤다.

나는 병으로 인한 피로로 평상에 누워 있었다.

12일, 비가 왔다.

시를 지었다.

13일, 흐렸다가 밤에 비가 왔다.

아이들과 술을 마시며 팽구(烹狗)하였다.

14일, 흐렸다.

시를 지었다.

15일, 흐렸다가 낮에 큰비가 내렸다.

나는 한축으로 크게 고통스러웠고 밤새도록 인사불성이었다.

16일, 밤에 비가 왔다.

시를 지었다.

17일, 비가 왔다.

삼봉(三奉)이 팽구(烹狗)하며, 술을 걸렀는데 대개 쌀과 보리로 만들었다. 이웃 사람들이 모여서 마셨다.

18일, 비가 왔다.

큰물이 들판과 평지에 3, 4척이 덮었다. 새벽부터 북풍이 심하고 급하게 불러서 마(麻)가 부러지고 벼가 쓰러졌다.

나는 시를 지었다.

19일, 흐렸다가 저녁에 비가 내렸다.

시를 지었다.

20일, 흐렸다.

시를 지었다.

21일, 처음으로 개었다.

중량(仲亮) 형이 운전(雲田)에 가서 가지고 온 쌀이 세말(三斗)이었다.

22일, 날씨가 맑았다.

시를 지었다.

23일, 아침에 맑았다가 저녁에 비가 왔다.

오늘은 말복(末伏)이다. 치영(致永)·계손(繼孫) 두 아이가 개 두 마리를 손질해서 술 한 통을 마련해서 말복 모임을 이루었다.

나는 밤새도록 큰 통증을 느꼈다.

24일, 흐렸다.

나의 통증과 열은 그치지 않았다. 겨우 시 한 수를 지었는데, 밤에 삼봉(三奉)네 집에서 다 태우고 남은 게 없다.

25일, 큰비가 내렸다.

새벽부터 시작하여 날이 다하도록 쏟아부어 지척을 분간할 수가 없었다.

계촌(桂村)의 작은 계곡은 가뭄에도 비록 마르지 않았지만, 물이 아주 얕으면서도 졸졸 소리를 내며 흘렀다. 뿐만 아니라 때맞추어 밭에 관개도 하고 부엌에 길러다 사용하기도 하였다. 나는 셋방살이를 하면서 샘 위쪽에서 침목으로 막아 보았다. 희롱하듯이 열었다가 갑자기 잡으니 대개는 조금 조금씩 어렵게 물이 고였다.

한낮부터 점차 물이 불어나더니 저녁 무렵에 크게 넘쳤다. 그 물이 흐르는 기세는 넓고 깊은 기세라 충분히 하나의 큰 강이라 할 만했다. 부엌에 물이 고여 연못을 이루고, 섬돌을 깎아 호수에 한 덩어리를 만들고, 서재(書齋)는 물에 떠서 마치 고기잡이배인 듯하다. 중간의 광경이 볼 만하고 두려울 만했다.

황혼부터 북풍이 심하여 비의 기세가 더욱 급해져 사방에서 마을로 흘러들어 마치 집이 무너져 가고 온 집안이 놀라 움직이니 어떻게 될지 알 수가 없었다. 나는 홀로 편안한 듯 베개를 높이 베는 것은 진중한 것은 아닐 것이다. 스스로 생각하니 이 마당 이외에는 모두 평지라 물로 반드시 산산이 흩어져 갔을 것인데, 어찌 홀로 내 집에서 철수할 수 있으랴!

다음 날 아침 비가 그치고 물이 물러가고, 시를 지었다.

26일, 아침에 흐렸다.

늦게 마당에 가득한 백사(白沙)를 걷어 내었다. 망연자실하여 소실된 것들을 찾으며 들으니, 경내 대부분이 재해를 입었다고 한다. 시를 지었다.

27일, 맑았다.

시를 지었다.

28일, 맑았다.

시를 지었다.

29일, 맑았다.

시를 지었다.

30일, 맑았다.

시를 지었다.

임자년(壬子年 : 1792, 정조 16) 칠월(七月) (간지가 기록되지 않았다.)

초1일, 맑았다.

오봉(五峯)에서 계집종이 와서 편지 한 장을 주었다. 나는 양양댁(襄陽宅)에서 술을 마셨다. 장군집(張君集)이 팽구(烹狗)하였다. 나는 시를 지었다.

초2일, 맑았다.

마음을 다스리며 외창(外倉)에 가서 곡식을 실어 왔다. 나는 3두(斗)를 얻었다. 이궁 즉 세자의 탄생일을 새롭게 맞이하여 여러 고을에 사면(赦免)을 반포하였다. 온 백성들이 우러러 경하하니 이보다 넘칠 수는 없었다.

초3일, 맑았다.
시를 지었다.

초4일, 맑았다.
공기(公期)가 내우(內憂)로 위독하였다. 나는 홀로 시를 지었다.

초5일, 맑았다.
시를 지었다.

초6일, 맑았다.
관가에서 현림언(玄林堰)을 축조하여 오늘 역사를 마쳤다. 중량(仲亮) 형이 참석하러 넘어갔고, 이 고을 수령도 참석하였다. 나는 시를 지었다.

초7일, 맑았다.
내댁(內宅)에서 천신(薦新)[103]하였고, 겸해서 새로운 벼로 술을 빚어 마셨다. 나는 시를 지었다.

초8일, 흐렸다.
시를 지었다. 관가에서 요청하여 중량(仲亮)이 내려갔다. 김재창(金再昌)이 와서 방문하였다.

초9일, 흐렸다.
오후에 여온(汝溫)이 강릉으로부터 왔다. 실로 뜻밖이라 회포의 기쁨을 막을 수 없었고, 눈물이 쏟아져 말할 수도 없었다. 그리고 겸해서 집안 소식을

103) 한 해의 새로운 곡식이 나면 조상신에게 올리는 의식.

들으니 놀랍기도 하고 기쁘기도 하여 눈물이 날 지경이었다.

초10일, 흐렸다.

중량(仲亮)·공기(公期)·여온(汝溫) 세 사람이 나란히 고삐를 잡고 향교에 도착하였다. 마침 관문(關文)[104]이 와 도착하였는데, 각 고을에서는 학행이 뛰어난 인재[105]를 문서로 작성하여 보고하라는 것이었으며, 이것은 전교(傳敎)[106]에 말씀을 전하는 것이었다. 관가에서는 내일 순제(旬題)[107]를 내어 면시(面試)[108]를 치른다고 하였다.

공기(公期)와 두 사람은 향교에서 묵었고, 나와 두 사람은 올라왔다.

11일, 흐렸다.

여러 유생들이 입장하였다. 나와 여온(汝溫)은 칠송(七松)에 권(權) 진사(進士) 어른을 방문하여 편안하게 얘기를 나누다가 서둘러서 내려왔다. 중량(仲亮)이 황혼 무렵에 올라와 향중(鄕中)의 모모(某某) 유생 7인이 모두 보고서에 들어가게 되었다고 전해 주었다.

12일, 흐렸다.

여온(汝溫)과 인익(隣益)이 운동언(雲洞堰)에 도착하여 물대는 곳을 자세히 보았다. 듣기로는 관가에서 부역을 시행할 것이라고 한다.

13일, 흐렸다.

여온(汝溫)이 돌아가려고 출발하였다. 타향에서 옛 친구를 잠깐 만났다 갑

---

104) 상급 관청에서 하급 관청에 내려 보내는 공문서.
105) 이러한 인재를 공령인(功令人)이라고도 한다.
106) 임금이 내리는 지시나 명령.
107) 향교에서 열흘마다 치는 시험.
108) 출석하여 보는 시험.

자기 작별하니 아쉬운 정으로 만나지 않은 것만 못하였다. 비록 함께 가고자 하였으나 몸이 괴로워 만류하였고, 집에 보낼 편지만 먼저 보냈다.

공기(公期)는 향교에 가고, 나는 무료하게 하루를 보냈다. 마침 이웃에서 술을 얻었기에 이것에 힘입어 회한을 풀었다.

14일, 흐렸다.

15일, 흐렸다.

최행원(崔行源)이 찾아왔다. 이웃집에는 모두 술이 있어 하루 종일 정담을 나누었다. 밤에는 또 함께 묵었다. 양촌(陽村)에서 재종(再從) 씨가 왔다.

16일, 맑았다.

17일, 아침에 흐렸다가 저녁에 비가 왔다.

관가에서 운동언(雲洞堰)의 축조를 시작하였다. 이 방축의 지세는 가히 하늘이 지었다고 할 만하나 고을이 가난하고 주민들이 쇠잔하여 제대로 운영하지 못하여 온 고을이 모두 탄식해 온 것이 수년이 되었다고 한다.

이제 하루아침에 제대로 이루어지게 되었으니 땅의 흥하고 폐하는 것도 역시 때가 있는 것 같다.

18일, 맑았다.

김재창(金再昌)이 찾아와 함께 방축을 축조하는 곳에 갔다가 곧 돌아왔다.

19일, 흐렸다.

관가에서 음식을 장만하여 역군들을 크게 위로하였는데, 한 마을 이웃들이 모두 갔고 나도 취하여 돌아왔다.

20일, 비가 왔다.

21일, 맑았다.
시를 지었다.

22일, 비가 왔다.
시를 지었다.

23일, 한낮에 비가 오다가 밤에 크게 쏟아졌다.
전천(前川)이 들판으로 넘쳤다. 시를 지었다.

24일, 조금 개었다.
시를 지었다.

25일, 종일 큰비가 내렸다.
전천(前川)이 또 넘쳤다. 시를 지었다.

26일, 비가 왔다.
시를 지었다.

27일, 아침에 비가 왔다.
늦게 맑아지니 가을 날씨로는 으뜸이었다. 공기(公期)는 향교에 들어가 있었으나 그때 내려 보낸 약속이 있었다. 이런 까닭에 강정댁(江亭宅) 최(崔) 어른 그리고 중량(仲亮) 형과 더불어 북천진(北川津)에 이르렀다. 배가 아직 오지 않아 강 상류를 배회하였다. 산에 해는 점차 기우는데 동쪽으로 적벽(赤壁)을 바라보니 물의 색깔이 마치 하늘 같은데 석양에 외로이 노를 저어 상류로 거슬러 올라가니 날이 갠 후의 풍광이 마치 술잔 중에 있는 것 같다.

배에서 내린 후에 곧바로 향교(鄕校)에 들어가니 술과 안주가 매우 풍성하였다. 밤새도록 함께 얘기하였다.

28일, 바람이 심하게 불었다.

모든 곡식이 모두 손상되었으니 한탄스러웠다. 중량(仲亮) 형이 헌관(獻官)으로 향교에 남고 나는 홀로 집으로 돌아왔다.

임자년(壬子年 : 1792, 정조 16) 팔월(八月) 정묘삭(丁卯朔)

초1일, 맑았다.

대제(大祭)를 행하였다.

초2일, 맑았다.

초3일, 맑았다.

초4일, 흐렸다.

미수(眉叟)와 함께 오봉(五峯)에 이르러 여러 집들을 방문하고, 최행원(崔行源)을 찾아가 편안히 얘기 나누었다. 저녁에 권(權) 진사 댁에서 식사를 하였다. 어두워진 후에 남강(南江)을 건너 행원댁(行源宅)에서 묵었다. 마주하여 술을 하면서 경서 속의 의심나는 부분들을 얘기하였다.

초5일, 맑았다.

양촌(陽村) 재종(再從) 씨를 방문하였다. 석양에 집으로 돌아왔다.

초6일, 맑았다.

공기(公期)·중량(仲亮) 형과 함께 광교(廣橋)에 도착하여 술을 사서 마셨다. 마침 관에서 심부름하는 아이가 올라왔는데, 이 고을 수령이 나를 상견하자고 한다고 전했다. 나는 그 뜻을 알지 못하여 공기(公期)와 함께 향청(鄕廳)에 이르러 예리(禮吏)를 불러서 물어보았다. 그러한 즉 영문(營門)[109]에서 각 고을 공령인(功令人)을 뽑아서 보고하라는 일 때문이라고 하였다. 모름지기 장계(狀啓)를 올리고자 하였던 것이다.

각 고을에서 보고한 것들이 되돌려 보내왔다는 것이다. 이런 까닭에 지금 다시 수정해야 되니, 나에게 하나하나 문장을 구비하라는 것이었다. 비록 새로 이사와 머무른다고 하더라도 적당하면 보고서에 뽑아 넣고 불러서 서로 대면한 후에 전보(轉報)하라는 것이었다.

그 수령은 일이 많아 내가 명자(名字)를 지어서 예리(禮吏)에게 주면 곧 올려 보냈다.

초7일, 맑았다.

관가에서 표제(表題)[110] 세 수를 지어 내보낸 후에 나에게 소매에 넣어 오라고 전했다.

초8일, 맑았다.

부(賦)[111]·표(表)[112]를 한 수씩 지었다.

초9일, 맑았다.

---

109) 강원 감영.

110) 신하가 임금에게 올리는 글의 제목으로, 과거 문제의 한 종류.

111) 과거 문장의 한 종류.

112) 과거 문장의 한 종류,

공기(公期)가 면례(緬禮)[113]를 이행하려 하였다. 이로써 금일 옛 무덤을 파헤쳤다. 나는 산 위에 올라갔다가 곧 돌아왔다. 표(表) 한 수를 지었다.

초10일, 맑았다.

강릉 조내포(曹乃宲) 대인과 양양 동면 이(李) 어른이 들어왔다. 권(權) 진사 어른이 남자 종을 시켜 마름한 편지와 겸해서 차조 세 말(斗)로 빚은 술을 보냈다고 한다. 나는 표(表) 한 수를 지었다.

11일, 맑았다.

부표(賦表) 한 수를 지었다.

12일, 비가 왔다.

표(表) 한 수를 지었다.

13일, 흐렸다.

14일, 아침에 비가 오다가 낮에 그쳤다.

공기(公期)가 면례(緬禮)[114]를 행하였다. 나는 산 위에 올랐는데, 권운경(權雲卿)이 왔기에 대화를 나누었다.

15일, 종일 비가 왔다.

내가 집을 떠난 지 반년이 되어 간다. 이달 초에 어버이를 뵈러 가고자 단단히 마음먹었으나 병으로 이루지 못했고, 이제 명절을 맞이하여 마음에 감정을 이기지 못하고 율시(律詩) 한 수를 지었다.

---

113) 무덤을 옮겨 새로 장사 지내는 일.
114) 무덤을 옮기는 의례.

崇朝鄕淚雨聲斜　새벽에 향수에 젖었는데 빗소리가 비껴가고,
숭조향루우성사
白髮門閭夢想遐　백발이 성성한 고향집 꿈속에 그리니 멀기만 하네,
백발문여몽상하
遍野黃雲非我土　펼쳐진 들과 황색 구름은 내 땅이 아닌 걸,
편야황운비아토
盈罇白酒問誰家　술두루미 채운 백주 누구네 집을 묻는가?
영준백주문수가
愁中此日寧佳節　시름 중에 이날 가절을 잘 보내며,
수중차일영가절
客裏深秋感歲華　객의 마음 가을 깊어 세월 빛에 감사하고,
객리심추감세화
長道裵徊緣亘事　장도에 배회하다 부엌일에 연연하니,
장도배회연두사
爲將歸約說黃花　장차 귀향 약속에 황화를 얘기하네.
위장귀약설황화

16일, 비가 내렸다.

나는 상인(喪人) 김이혁(金彝赫)과 서로 약속하여 간성(杆城)에 동행하기로 계획을 세웠으나 뜻밖에 한줄기 비로 마가 끼어 남강(南江)이 흘러 넘쳐 배가 없어 약속을 어기고 나아가지 못하였다.

17일, 맑았다.

이 고을 수령이 여러 차례 나를 청했으나, 여전히 만나지 못하니 나를 의심하는 이전의 혐의가 있었다. 생각하건대 발끈하는 마음이 있어 부득이 중량(仲亮) 형과 가서 뵙고 표(表) 세 수를 살펴보았다.

이 고을 수령의 말에는 당신이 새로이 부임한 초기의 일이라 알지 못하여 기틀과 항목에서 착오가 있어 지금 많이 후회하며 괴로워한다고 한다. 바라건대 이후로는 다시는 개의치 말자고 하며, 돌아 나와서 시가(詩歌)를 보면서 나에게 같이 화합하자고 하였다.

날이 저물어 나와서 차김가(次金家)에 이르렀는데, 차김(次金)은 어제 서울로부터 내려왔다. 황혼에 집으로 돌아왔다.

18일, 맑았다.

19일, 맑았다.

도백(道伯)[115]이 군(郡)에 들어왔다.

20일, 맑았다.

21일, 맑았다.

중량(仲亮)과 함께 최춘백(崔春伯) 대인에게 갔다. 그는 중량(仲亮)의 장인이다. 일찍이 질병을 의심하여 츱츱하게 갔다가 이제 비로소 분곡(奔哭)[116]하려는 때문이었다. 이웃사람들과 모여서 작별하고, 길에서 내동(內洞) 정(鄭) 별장(別將)을 만났다. 읍내에 들어가 술을 사서 마시고, 감호(鑑湖)에서 점심을 하고 밤에는 지경(地境) 이덕보(李德甫) 집에서 묵었다.

22일, 맑았다.

아침은 그 이웃 교생(校生) 집에서 먹었는데 술이 있었다. 한낮에 열산(烈山)에 이르렀는데, 상인(喪人) 최천(崔荐)이 조모상을 당하였다고 한다. 한집

115) 강원도 관찰사.
116) 예를 갖추지 않고 곡을 하는 행위.

안에서 전후하여 사망한 게 무릇 여섯 사람이었다. 그리고 오늘 어린애가 또 요절하였다. 그 집의 상황은 차마 볼 수 없었다.

곧바로 최여덕(崔汝德) 집에 이르러 유숙하였다.

23일, (자료 상태가 좋지 않음)

(자료 상태가 좋지 않음) 중량(仲亮) 형과 작별하고, 슬퍼하면서 홀로 왔다. 저녁때 황포(黃浦)를 방문하고, 석사(碩士)에 시욱(始郁) 집 부인은 나의 6촌 친척의 누이이다. 내가 남쪽으로 온다는 소식을 듣고 술을 빚어서 기다리고 있었다. 밤새도록 정담을 나누었다.

24일, 맑았다.

늦게 출발하여 한낮에 청초호(靑草湖)에 이르렀다. 위천(渭川) 최예사(崔禮士)를 만나 잠시 얘기 나누고 강선점(降仙店)을 지났는데 또 만났다. 밤에 그 집에 이르러 유숙하였다.

25일, 맑았다.

연일 홀로 피곤이 쌓여 심했다. 동산(洞山)에 이르렀는데 해는 여전히 높았다. 정여헌(鄭汝憲)의 집을 방문하여 유숙하였다.

26일, 맑았다.

신촌(新村) 본 집에 도착했다. 부모를 뵈었는데 가까이서 보살핀 지 이미 오래되었으나 기후가 강녕하시니 그 기쁨을 어찌 말로 다하리오. 밤에 모시고 묵었다.

27일, 맑았다.

아침 후에 연촌(蓮村)으로 돌아왔다. 어머니를 뵌 지 여름 석 달이 지나갔으니 이루 말할 수가 없었다. 다만 기후가 편안하여 기뻐하셨다.

28일,
여정의 피로로 종일 고초를 겪었다.

29일, 맑았다.
집에서 술을 마셨다.

30일, 맑았다.
서당에 도착하였다. 주인 심자천(沈子天)은 나의 오랜 지기이다. 아이를 보내 술을 사다 마셨다. 학구(學究)들과 나누어 시를 지었다.

黃花時節待人盃　　국화 시절에 사람 기다리며 잔을 들었고,
황화시절대인배
我候惟緣定省催　　내 병에 오직 부모 섬기기를 재촉했네,
아후유연정성최
梅社風光鶯已去　　매곡 풍광에 꾀꼬리 이미 가고,
매사풍광앵이거
楓岩秋色鴈同來　　단풍 바위 추색에 기러기 함께 오네.
풍암추색안동래
高山賴有顔情好　　높은 산 힘입어 얼굴 정이 좋고,
고산뢰유안정호
此地難逢笑口開　　이 땅에서 어렵게 만나니 웃음 꽃 피었고,
차지난봉소구개
多喜主人如我意　　크게 기뻐하는 주인 내 뜻과 같고,
다희주인여아의

三時咬菜育英才　　하루 종일 나물 씹으며 영재를 기르네.
삼시교채육영재

임자년(壬子年 : 1792, 정조 16) 구월(九月) 정유삭(丁酉朔)

초1일, 정유(丁酉), 맑았다.
자천(子天)·가정(可楨: 여온(汝溫)이 가정(可楨)으로 고쳤다.)과 함께 초시(草柴) 서숙(書塾)에 도착하였다. 주인 이이민(李而民)과 함께 얘기를 나누었다. 이어서 하초시(下草柴)에 가서 감을 땄다. 원보가(元寶家)에서 밤을 삶았다. 석양에 집으로 돌아왔다. 가정가(可楨家)에서 술을 마셨다.

초2일, 맑았다.
광백(光伯) 형이 서울에 갔다. 이에 수신자를 적어서 서울로 편지를 보냈다.

초3일, 맑았다.
자천(子天)·가정(可楨)과 함께 김(金) 중군(中軍)[117]을 방문하였다. 돌아오는 길에 주가(酒家)에 들렀다.

초4일, 맑았다.
가정(可楨)이 산송(山訟)[118] 일로 양양에 갔다. 가정(可楨) 실인(室人)[119]이 해산하여 딸을 얻었다. 서당(書堂)에 이르러 술을 사 마셨다.

초5일, 맑았다.

---
117) 군영의 장수.
118) 묘지에 관한 소송.
119) 부인.

서당(書堂)에 이르러 술을 사 마셨다.

초6일,

종일 서당에서 술을 사 마시며 많은 얘기를 했다.

초7일, 비가 왔다.

나는 사촌(沙村)에 가고자 하였다. 초숙(草塾)에 들어가서 만난 주인과 편안히 얘기 나누었다. 석양 무렵에 집에 돌아왔다.

가정(可楨)이 양양으로부터 비를 무릅쓰고 왔다.

초8일, 맑았다.

나는 사촌(沙村)에 가서 송계(松溪)를 만났다. 근래에 광양(光陽) 귀양지에서 말미를 받아 온 지 1년이 되었다. 얼굴을 대하니 생시인가 꿈인가 하였다. 듣건대 광양에 있을 때 알게 되었던 지기들이 대부분 가까운 고을에서 벼슬을 한다고 하였다. 이런 까닭으로 자못 구휼을 받았고, 또 아주 풍성하게 공급해 주어 조금도 어려운 고초는 없었다고 하였다. 다만 집을 생각하면서 근심하였다고 하였다. 그 시에 이르기를,

王土皆生地　　왕토가 모두 사람 사는 땅인데,
왕토개생지
光陽豈死人　　광양이 어찌 사람을 죽이겠는가?
광양기사인
眞善形容也　　참으로 선한 생김새요 모습들이었다.
진선형용야

라고 하였다.

한낮에 창서(滄西) 어른을 방문하였는데, 역시 귀양 중에 말미를 받아 왔다. 안색이 자못 많이 초췌해졌다. 이는 평상시 거주는 한가로웠지만, 근심 걱정을 감내하지 못하였기 때문이었다. 따라다니면서 모시고 얘기를 나누었다.

저녁에 송계댁(松溪宅)에 이르러 의집(儀集)과 함께하였다. 밤에 이웃집 계회(契會)에 나가 많이 먹고 돌아왔다.

초9일, 새벽부터 비가 내렸다.

모두들 중양주(重陽酒)를 마셨다. 귀양 중에 작성한 시축(詩軸)을 보았다. 옛사람이 시를 말하기를 "강산을 얻고 정합(正合)을 돕는 것이 이것이다."라고 하였다. 낮에 위로하는 글을 세 장 지었다.

저녁나절에 비가 조금 개였으므로 나는 내미촌(內美村)에 이르러 함댁(咸宅)을 방문하였는데, 경천(景天)이 이미 서거하였다. 다만 노인이 있어 눈물을 흘리면서 객을 응대하였다. 일 년 동안 사람의 일이란 요행히 급변하여 사람들에게 지기에 감동하게 하지만 눈물을 흘리게 됨을 깨닫지 못한다. 돌아 나와서 초시(草柴)에 이르러 장진가(章進家)에 가서 술이 있기에 대취하였다. 엷게 어둠이 내릴 때 집으로 돌아왔다.

밤에 관서(關西)[120]에서 온 지술객(地術客)[121]과 함께 얘기 나누었다.

초10일, 맑았다.

장현(長峴) 최(崔) 어른이 오셨다.

11일, 맑았다.

낮에 장진가(章進家)에 가서 취하였다. 돌아 나와서 초숙(草塾)에 이르러 잠시 얘기 나누었다. 석양에 집에 돌아왔다. 듣건대 김진여(金進如) 또한 귀

120) 평안남북도.
121) 풍수지리를 보는 사람.

양지로부터 돌아와 갑자기 위촌댁(渭村宅)에 도착했다고 한다. 이에 나는 찾아갔으나 서로 어긋났다.

12일, 맑았다.

관서(關西)에 온 객이 여러 날을 묵었다. 역시 추수(推數)[122]를 알기에 종일토록 서로 얘기 나누었다. 서당 아이들이 작은 모임을 갖고 닭을 삶아 술을 사다 마셨다. 북을 치고 가야금을 울리면서 밤새도록 흐드러지게 놀았다.

13일,

가정(可楨)이 양양에 갔다. 역시 산송(山訟) 때문이었다. 나는 서당에서 노사언(盧士彦)과 술을 사다가 함께 마셨다. 밤에는 홀로 묵었다.

14일, 맑았다.

가정(可楨)이 나와서 이르기를, 지금 이미 이장(移葬)을 마쳤다고 한다. 나를 걱정하여 흙일 하는 곳의 집에 머물러 있으라고 하며, 겸해서 창호에 흙칠을 하라고 한다.

15일, 맑았다.

16일, 맑았다.

어머니께서 큰댁에 가셨다. 나는 밤에 장현(長峴) 최(崔) 어른을 모셨다.

17일, 맑았다.

위촌댁(渭村宅) 강(姜) 어른이 와서 방문하셨다.

---

122) 앞날을 내다보는 일.

18일, 맑았다.

송계(松溪)가 왔는데, 진여(振如) 또한 반나절에 도착하여 함께 얘기를 나누었다. 밤에는 장현(長峴) 어른을 모셨다.

19일, 맑았다.

아침 후에 한음(漢陰)이 생원에게 찾아와 장현(長峴) 어른을 방문하고 와서 묵었다. 심원(心源)이 밤에 떡을 쳐서 보내왔다.

20일, 맑았다.

21일, 맑았다.

22일, 맑았다.

자천(子天)과 함께 군화가(君華家)를 방문하여 음료를 마신 후 의집(儀集)이 들어왔다는 소식을 듣고 자천(子天)은 올라가고 나는 한진가(漢鎭家)에 갔다.

23일, 맑았다.

나는 남행을 할 계획이었다. 아이들 5, 6명이 내일 백장(白場)[123]이 열린다는 소식을 듣고 갑자기 일제히 따라나섰다. 곧 역촌(驛村)으로 가서 시변(市邊)으로부터 길을 따라 사야수(沙祂水)를 건넜다. 박가수(朴可受)를 만나 함께 북평(北坪) 전천(前川)에 이르러서 또 임천(林泉) 노홍여(盧弘如)를 만나 함께 얘기 나누었다.

인지(獜之)·의집(儀集)이 또한 모였다. 상점에 들어가 술을 사 마시고 동행하여 읍내에 이르러 헤어졌다. 날이 저물어 노간(魯澗)에 갈 수 없었기에 잠

---

123) 백일장.

시 성저가(城底家)를 방문하였다가 다시 복동가(福同家)에 도착하여 양수(養壽)와 같이 묵었다.

24일, 맑았다.

관가에서 백장(白場)을 열었는데, 사초(四抄)[124]였다. 시제(詩題)는 "국화꽃 모름지기 머리에 가득 꽂고 돌아가리."[125]였다. 부제(賦題)는 "구월 가을에 어느 날인들 중양(重陽)이 아니리오."[126]였다.

나는 부(賦) 한 수를 지어 양수(養壽)에게 보냈으나 등위에 들지 못하였다. 권휴길(權休吉)·이계일(李季一)과 함께 술추렴을 하고 저녁때 노간(魯澗) 큰댁에 가서 모름지기 하봉(荷峰)으로 옮겼다. 먹구름이 일더니 갑자기 비가 쏟아졌다. 순식간에 온 들녘을 뒤덮어 걱정하면서 밤새 최성칙(崔聖則)·제익(諸益)과 함께 묵었다.

큰비가 밤새도록 쏟아부었다. 관가에서 다음 날 오초(五抄)[127] 백장(白場)을 경포에서 열고자 하였으나, 비가 쏟아붓는 기세가 이와 같으니 급히 교복(校僕)[128]을 시켜 고을로부터 4리 떨어져 있는 관청 마당에서 시험장을 연다고 알려 왔다.

25일, 비가 오다가 저녁때 조금 그쳤다.

반암댁(盤岩宅)을 방문하였다.

26일, 조금 개었다.

---

124) 열 번 치르는 백일장 중에서 네 번째 치는 시험이라는 의미이다.

125) "菊花須揷滿頭歸".

126) "九秋何日不重陽".

127) 열 번 치는 시험 중에서 다섯 번째 시험.

128) 향교에 소속된 남자 종.

관가에서 시험장을 열었는데, 날이 늦은 때였다. 사운(四韻)[129]을 내어 걸고 여러 유생들에게 화답을 구하였다.

나는 곧바로 한 율시를 구성하여 양수(養壽)에게 전했다. 제목은 "경포에서 약속을 어기다."[130]로 하였다. 내가 지은 시는,

勝日倩期負古亭　　승일 좋은 기회에 옛 정자 짊어지고,
승일천기부고정
滿汀鷗鷺守空舲　　물가 가득한 갈매기 빈 배를 지키네,
만정구로수공령
蒹葭有意秋光好　　갈대가 유의하니 가을빛이 좋은데,
겸가유의추광호
湖海無情雨色溟　　호수 바다 무정하여 비색이 어둡네,
호해무정우색명
自恨淸遊多戲劇　　홀로 한스러워 청유하니 모두가 희극이요,
자한청유다희극
欲將佳句謝仙靈　　아름다운 글귀 이루고자 선령에 감사하네,
욕장가구사선령
相應梅蘭詩燈夜　　매난이 상응하니 시가 밤을 밝히고,
상응매란시등야
鏡面烟波夢裏靑　　경호에 아지랑이 낀 파도 꿈속에서 푸르네.
경면연파몽리청

湖臺佳會古旗亭　　호수 누대 가회에 기정이 오래되었고,
호대가회고기정

---

129) 네 개의 운각으로 된 율시.
130) "鏡浦違約".

秋水蒹葭繫彩舲　　추수에 갈대는 고운 빛깔 배를 묶었네,
추수겸가계채령
指日芳筵采濟濟　　다른 날 향기로운 자리 위의를 캐는데,
지일방연채제제
連宵寒雨苦冥冥　　연이은 밤 찬비 어둠을 괴로워하네,
연소한우고명명
諸生不是違仙兮　　제생은 옳지 않아 선령을 어기는데,
제생불시위선혜
太守何曾負地靈　　태수는 어찌 일찍이 지령을 짊어지나,
태수하증부지령
留待海山春光好　　머물러 기다리니 바다 산 봄빛이 좋고,
유대해산춘광호
棠紅沙白柳新青　　해당화 붉고 모래 흰데 버드나무 새로이 푸르다.
당홍사백류신청
(당시 수령은 의호(義浩) 홍양중(洪養仲)이다.)

석양에 성저가(城底家)를 방문하고, 날이 저물어 노간(魯澗)에 이르니 모두가 산황(山篁)에 갔다. 나는 홀로 매동댁(梅洞宅)에서 묵었다.

27일, 혹은 비요 혹은 그쳤다.

나는 하봉(荷峯)에 머물다가 양어지(養魚池)로 가서 고기를 구경하고, 진흙 길이 매우 미끄러워서 여러 집을 방문하지 못했다.

28일, 흐렸다.

나는 집에 형님을 모시고 함께 북평(北坪)에 도착하였다. 형은 오죽헌(烏竹軒)에 들어가고 나는 사촌(沙村)에 이르렀다. 형님도 역시 김(金) 진사에게

올라가서 송계(松溪)와 잠시 얘기를 나누었다.

석양에 들어와 원보(元寶)·장진(章進) 두 집을 방문하고 약간 어두워질 때 집으로 돌아왔다. 인지(獜之)가 먼저 와 함께 묵었다. (이날 북평(北坪) 상인(喪人) 김이혁(金彛赫)을 방문하였다가 고성(高城) 소식을 조금 들었다.)

29일, 맑았다.

상동(相洞)에 이(李) 정언(正言)·묘동(廟洞)에 권(權) 진사 댁에 편지를 썼다. 인지(獜之)가 집에 형님과 함께 신촌(新村) 아버지께 갔다가, 모름지기 사촌(沙村)으로 가다가 잠시 이곳에 들렀다.

오늘은 강구수(姜求叟) 형의 처 장례를 치르는 날이다. 나는 일이 많아서 산에는 가지 못하고, 저녁에 그 집에 잠시 문안하였다.

임자년(壬子年 : 1792, 정조 16) 십월(十月) (간지가 기록되지 않았다.)

초1일, 맑았다.

송계(松溪)가 아이를 보내 전언하기를, 서울 편지가 어제 배소(配所)[131]에 왔는데, 모두 관문을 독촉하는 것이었다고 한다. 이에 오늘 새벽 출발하여 갔다. 나는 오후에 즉시 가서 작별 인사를 드렸다.

돌아오는 길에 내미촌(內美村) 냇가 바위에 이르렀는데, 인지(獜之)와 이유중(李維仲)이 들어왔다. 진여(振如)도 역시 만났다. 저녁에 사리에 밝지 못함을 한탄하면서 집으로 돌아왔다.

초2일, 맑았다.

여온(汝溫)이 무릅쓰고 서울에 가려했으나 광백(光伯) 형이 어제 서울로부

---

131) 유배되었던 곳을 의미한다.

터 내려왔다. 이에 나는 가서 만나보았다. 밤에는 여온(汝溫)과 나와서 서당에서 묵었다.

초3일, 맑았다.

여온(汝溫)이 일찍이 출발하였고, 들으니 진여(振如) 역시 출발했다고 한다. 여온(汝溫)은 신행(新行)[132]하는 일이었고, 진여(振如)는 배소(配所)에 가는 것이었다.

아침 후에 나는 저잣거리에 나가서 잡물(雜物)을 샀고, 돌아오는 길에 한진가(漢鎭家)에 들려서 함께 북행(北行)을 하자고 약속을 하고, 석양에 집에 돌아왔다.

초4일, 맑았다.

관가에서 6초(六抄)[133] 순제(旬題)[134]를 내 보냈다. 위천가(渭川家)에 이르러 부(賦) 한 수를 지어 양수(養壽)에게 보냈다. 종팔(宗八)이 남자 종을 보내 전(錢) 한 냥을 받아서 갔다.

초5일, 맑았다.

초6일, 흐렸다.

어머니를 모시고 신촌(新村)에 갔다. 저녁 후에 큰비가 왔는데 밤에도 그치지 않았다.

초7일, 맑았다.

132) 신랑이 신부 집에 가는 일.

133) 열 번의 시험 중에서 여섯 번째 시험.

134) 집에서 문제를 받아 풀어서 향교에 보내는 시험.

제사에 참석한 후에 본댁에서 벽에 흙칠을 하였고, 겸해서 서함(書函)을 매달았다. 나는 벽에다가 시 한 수를 지어서 붙였다.

十載經綸築一廬　　십 년을 실은 경륜으로 오두막 한 채 짓고,
십재경륜축일여
買田爲圃地無餘　　땅을 사 밭을 만드니 남은 땅이 없네,
매전위포지무여
橘藏仙訣長拈局　　귤나무 저장한 선결로 길게 판국을 잡고,
귤장선결장념국
松蓄雲心永護居　　소나무에 자란 운심으로 길게 거처를 지켜가네,
송축운심영호거
簷鶴借巢疑白墅　　처마에 학이 집을 빌려 흰 농막을 의심하고,
첨학차소의백서
階禽留跡宛蒼書　　섬돌에 날짐승 흔적 남기니 푸른 글이 완연하네,
계금유적완창서
春堂定省多虛日　　춘당에 자식의 도리는 모두가 헛날이고,
춘당정성다허일
湖海捿捿不肖余　　호해에 살아가는 불초한 나이로고.
호해서서불초여

초8일, 맑았다.
곧바로 한진가(漢鎭家)에 머물렀다가 석양에 집에 돌아왔다.

초9일, 맑았다.
오늘은 강일채(姜日采)의 장례 일이다. 나는 산에 올라서 신주(神主)를 지었다.

초10일, 종일 비가 왔다.

11일, 맑았다.

나는 북행(北行)[135]을 위해 출발하고자 하였으나 어머니가 돌아오시지 않았기에 전지하였다. 오후에 어머니가 오셨다.

12일, 맑았다.

공원(公源)이 무명을 무역하는 일로 지난달에 충주(忠州)에 갔다. 어제 흉한 소식이 도착했는데, 질병이 의심되어서 여러 곳에 찾아가 보았으나 모두가 꺼리고 기피하여 집을 얻지 못하고 여러 날 노숙하다가 도중에서 분에 못 이겨 죽었다는 것이다. 사람도 없는 곳에서 참혹한 정황은 형언할 수 없었다고 하였다.

나는 아침을 하고 한진(漢鎭)과 더불어 소 한 마리를 몰고 간략하게 책과 옷가지를 싸서 출발하였다. 본댁에 들려서 말씀을 올리고, 저녁에는 상운역(祥雲驛)에서 묵었다. 윤성가(尹姓家) 주인이 맞이해 주었다.

13일, 맑았다.

일찍 출발하여 연창(連倉) 전창엽(全昌燁)의 집에서 작은 연회를 가졌다. 저녁때 청간(淸澗)을 거쳐 밤에는 여주인(驪州人)과 함께 숙박하였다.

14일, 조금 흐렸다.

일찍 출발하여 저녁때 열산(烈山) 상인(喪人) 최춘백(崔春伯)에게 도착하였는데, 새로이 양례(襄禮)[136]를 치르고 석식을 올린 후인데, 노비의 막사에서 갑자기 불이 났다. 여러 사람들이 가서 구하려 하였으나 끄지 못했다.

---

135) 작자는 늘 高城을 가려고 하였다.
136) 죽은 사람을 장사 지내는 일.

15일, 조금 흐렸다.

늦게 출발하여 최여덕(崔汝德)과 같이 가다가 대진(大津)에 이르러 도중에서 헤어졌다. 봉현(蓬峴)에 도착하니 모산(茅山) 최선지(崔善之)가 출발해 갔다. 반형(班荊)에서 잠시 쉬었다가 저녁때 감호(鑑湖)에 투숙하였는데 권언룡(權彦龍)이 와서 머물고 있었다. 밤에 함께 숙박하면서 집에 보낼 편지를 써서 부쳤다.

16일, 맑았다.

남강(南江)을 건너서 김재창(金再昌)을 만나 읍내에 도착하여 술을 사서 마셨다. 오후에 집으로 돌아왔더니 이웃 마을 두 사내가 유행병으로 사망했다고 한다. 또 공기(公期)가 열흘간이나 통증으로 신음하는데, 아직도 무슨 병에 걸렸는지 알지 못하며, 마음과 정신으로 두려워하여 처방할 바를 모른다고 한다.

17일, 흐렸다.

집에 머물렀다.

18일, 흐렸다.

집에 머무는데, 행원(行源)이 편지하였기에 답하였다. 밤에는 눈이 발꿈치를 넘게 내렸다. 전체(篆體)를 썼다.

19일, 맑았다.

날이 풀리자 눈이 녹아 창호(牕戶)에 진흙을 튀겼다. 내댁(內宅)에서 조(租) 2석(石)을 보냈다.

20일, 맑았다.

공기(公期)의 병세가 점차 지쳐서 거의 어려운 지경에 이르렀다. 구제하는 이치가 비록 있다고 하더라도 적합한 방법이라고 할 수 없었고 믿는 것은 오직 하늘뿐이었다.

밤에 2경(更)에 이르렀는데, 문밖에서 발자국 소리가 있어 문을 열고 보니 이내 대호(大虎)[137]하였다. 눈 위에서 분명히 보았다. 나는 전체(篆體)를 썼다.

21일, 맑았다.

새벽부터 공기(公期)는 너무 아파 호흡의 기운이 가라앉았다고 한다. 급하게 듣기로는 눈물을 흘리며 말하기를, "나는 오래도록 묵여(默如)[138]와 이별하였는데 이제 들으니 집에 돌아왔다고 한다. 만약에 만나지 못하고 죽으면 이 한이 아주 오래 갈 것 같다."고 하였다고 한다.

나는 꺼리라는 혐의를 잡고 문병하지 못하고 늘 느슨하게 구부려 지내왔다. 이 말을 듣고도 마음에 동요를 각성하지 못하니 참으로 부끄러웠다.

22일, 맑았다.

듣건대 공기(公期)의 병증이 조금 가라앉았다고 하니 춤을 추듯 기쁨을 이길 수가 없었다. 중량(仲亮) 형이 서해진(西海津)에 갔다가 돌아오지 않아 이웃들이 걱정하였다. 이에 먼저 아이들을 몽천암(夢泉庵)에 보냈다.

23일, 맑았다.

강정댁(江亭宅)에서 제사 음식을 먹었다.

24일, 맑았다.

---

137) 호랑이로 보인다.

138) 일기의 작자인 김현호의 호인 듯하다.

중량(仲亮) 형과 함께 몽천암(夢泉庵)에 들어간 관동(冠童)[139]이 무릇 일곱 사람이다.

25일, 맑았다.

천암(泉菴)에서 『시전(詩傳)』을 읽으면서 간간이 틈을 내어 전체(篆體)를 베꼈다. 객이 있었는데 가야금(伽耶琴)을 가지고 왔다. 또 12세 아이가 노래를 잘했다. 영산(靈山)에서 밤새 놀았다.

26일, 맑았다.

시를 읽으며 전(篆)을 썼다. 듣건대 공기(公期)가 점차 소생하였다고 한다. 편지 한 장을 쓰고 겸해서 두 편의 율시를 부쳐서 울연한 회포를 풀어 말하기를, 등정 후 축 늘어진 날에 가기를 재촉하는 것은 더불어 보고자 함이니 우아하게 그동안 막혔던 회포를 풀어보자고 하였다. 다시 만나는 날을 위해 먼저 소식을 물어보니 오래된 병이 좋아져서 깨어난 지 수일이 되었다고 하며, 기력을 잃어 만족스럽게 말하지는 못한다고 하였다. 지난해와 금년에는 어찌 몸에 재앙이 이토록 독하단 말인가! 즉시 시종하여 증세도 물어보고 답답함도 풀어보고자 하였다.

이 미천한 몸은 타인과 스스로 이별하고자 스스로 원하여, 노부모에게 멀리서 인사하며 자리를 부탁하였다. 타향에 온 후로 머릿속의 걱정은 미리 헤아릴 수가 없었다. 이런 까닭에 다시 문을 만들어 밖을 머뭇거리는 일은 일체 없었다. 옛 사람들이 성을 둘러싸고 오래된 병을 가두는 정의를 보자면 부끄럽고 한탄스러움을 이길 수가 없다. 즉 몇몇 글자는 문을 닫고 벽상에 꽂아 두었다. 듣기로는 고통의 증세가 아주 심하면 두려워하여 수찰하지도 않았다고 한다. 이로서 마음을 닫고 집을 배척하고 서로 바라만 보며, 다만 스

139) 관례를 치른 어른과 아이.

스로 마음을 어루만졌을 뿐이었다고 한다.

아우가 열 달 동안 슬하에서 이별한 나머지 결국은 고별하게 된다. 사람의 정이란 어려운 것인 까닭에 지금은 비로소 도리어 집에 머물면서 환우를 걱정하게 되었다. 이와 같다 보니 부득이 잠시 동안 호암(湖菴)에 피하여 고요하게 돌과 정자를 응대하게 된다. 실의에 빠져 즐기지 않는 자는 단지 작게 한마디 탄식이 있을 뿐이다. 걱정되어 보내기 어려우면 어리석게도 두 개의 율시를 얻어서 받들어 올리는데, 이로써 어찌 병중의 많은 한을 삭힐 수 있겠는가!

咫尺難敲臥病門　　지척에서 두드리기 어려워 병문에 누워서,
지척난고와병문
愧余虛負舊情敦　　부끄러운 나머지 헛된 부담 옛 정이 두텁네,
괴여허부구정돈
深宵萬念心還㤼　　깊은 밤 만념에 마음 다시 겁먹으니,
심소만념심환겁
淸晝孤眠夢亦煩　　맑은 낮 외로이 눈 감으니 꿈도 번거롭네,
청주고면몽역번
一邑有關文不墜　　온 고을 유관한 문장은 떨어지지 않고,
일읍유관문불추
九天雖老理猶存　　구천은 비록 늙어도 이치는 남아 있네,
구천수노이유존
沉痾漸退新陽復　　병이 깊어 점점 쇠퇴하니 새로운 해 다시 볼까?
침아점퇴신양복
他夜靑燈共笑言　　다른 밤에 푸른 등에 함께 웃는 소리네.
타야청등공소언

晩年襟抱子無如　　만년에 옷깃에 안으나 자식은 같지 않고,

만년금포자무여

別後忽忽爲月餘　　이별 후에 홀연히 달빛만 남았네,

별후홀홀위월여

詞賦可憐司馬病　　사부 가련하니 사마 병이요,

사부가련사마병

故人還與浩然疎　　옛 친구 다시 만나니 호연이 소원하고,

고인환여호연소

名湖何意來明月　　명호는 무슨 일로 밝은 달 불렀는가,

명호하의래명월

獨夜無心對古書　　독야에 무심히 고서를 대하네,

독야무심대고서

想像閉門山下宅　　문 닫힌 산 아래 댁을 상상하니,

상상폐문사하댁

類然頭緖一般余　　비슷한 듯 조리는 일반일세.

유연두서일반여

아이들을 나누어 운(韻)을 내어 호월(湖月)을 읊었다.

湖上奇觀月上初　　호수에 기이한 광경 이 달에 처음인데,

호상기광월상초

四仙歸後影空虛　　사선이 돌아간 후 그림자가 공허하네,

사선귀후영공허

千秋造物藏無畵　　천추에 조물주 남긴 그림도 없으니,

천추조물장무화

更借餘光照我書　　다시 여광을 빌리어 내 책을 비추네.

갱차여광조아서

27일, 맑았다.

밤을 새도록 가야금 노래 그치지 않았고, 시끄러워서 편안히 공부를 할 수 없었다. 아이들과 함께 율시(律詩) 한 소절을 읊었다.

浸浸亂曲異詩歌　　스며드는 어지러운 곡조 이색적인 시가에,
침침난곡이시가
漫把繁音奏綠波　　질펀하게 번다한 음을 잡아 초록빛 파도 연주하네,
만파번음주록파
名區自有無聲樂　　유명한 곳에는 본래 소리 없는 음악이 있는데,
명구자유무성악
舞仙亭古白雲多　　무선정은 예부터 흰 구름이 많아라.
무선정고백운다

28일, 맑았다.

내가 이곳에 온 것은 본래 피병(避病)을 하고자 함인데, 잡객들이 날로 많아진다. 또 한 승려의 통증이 3일간에 이르면서 의심스러운 증세에 거의 가까워졌다. 중량(仲亮) 형과 함께 돌아와 내보냈다. 사방을 둘러보아 한 그물인데 어느 곳 피할 곳이 있겠는가!

나는 일절을 읊으면서 겸해서 새 지저귀는 천암(泉菴)을 감상하였다.

野僧嫌饋曷欺人　　떠도는 승 먹이기 싫으니 어찌 사람을 속이리,
야승혐궤갈기인
病到三宵始覺眞　　병이 든 지 사흘 밤에 비로소 사실을 깨우쳤네,
병도삼소시각진
名勝反媒來往客　　명승을 빙자하여 왕래하는 객들이,
명승반매래왕객

仙湖一片梁囂塵　　신선한 호수 한 조각 다리 티끌로 소란하네.
선호일편양효진

29일, 맑았다.

중량(仲亮) 형이 외창(外倉)에 갔다. 아이들은 몽천(蒙泉)으로부터 왔다. 미수(眉叟) 상을 당하였다 하여 밖에 나와서 의아스러운 생각으로 배회하였다.

내가 듣기로는 오봉(五峯) 상·하촌은 조금씩 안정되어 갔다고 한다. 오봉 숙주(叔主)에게 가서 인사를 드리고 겸해서 행원(行源)과 함께 상의하여 초막(草幕) 한 곳을 구하기로 하였다. 왜소하고 누추하고 텅 비어 거칠어서 감당하기가 어려웠지만, 이곳도 달아나 피하기에는 또한 다행이었다.

밤에는 숙주댁(叔主宅)에서 묵었다. 모시면서 그동안의 회포를 풀었다.

30일, 맑았다.

아침 후에 칠송정(七松亭)에 갔다. 남석(南石) 어른에게 인사를 하였다. 한 자제가 모시고 반나절을 앉아서 가르침을 받들었다. 저녁때가 되어서 집으로 돌아왔다. 하룻밤을 지냈는데 일 년을 지낸 것과 다름이 없었다. 엷게 어둠이 깔리는데 중량(仲亮) 형이 들어와 함께 화조회(火曹會)에서 묵었다.

임자년(壬子年 : 1792, 정조 16) 동짓달(至月)

(피병으로 오봉촌(五峯村) 시절의 일록(日錄)이다.)

초1일, 맑았다.

온정 어린 이웃에 질환이 번지는 기세가 세차다. 나는 내 일신에 근심뿐만 아니라 아내의 해산 시기가 한 달 앞으로 박두했다. 또 한진(漢鎭)이 타향으로 공부하러 떠나기로 하였는데, 전적으로 나에 대한 믿음이었다.

이에 나는 편안히 살 수가 없었다. 아침 후에 집을 단속하고 오봉(五峯)에 얻어 둔 초막(草幕)으로 거처를 옮겼다. 한진(漢鎭)·윤옥(潤玉) 형제·혁(赫) 등이 따라왔다. 중량(仲亮) 형도 역시 왔다. 소나무를 꽂아서 부엌을 만들었다. 그동안의 경과는 무척 힘들고 어려운 것 같았으나, 심신(心神)은 조용하고 편안하였다. 이제 전날 같은 위험은 없을 것이라 생각하면서 근심을 잊기로 하였다.

초2일, 바람이 불었다.

하루 종일 무척 추웠다. 밤에는 능곡댁(陵谷宅)에 가서 상주를 만났다. 중량(仲亮) 형이 다시 찾아왔다.

초3일, 혹한이었다.

오늘은 능곡댁(陵谷宅)의 소상이다. 새벽에 가서 제사에 참석하였다. 낮에 남석(南石) 어른이 찾아왔다. 나는 전체(篆體)를 베꼈다.

초4일, 또 바람이 불고 추웠다.

전체(篆體)를 베꼈다.

초5일, 또 바람이 불고 추웠다.

『시전(詩傳)』을 읽었다. 행원(行源)이 집에서 한 냥 가격의 곡식을 가져왔다.

초6일, 대풍으로 매우 추웠다.

『시전(詩傳)』을 읽었다.

초7일, 또 추웠다.

지난밤에 대호(大虎)가 개를 쫓아 문 앞에 이르렀다. 눈 위에 비친 달빛이 었기에 분명히 보았다.

초8일, 또 무척 추웠다.

오늘은 남지(南至)[140] 날이다. 이웃집에서 팥죽을 보냈다. 유하(柳下) 시에 이르기를,

煮粥四隣猶舊俗 자죽사린유구속	죽을 쑤어 이웃에 나누니 여전한 옛 풍속이요,
閉門方寸忽惷正 폐문방촌홀준정	문 닫힌 좁은 땅은 갑자기 부산하게 바로잡히네.

라고 하였다. 권회언(權會彦)이 내방하였다.

초9일, 또 추웠다.

나는 감기 든 채로 여러 차례 찬바람을 접촉하여 종일토록 자리에 누워 있었다. 밤에는 강릉 집의 형이 찾아왔으나 인사불성이었다.

초10일, 지난밤에 눈이 왔는데 겨우 발꿈치가 잠길 정도였다.

아침부터 큰 바람이 불기 시작했다. 천지를 뒤흔들어 지척을 분간하지 못했다. 나는 문을 닫고 이불을 끌어안고 있었다. 중량(仲亮) 형이 종 자봉(自奉)을 데리고 바람을 맞으면서 왔다. 거의 기절할 지경에 이르렀다가 정신을 차리고 밤에 유숙하였다. 밤중에 바람이 그쳤는데, 들어보니 계촌(桂村)에는 질병의 기세가 날로 더욱 번져 나가는데도 그 두려움을 깨우치지 못하고

140) 동지(冬至).

있다고 하였다.

11일, 또 추웠다.

밤에 추위는 이번 겨울에 최고였다. 중량(仲亮)이 돌아갔다. 혼실(渾室) 즉 온 집안이 피해 온다는 약속이 있었는데, 오후에 바람과 눈이 섞이어 내렸으므로 오지 못했다.

12일, 눈이 오다 맑았으나 오히려 추웠다.

오후에 중량(仲亮)이 집안 식구들을 데리고 왔다. 계촌(桂村)에 질병의 기세가 점점 번졌기 때문이었다. 시재(時哉)는 장차 처를 감호(鑑湖)로 보내려고 했다. 나는 심했던 병이 조금 덜해졌다. 밤에 『시전(詩傳)』을 읽었다. 행원(行源)이 술병을 보냈다.

듣건대, 미수(眉叟)는 초5일에 서거했다고 한다. 모자가 같이 서거했다. 다시 후사를 잇지 못하게 되었으니 참혹하기가 말할 수 없었다.

13일, 맑았다.

양촌(陽村)의 한 교생(校生)이 동상례(東床禮)를 차렸다. 제익(諸益)과 함께 가서 술을 반 정도 마셨는데, 계집종이 와서 급하게 중량(仲亮) 형을 불렀다. 나와 함께 올라와 보니 젖먹이 애기가 갑자기 풍단(風丹)[141]을 일으켰다. 매우 급하게 출발해 가서 처치했다. 어지럽게 도끼질을 한 후 인분(人糞)을 잡당하여 오래된 개오동나무에 발랐다. 듣건대, 우황(牛黃)을 복용하면 가장 좋다고 하나 구하지 못했다.

14일, 맑았다.

---

141) 떨면서 붉은 점이 생기는 증세라고 보여진다.

아이의 병이 낫지 않았다. 나는 『시전(詩傳)』을 읽었다. 듣건대, 시재(時哉)의 실인(室人)[142]이 어제 자시(子時)[143]에 해포(解胞)[144]하여 득남하였다고 한다.

15일, 맑았다.
자봉(自奉)이 와서 검은색 개의 가죽을 베껴서 풍단(風丹)에 붙였다. 처치했으나 오히려 차도가 없이 점점 심했다. 권회언(權會彦)이 내방하여 전하기를, 생 메밀과 쌀을 떡으로 빚어서 붙여 주는 것이 가장 좋다고 하였다.

16일, 맑았다.
시재(時哉)가 감호(鑑湖)로부터 와서 용뇌수(龍腦水)를 풍단(風丹)에 검게 발랐다. 나는 『시전(詩傳)』을 읽었다.

17일, 맑았다.
시재(時哉)가 계촌(桂村)에 갔다. 나는 양양댁(襄陽宅)에 감사하는 편지를 썼다. 또 공기(公期)에 편지를 보냈다. 나는 객지에서 객으로 지내면서 조금도 아름다운 것이 없다. 3율(律) 1절(絶)을 읊어서 공기(公期)에게 보였다.

寓地新修屋 우지신수옥	객지에서 새로이 집을 마련하고,
踈簷未掩茅 소첨미엄모	성긴 처마 띠를 엎지는 않았네,
處窮宜我兮	궁색한 처지 내게 마땅하지만,

142) 자기 부인.
143) 밤 11시에서 새벽 1시 사이.
144) 태를 풀다.

처궁의아혜

賙急賴親交 진휼이 급하여 친교에 힘입었네.

주급뢰친교

瘦鶴寒無睡 파리한 학이 추워 잠 못 이루고,

수학한무수

高禽陋不巢 높이 나는 날짐승 누추해 집을 못 이루네,

고금누불소

箄瓢猶有樂 대바구니 표주박은 오히려 즐거우나,

비표유유락

高枕俗慮抛 높은 베개 풍속 포기할까 염려되네.

고침속여포

客中還作客 객지에서 다시 객이 되어,

객중환작객

矮屋未安人 작은 집이 사람을 미안하게 하고,

왜옥미안인

故舊問寒暖 친구에게 한난을 묻노니,

고구문한난

隣閭憐窶貧 이웃집 가난이 가련하네.

인여련구빈

蠖伸知有日 진사가 몸을 펼쳐 해 있음을 알리고,

확신지유일

龍蟄以存身 지렁이 땅을 파 몸을 보존하네,

용점이존신

親戚猶情話 친척보다 오히려 정겨운 얘기,

친척유정화

羈懷賴不新 객지에서 회포 새롭지 않음에 힘입노니.
기회뢰불신

菁葅粟糲味還嘉 푸짐한 채소에 오곡 맛을 다시 즐기나,
청저속려미환가
惱客鄕心日漸加 괴로운 객 향심은 날로 점점 더하는가!
뇌객향심일점가
寂寞村深君有病 적막한 촌이 깊은데 그대는 병이 있고,
적막촌심군유병
裵佪歲暮我無家 세밑에 배회하는 나는 집이 없네.
배회세모아무가
文章自是同窮阨 문장은 본래부터 함께 궁액하나,
문장자시동궁액
情誼何曾異近遐 정의는 일찍부터 멀고 가까움이 다른가!
정의하증이근하
喫盡艱難心益固 식량 다하여 어려운데 마음 더욱 굳어지고,
끽진간난심익고
祗將詩句對燈花 시 구절을 짓고자 등화를 마주하네.
지장시구대등화

家家農說竟朝曛 집집마다 농설은 하루 종일 이어지고,
가가농설경조훈
客到吟詩恠底聞 객은 시를 읊는데 밑 소문이 괴이하네,
객도음시괴저문
賴有主人知我意 내 뜻을 아는 주인이 있음에 의지하여,
뇌유주인지아의

吹燈夜夜讀韓文　　소등하고 밤마다 한유의 문장 읽고 있네.
취등야야독한문[145)]

저녁 후에 양촌(陽村) 재종댁(再從宅)에 가서 묵었다.

18일, 맑았다.

제사에 참석하고 술을 하였다. 피곤하여 낮에 잠을 잤다. 중량(仲亮) 형이 시재(時哉)와 함께 왔다. 저녁 후에 나는 올라왔다. 이날은 양양댁(襄陽宅)의 소상이었다. 이웃에 질병이 있어 참석하지 못하였다.

19일,

나는 몽천(蒙泉)에 머물 때 부(賦) 한 수를 얻었으나 어디에 두었는지를 잊어서 추억하면서 기록해 보았다.

幾夜論心素　　몇 밤을 심소를 논하여도,
기야논심소
孤燈拭眼靑　　외로운 등은 푸른 눈을 닦고,
고등식안청
故人同病鶴　　옛 지기 병든 학과 같아도,
고인동병학
消息似稀星　　소식은 숨은 별과 같구나.
소식사희성
天地多行客　　천지에 떠도는 객 많아도,
천지다행객

---

145) 한문(韓文)은 한유(韓愈)의 문장이라는 의미일 것이다.

湖山有小庭	호산은 작은 뜰을 가졌고,
호산유소정	
探眞兼避病	진리를 탐구에 피병을 겸했어도,
탐진겸피병	
臨渚弄浮萍	물가에 임해 부평초 희롱하네.
임저롱부평	

아이의 풍단(風丹)에 작은 차도가 있다고 한다. 중량(仲亮) 형이 읍내에 갔다가 한 바퀴 돌아서 왔다. 양촌(陽村) 교생(校生)이 또 동상례(東床禮)를 열었다. 나는 제익(諸益)과 함께 가서 참석하고 저녁에 돌아왔다.

20일,

지난밤부터 대설이 내렸는데, 종일 그치지 않았다. 거의 목척(木尺)으로 2자(尺)는 되었다.

21일, 맑았다.

오후에 자정(子靜) 형이 눈을 뚫고 내방하여, 공기(公期)의 감사 편지와 차운한 시 4수를 보여 주었다. 듣건대 공기(公期)의 단비(單婢)[146]가 죽었고, 아직도 여전히 고통이 이어지고 있다고 하였다. 자정(子靜) 형이 유숙하면서 편안히 얘기 나누었다. 객지에서 함께하는 즐거움으로 회포를 위로받을 수 있었다.

22일, 맑았다.

재종댁(再從宅)에서 관대계회(冠帶契會)[147]를 차렸다. 자정(子靜)·중량(仲

146) 단 한 사람의 여자종.
147) 혼인 예복을 마련하여 운영하였던 혼인계라고 이해된다.

亮)과 함께 가보니 계월(桂月)·월촌(越村)에 정(鄭) 어른 두 사람도 와 있었다. 술과 안주가 매우 풍성하였다. 석양에 술이 취해서 객중(客中) 즉 거처로 돌아왔다. 온갖 근심으로 취기가 거세게 일었다. 술자리에서는 근심 걱정을 잊었었는데, 돌아오니 근심 걱정이 첨가되어 즐겼던 것들이 다 사라졌다.

술을 마시면 즉 근심 걱정을 즐기게 되고, 술을 마시면 즉 그 만난 자들을 걱정하게 되나니, 각기 다른 까닭인 것 같다.

23일, 맑았다.

오늘은 행원댁(行源宅) 기일이라 제사 음식을 먹었다. 또한 행원(行源) 종씨댁(從氏宅)[148]의 대상이기도 하다. 오후에 상인(喪人)을 만나고 왔다.

자정(子靜) 형이 세금을 갚았다. 이 고을 수령의 둘째 아들이 모산(茅山) 최선지댁(崔善之宅)에 장가들게 되어 금명간에 출발해 나간다고 한다. 또 민등댁(民登宅) 혁주(赫主)가 내일 읍내에 간다고 한다. 이에 밤을 새워 본댁(本宅)에 보낼 편지를 써서 부탁해 보냈다.

밤에 안개가 들을 덮었다. 다음 날 아침에 보니 나무에 서리로 응결하여 모든 나무에 하얀 이삭이 완연하였다. 두터운 눈과 같았다.

24일, 맑았다.

『시전(詩傳)』을 읽었다.

25일, 맑았다.

집을 방제하고 치성을 드렸다. 그리고 술을 마셨다.

26일, 흐렸다.

---

148) 사촌 댁.

밤에 눈이 왔다.

27일, 눈이 목척(木尺)에 이르고 있다.

엄후득(嚴後得)의 귀주(魁酒)를 마셨다.

28일, 맑았다.

시를 읽었다. 이웃집에서 땔감을 보내왔다.

29일, 맑았는데, 추웠다.

중량(仲亮) 형이 박수촌(泊水村)에 갔다. 광일가(光一家)에서 제삿술을 보냈다.

임자년(壬子年 : 1792, 정조 16) 12월(十二月)

초1일, 바람이 불고 추웠다.

시를 읽었다. 공부하는 동료들이 차츰 모여들었다. 계촌(桂村) 아이로 최재훈(崔再熏)·윤옥(胤玉)·철옥(喆玉)·혁(赫) 등 네 명이고, 오봉(五峯)의 아이로 최흥종(崔興宗)·광일(光一)·양동(陽東)·증만(增萬)·한진(漢鎭) 등으로 모두 아홉 명이다. 여기에 더하여 행원(行源)이 가르쳤던 장후혁(張後赫)·엄후득(嚴後得) 등 2명이 있었다.

방 하나로는 매우 좁아서 수용하기 어려웠다. 광일가(光一家)에서 땔감 한 둥치를 보내왔다. 밤에 독서는 닭이 홰칠 때까지 하였다.

초2일, 맑고 추웠다.

상한(常漢)의 후손인 읍씨가(邑氏家)에서 땔감 한 둥치를 얻었다. 밤에 독서는 닭이 홰칠 때까지 하였다.

나는 칠송정(七松亭)에 가고자 하였으나 눈길이 편하지 않아 중지하였다.

권회언(權會彦)이 내방하여 밤에 주인댁(主人宅)에서 식사하였다.

초3일, 약간 흐렸다.

오늘은 주댁(主宅) 기일이다. 종일 마시고 먹었다. 중량(仲亮) 형이 박수촌(泊水村)에서 왔다. 심천댁(深川宅) 최(崔) 어른이 상을 당해 어제 상여가 나갔다고 한다. 또 장(張) 생원 모친이 세상을 떠났다고 한다. 계촌(桂村)은 전후하여 서거하신 분들이 무릇 일곱 사람이라고 말을 듣고 송구한 마음 이길 수가 없었다.

행원(行源)이 땔감 한 둥치를 주었다. 밤에 독서는 닭이 홰칠 때까지 하였다.

초4일, 조금 따뜻했다.

중량(仲亮) 형이 나무꾼들에게 요청하여 시목(柴木)을 두세 아름을 얻었다. 밤에는 광일가(光一家)에서 식사했다. 나는 목소리가 잠기어 읽을 수 없었다. 밤에는 닭이 홰칠 때까지 전체(篆體)를 베꼈다.

내 집사람의 해산(解産)이 점점 다가왔다. 나는 직접 가서 증세를 살폈다.

초5일, 맑았다.

오늘은 기사일(己巳日)이다. 병인(丙寅)년에 집사람이 남자 아이를 생산하고 32살에 비로소 남자를 얻었다. 비록 특별한 경사지만, 객지에서 진실로 상황이 어려워 매우 가련하다고 생각하였다.

행원댁(行源宅)에서 된장 한 그릇을 보냈다. 나는 흥종가(興宗家)에서 아침을 먹었는데, 그 집 기일이었다. 또 된장을 보냈다.

낮에 광일가(光一家)에서 마셨는데, 그 집 역시 저녁밥을 먹었다. 엄후득가(嚴後得家)에서 아이를 보내 담가 절인 채소와 된장을 보내왔다. 밤에는 피곤하여 일과를 마쳤다.

초6일, 맑았다.

행원(行源)과 중량(仲亮) 형이 읍에 갔다. 회양가(淮陽家)에서 술을 보내왔다. 전체(篆體)를 베꼈다. 새벽에 일어나 아이들을 가르쳤다.

초7일, 새벽부터 눈이 왔다.

눈이 3자(尺)를 넘게 왔다. 행원(行源)과 중량(仲亮) 형이 모두 올라왔다. 밤에 독서는 새벽까지 하였다.

초8일, 맑았다.

양촌(陽村) 종씨(從氏)가 내방하였다. 광일가(光一家)에서 시목(柴木) 한 동치를 얻었다. 밤에 독서는 새벽까지 하였다.

나는 움푹 패인 길바닥의 물이 소지되는 줄도 모르고 세밑이라는 주제로 글을 짓고 아울러 서문을 달았다.

"옛 사람들은 반드시 세밑에는 탄식이 늘었다고 하니 무슨 일인가! 연말은 아주 막히는 것이니, 지난해에 드리워진 모든 것을 보려고 할 때, 갖가지 소동 속에서 근심거리를 찾으려 할 때, 순서는 시간 속에 머물지 않는다. 비록 맛있는 술을 대하여도 총명하고 어진 친구는 오히려 병을 치면서 탄식하는데 하물며 나는 본래 객이 아니던가! 타향에 도망하여 피하였고, 또 이때를 만났으니 그 처량한 회포가 옛 사람에 비하여 어찌 같다고 하겠는가!

이미 맛있는 술은 부족하고 또 어진 친구가 많은 즉 회포를 위로하는 방법으로 문자가 없겠는가! 예전과 같이 운율을 좇아서 부율(賦律)의 머리 구절을 운자(韻字)에 활용하였다.

僑舍如舟短岸東　　쪽배 같은 거처 조그만 언덕에 동향인데,

교사여주단안동

愶寒深縮似衰翁　　추위에 떨려 깊이 웅크려 치렁한 늙은이 같구나,

겁한심축사배옹

樵途雪擁炊常暮　　초도에 눈 내리니 저녁은 항상 저물고,

초도설옹취상모

糴政催民歲不豊　　세정에 백성을 재촉하나 올해도 풍성하지 못하네.

적정최민세불풍

簷隙本疎偏漏月　　처마 간극 본시 성글어 한쪽에는 달빛이 새고,

첨극본소편루월

土弦雖陋貴無風　　집은 비록 누추하나 무풍이 귀하다네,

토횡수누귀무풍

啾啾過者皆驚恠　　웅성이며 지나는 자 모두 괴이함에 놀라는데,

추추과자개경괴

惟識閑人臥此中　　유식하고 한가한 사람 이 중에 누웠다네.

유식한인와차중

초9일, 맑았다.

흥종가(興宗家)에서 시목(柴木) 한 짐을 실어 보냈다. 나와 중량(仲亮) 형은 남석(南石) 어른을 방문하였다. 부서산방(釜書山房)은 조용하고 적막하여 아낄 만했다. 종일 모시면서 마주하여 얘기를 나누었다. 저녁에 돌아오는 길에 홍원가(弘源家)에서 마셨다.

밤에는 독서를 새벽까지 하였다. 또 부(賦)로 세모시(歲暮詩) 한 수를 지었다.

三旬坯戶坐深冬　　삼순의 언덕 집 한겨울에 앉아,

삼순배호좌심동

客裏寬懷賴五峯	객지에 휩쓰는 회포 오봉에 힘입었네,
객리관회뢰오봉	
廢野濕卑全沒草	황야 가라앉은 습기에 모든 잡초 쓰러졌고,
폐야습비전몰초	
孤村疎冷不藏松	외딴 마을 우활한 냉기에 소나무 저장치 못했네,
고촌소냉불장송	
寒天漸驗陽生理	추운 하늘 점차 겪으니 사는 이치 밝아지고,
한천점험양생리	
老木偏多歲暵容	노목이 한쪽으로 쏠리니 세월에 어두운 모습이네,
노목편다세막용	
欲把吟哦消日月	좋은 시 잡고자 하여 세월을 소진하니,
욕파음아소일월	
千詩何羨萬家封	일천 시가 어찌 많아 만가가 문 닫았네.
천시하이만가봉	

초10일, 맑았다.

중량(仲亮)이 계촌(桂村) 홍원가(弘源家)에 가서 술을 가지고 왔는데, 소상이었던 까닭이다. 이웃에서 또 술을 보냈다. 또 세모(歲暮)로 부시(賦詩)를 지었다.

迢迢家信隔南江	멀고 먼 편지 남강을 사이에 두고,
초초가신격남강	
欲渡徘徊水滿矼	건너고자 배회하니 물에는 징검돌이 가득하네,
욕도배회수만강	
積雪繞廚難種火	눈이 쌓여 부엌을 들렀으니 불씨 살리기 어렵고,
적설요주난종화	
群兒盈室不完窓	아이들이 방에 가득한데 굴뚝이 온전치 않네,

군아영실부완창

松心苦保夙霜世	송심 지키기 괴로워 일찍 서리가 세상을 덮었는데,
송심고보숙상세	
梅信誰傳朧酒缸	매곡 편지 누가 전해 술 단지를 흐리는가?
매신수전롱주항	
歉歲未窮高士志	흉년에 궁색하지 않으니 선비의 뜻이 높고,
겸세미궁고사지	
挑燈信寫筆如杠	등잔 신지 돋워 편지 베끼니 붓이 깃대 같구나.
도등신사필여강	

11일, 맑았다.

김이숙(金彝叔)이 강릉으로부터 내방하였다. 간략히 온 고을의 소식을 전했으나 오히려 집안 소식을 알 수 없었다. 번민이 무성하여 집에 보낼 편지와 여온(汝溫)에게 보낼 편지를 부탁하였다.

인한(隣漢)이 새신주(賽神酒)를 내놓았다. 밤에 새벽까지 앉아 있었다. 어제 양촌(陽村)의 크고 작은 집들이 백미(白米) 일곱 되(升)를 보냈다. 또 세모(歲暮)로 부시(賦詩)를 지었다.

稜稜詩骨病難支	서슬 푸른 굳센 시 병으로 지탱하기 어려운데,
능능시골병난지	
澹對千林雪白時	담담히 온갖 숲을 대하여 흰 눈이 내릴 때,
담대천림설백시	
山暮宿雲尋古洞	산 저물어 묵어가는 구름은 옛 마을 찾아들고,
산모숙운심고동	
野寒眠鳥擇深枝	찬 들녘에 잠든 새는 깊은 가지 찾았네,
야한면조택심지	

岩阿固守淸貧志 암아고수청빈지	바위 언덕 튼실하게 지키는 청빈한 뜻,
天地孤吟慷慨詩 천지고음강개시	천지 외로이 읊는 울분에 찬 시,
腹裡千篇何所用 복리천편하소용	뱃속에 천편이 무슨 소용이요만은,
謾將通史敎隣兒 만장통사교인아	만장 같은 통사 이웃 아이에게 가르치네.

12일, 맑았다.

저녁은 능곡댁(陵谷宅)에서 하였다. 밤에 독서는 새벽닭이 홰칠 때까지 하였다.

13일, 맑았다.

밤에 독서는 새벽닭이 홰칠 때까지 하였다. 어제 아이를 보내 한 냥 치의 곡식을 후득가(後得家)에서 사들였다.

14일, 눈이 어지럽게 왔다.

후득(後得)이 제사 음식을 얻어 가지고 왔는데, 술과 떡이 매우 풍성하였다. 이웃 이회(里會)에서 마셨다. 밤에 취해서 잠들었다. 광일가(光一家)에서 시목(柴木) 한 묶음을 보냈다.

15일, 맑았다.

여온(汝溫)의 편지가 읍으로부터 곧바로 왔다. 비록 내 집 편지는 보지 못했지만, 상세하게 살펴서 알려 주었기에 객지에서의 회포가 조금은 가라앉았다.

여러 날 전에 능곡댁(陵谷宅)에 시목(柴木) 한 짐을 실어 보냈었는데, 다 떨어질 즈음에 양촌댁(陽村宅)에서 한 짐을 실어 보냈다. 저녁에 민등댁(民登宅)에서 마셨다.

16일, 맑았다.

오늘은 윤옥(允玉) 조모의 기일인데, 피접해 나갔으므로 민등댁(民登宅)에서 설행하였다. 나는 아침에 남은 술을 마셨다. 오후에 중량(仲亮) 형과 양촌(陽村)에 갔다. 취해서 얘기하다가 유숙하였다.

17일, 눈이 왔다.

양촌(陽村)에서 연사(練祀)[149]에 참석하였다. 아침 후에 올라왔다. 식량과 땔감이 모두 텅 비었다. 더욱이 여러 차례 눈을 만나 걱정을 재량하기 어려웠다. 행원(行源)이 땔감 세 아름을 보냈다. 광일가(光一家)에 가서 제사 음식과 남은 술을 마셨다. 밤에 취해서 잤다.

18일, 맑았다가 대풍과 눈보라가 몰아쳤다.

엄동설한이라지만 추위가 매서웠다. 광일가(光一家)에서 대여로 쌀 한 말(斗)을 보냈다. 밤에 독서하다가 새벽에 이르렀다. 아침은 행원가(行源家)에서 하고, 저녁은 광일가(光一家)에서 하였다.

19일, 맑았다.

바람의 위세가 여전히 매서웠다. 중량(仲亮) 형이 계촌(桂村)에 갔다. 나는 전서체(篆書體)를 썼다. 밤에는 기름이 짧아 닭이 울 때까지 가지 못하였다.

149) 소상과 대상을 가리킴.

20일, 맑았고, 조금 따뜻했다.

행원가(行源家)에서 아침을 먹었고, 저녁도 먹었다. 듣건대, 이 고을 수령이 과전(課殿)[150]에서 중(中)을 얻었다고 한다.

21일, 흐리고 추웠다. 또 바람이 불었다.

광일가(光一家)에서 시목(柴木) 한 아름을 보냈다. 행원가(行源家)에서 아침을 먹었다. 또 쌀 두 되(升)를 보냈다. 저녁을 먹고 땔감 한 짐을 보냈다.

아침에 무지개가 서쪽에서 보였는데, 괴이하다고 할 만했다. 중량(仲亮) 형의 가족들은 계월(桂月) 월촌(越村)의 민등댁(民登宅)으로 갔다. 혁(赫)이 장의(掌議)[151]를 주관하고자 어제 읍에 갔다가 지금 돌아왔다.

22일, 맑았다.

행원댁(行源宅)에서 아침을 먹었다. 또 술이 있었다. 행원(行源)이 다른 마을에서 입춘(立春)을 지내고자 하였다.

오후에 하촌(下村)에 갔는데, 여온(汝溫)의 남자 종 귀엽(貴曄)이 도착했다.

23일, 맑았다.

편지를 가지고 들어왔다. 전적으로 돈을 받으려는 일이었다. 겸해서 본댁(本宅) 및 온 마을 소식을 들으니, 객지의 회포가 깨끗하게 해소되었다.

나는 집에서 학동들을 받았었는데, 최만수(崔萬秀)는 교실에 나온 지 오래되지 않아 돌아갔는데 곧 죽어 참혹하기가 말할 수 없었고, 김중군(金中軍) 역시 세상을 버렸다고 한다.

이날은 입춘(立春)이다. 중량(仲亮)이 급하게 와서 전하기를 최(崔) 어른 네 성씨(成氏)가 아침 후에 별세하였다고 한다. 그 사람은 바탕이 확실하고 의롭

---

150) 과전은 "考課殿最"의 줄임말. 즉 벼슬아치의 근무성적을 매기는 것.

151) 향교의 장의들의 회의를 가리키는 것으로 이해됨.

게 진휼하여 동류에서는 빛이 나는 사람이었는데, 하루아침에 이 지경에 이르니 가히 마을에 사는 사람이 없다고 할 것이다. 마음이 춥고 몸이 단단해져 겨를도 없이 애통해졌다고 한다.

저녁때가 되어서 상주 정자안(鄭子安) 댁을 방문하였다. 주인은 운전(雲田)에 가서 오지 않았다.

듣건대, 이 고을 수령이 과전(課展)뿐만 아니라 고가(考價)에서 연속으로 중(中)을 맞았으므로 서울로부터 파직되었으며, 신임 수령 정동보(鄭東保)가 금성(金城)으로부터 이곳으로 이직되었다고 한다.

중량(仲亮) 형의 가족들은 월촌(越村)에서 밤에 이웃 사람들과 함께 자는 것을 중지하였다. 시재(時哉) 역시 감호(鑑湖)로부터 와서 묵었다.

행원(行源) 작은댁에서 쌀 한 말(斗)을 대여하였다.

24일,

초상을 치르는 장소에 대한 편지를 보냈다. 곧바로 후득가(後得家)에 가서 잠시 마시고 곧바로 집에 돌아오니 행원(行源)이 먼저 와 있었다. 행원(行源)이 다시 하촌(下村)에 가서 전(錢) 닷 냥을 빌려가지고 왔다. 또 민등댁(民登宅)에서 한 냥을 구했다. 본댁(本宅)과 여온(汝溫)에게 각각 편지를 썼다.

저녁나절부터 눈이 조금씩 내렸으므로 귀엽(貴曄)이 출발하여 여정에 오를 수 없었다. 밤에 눈이 그쳤다. 어제 양촌(陽村) 작은댁에서 쌀 닷 되(升)를 보냈다.

25일, 쾌청했다.

전(錢) 여섯 냥을 보냈다. 또 여비로 전(錢) 닷 전(戔)을 주었다. 또 본댁에 이 전(戔)을 보냈다. 전체(篆體)를 베꼈다. 저녁은 행원댁(行源宅)에서 하였는데, 또 시목(柴木) 한 아름을 보냈다. 흥종(興宗)이 좁쌀(粟米) 두 되(升)와 백미 세 되(升)를 가지고 왔다.

26일, 맑았다.

양촌(陽村) 종씨(從氏)가 와서 얘기를 나누었다. 오후에 중량(仲亮) 형이 넘어왔다. 나는 저녁을 행원댁(行源宅)에서 하였다. 흥종가(興宗家)에서 땔감 한 짐을 실어 보냈다. 뒤에 마을 사람들이 모여서 땔감 다섯 아람(束)을 보냈다.

27일, 맑았다가 밤에 눈이 왔다.

중량(仲亮)이 읍내에 나갔다. 나는 아침과 저녁을 행원댁(行源宅)에서 하였다. 윤옥(允玉) 형제가 숙소로 갔다.

28일, 맑았으나 바람이 불다가 늦게 그쳤다.

윤옥(允玉)이 소를 타고 왔다. 내가 거처를 옮긴 지 이미 만 두 달이 되었다. 계촌(桂村)은 여전히 질병을 떨쳐버리지 못하였다. 객지의 고통은 점점 심해 갔다. 파견한 생활을 스스로 감당하지 못하여 부득이 계촌 집에 돌아오기로 하였다. 광일가(光一家)에서 소를 빌렸다. 아침을 먹은 후 곧바로 집으로 돌아가기로 하였다.

나는 행원(行源)과 같은 평상에서 정과 사랑을 나누었는데 이제 헤어지려니 슬픔이 배가되었다. 양촌(陽村) 종씨(從氏)가 내가 집으로 돌아왔다는 소식을 듣고 소를 몰고 올라와 함께 가고자 하였다.

일은 엉망진창이었지만, 나는 곧바로 넘어갔다. 강릉으로부터 온 후로 비로소 공기(公期)와 만나게 되는 것이다. 기쁨의 눈물을 쏟으면서 생각할수록 한마당 가득 찬 행운이었다. 만사를 눈물로 감당하였다. 밤에는 공기(公期)와 더불어 자안댁(子安宅)에 가서 편안하게 얘기하다 유숙하였다.

29일, 맑았다.

아침은 계손가(繼孫家)에서 하였다. 오후에 처소로 돌아왔다.

30일, 맑았다.

오늘 저녁은 어떤 저녁인가! 한 해가 다했다고들 한다. 비록 한가히 살면서 걱정이 없는 사람도 매번 오늘 저녁이 되면 스스로 많은 감개 즉 감동이나 느낌을 갖게 된다. 하물며 나는 타향에서 홀로 지내면서 피접을 하고 있지 않은가! 온 천지가 고당에 문후하고 보살피는데, 수개월 동안 문후를 여쭙지 못하고 홀로 밤에 외로운 등을 밝히는 심사가 어떠하겠는가!

이웃 막걸리에 취기를 빌려 강하게 웃으면서 말하니, 이것은 이른바 걱정이 극적으로 즐거움으로 반전된 것이라고 하겠다.

옛 사람들은 한 해를 애석해 했다고 한다. 그러나 내가 애석해 하지 않는 것은 지난해의 재앙 때문일 것이다. 오직 신년에는 많은 기쁨이 내리기를 바랄 뿐이다.

계축년(癸丑年 : 1793, 정조 17) 원월(元月) 을미삭(乙未朔)

초1일, 청정하여 바람도 없다.

일기는 조용하고 편안하다. 밤에는 바람이 조금 있었다.

지난가을에 곡식이 여물지 못하여 조(租) 일곱 말(斗)의 가격이 백동(百銅)이나 되었다. 그러나 마을에는 먹고 사는 게 궁색한 사람은 별로 없다. 다만 온 사방이 때에 따라 나타나는 유행병으로 하나같이 온전하지 못하였다. 내가 살고 있는 계촌(桂村)은 아직 계속되는 질병은 없지만, 새해를 맞이하여 마음들은 온통 즐겁고 아름다움을 잃었고, 괴로움이 새해를 어루만지고 있는 형편으로 스스로들 가련해 하니 어찌하겠는가!

아침 후에 월촌(越村) 중량(仲亮) 형 집에 갔다. 이어서 여러 집을 두루 방문하였다.

초2일, 맑았다.

나는 집에 머물렀다.

초3일, 맑았다.

중량(仲亮) 형이 가족들을 데리고 피접처로부터 댁으로 들어갔다. 나는 낮에 오봉(五峯)에 가서 여러 집을 두루 방문하였다. 이어서 양촌(陽村)에 가서 유숙하였다. 혁(赫)은 넘어갔다.

초4일, 맑았다.

행원(行源)네 소를 빌려 타고 광일(光一)을 데리고 칠송(七松)에 도착하여 남석(南石) 어른에게 세배하였다. 돌아오는 길에 운경(雲卿)을 방문하고 석양 무렵에 왔다.

초5일, 맑았다.

집에 머물렀다.

초6일, 맑았다.

추위를 무릅쓰고 시재(時哉)가 감호(鑑湖)로부터 집으로 돌아왔다. 자봉(自奉)이 아침 먹은 후부터 통증이 와서 누웠다. 자안(自安)이 또 아파했다. 삼동에 피접해 나갔다가 집으로 돌아왔으니 속수무책이었다. 이 큰 병을 당하여 위급하고 두려움을 어찌 감당하겠는가!

비록 다시 피접하고자 하여도 온 사방이 두루 엮여 있으니 장차 어이할 것인가?

초7일, 맑았다.

중량(仲亮) 형이 감호(鑑湖)에 갔다. 나는 집에서 책(策)[152]을 베꼈다.

152) 과거의 문제, 또는 그 답안.

초8일, 맑았다.

나와 내심(乃心), 그리고 시재(時哉)는 오봉(五峯)에 갔다. 저녁은 행원댁(行源宅)에서 하였다. 밤에는 상주 최춘백(崔春伯)과 함께 묵었다. 오늘은 우수(雨水)이다.

초9일, 맑았다.

오늘은 육촌 사원(士元)의 소상이다. 제사에 참석한 후 칠송(七松)에 갔다. 언명(彦明)의 삼형제가 모두 감호(鑑湖)에 머물렀다. 애자(哀子) 최(崔) 역시 도착하여 함께 숙박하였다.

초10일, 맑았다.

아침 후에 운경(雲卿)을 방문하였다. 오후에 집으로 돌아왔다. 자봉(自奉)이 갑자기 땀을 내었고, 자안(自安)은 모름지기 사경을 헤매고 있었다. 애자(哀子) 최춘백(崔春伯)이 와서 밤에 함께 묵었다. 이날은 (임기를 마친) 옛 수령이 떠나는 날이다.

11일, 맑았다가 낮에 조금 흐렸다.

나는 신계사(新溪寺)에 가고자 하였으나 동행이 없어 중지하고, 양양댁(襄陽宅)에서 마셨다. 밤에 공기(公期)와 더불어 숙박하였다.

12일, 맑았다.

또 절(寺)에 가는 것을 생각하다가 날이 추워서 실행하지 못하였다. 양양댁(襄陽宅)에서 마셨다. 밤에 공기(公期)와 더불어 숙박하였다.

13일, 맑았다.

자정(子靜) 형의 부친의 기일이다. 듣건대, 신계사(新溪寺) 승도들이 모두 통증이 있다고 하였다. 이로써 여정을 중지하고 공기댁(公期宅)에서 밤에 술을 마시고 묵었다.

14일, 맑았다.
공기(公期)와 더불어 마셨다.

15일, 오전에 청명하였다.
오후부터 구름이 음산하게 끼었다. 저녁때 눈이 질풍같이 내렸다. 달이 뜰 무렵에 눈이 그쳤다. 구름이 엷어서 희미하나마 월색(月色)을 보았다. 잠시 지나서 천기가 청명하였고, 달빛이 희어서 낮과 같았다. 아이들에게 부(賦)를 짓게 하였다.

16일, 맑았다.
강정댁(江亭宅) 부인의 상여가 나갔다. 두 달 사이에 부처(夫妻)가 모두 돌아가시니 참혹하기 그지없었다.

17일, 맑았다.
내댁(內宅)에서 마셨다.

18일, 맑았다.
내댁(內宅)에서 푸닥거리(賽神)를 하였다.

19일, 맑았다.
상주 정자안(鄭子安)이 내방하여 내댁(內宅)에서 마셨다.

20일, 약간의 눈이 왔다.

또 마셨다.

21일, 맑았다.

강릉 봉평가(蓬坪家)에서 양양댁(襄陽宅)에 왔다. 간략하게나마 집과 고향 소식을 들었다. 공기(公期)가 향교에 갔다가 저녁에 돌아왔다.

22일, 맑았다.

오늘은 의중(毅仲)의 소상이었는데, 감호(鑑湖)가 불안한 까닭으로 가서 참석하지 못하고 내댁(內宅)에서 간략히 과일과 술로 치제하였다.

23일, 맑았다.

종일 자정(子靜) 형의 병풍을 꾸몄다. 경칩(驚蟄)으로 2월의 명절이다.

24일, 맑았다.

또 병풍을 꾸몄다. 며칠 전에 광일(光一)이 그 집으로부터 멀리 와서 수학하였는데, 그 집 큰 어른이 오늘 방문해 왔다. 가히 그 향학의 정성을 칭찬할 만하였다.

뜻밖에 고성(高城)에 갔는데 뛰어난 아이[153]가 있었다. 젖먹이는 가벼운 병으로 종일 옹알거리며 아파했다.

25일, 맑았다.

아이는 앓고 있는데 낫지 않았다. 아침에 안개로 사방이 흐린 듯하였다.

26일, 맑았다.

153) 영형아(寧馨兒)는 뛰어난 아이.

조금 술을 빚었는데 잘 익었다고 알려 왔다. 종일토록 술을 마셨다. 노사언(盧士彦) 대인이 예상치도 못했는데 들어왔다. 그 연유를 갖추어 말씀하시기를, "해가 바뀌기 직전에 여온(汝溫)의 남자 종 귀엽(貴曄)이 이곳에 와서 전(錢) 여섯 냥을 받아 가지고 갔는데, 갈 때 강릉 장교(將校)와 더불어 민간에 못된 행실을 부리다가 그 돈은 간성 장교가 잃어버렸다고 하며, 빈 편지만 가지고 나와서 갔다고 하네. 이런 까닭으로 받아내고자 이문(移文)[154]을 가지고 들어왔는데, 간성 군수가 귀엽(貴曄)이 사칭했다고 죄를 씌워 엄중하게 다스린다고 하네. 이로서 죄수로 구금되게 되자 그 즉시 밤을 틈타 도주해 갔다네. 이러한 까닭에 추적해 찾아내고자 이곳에 왔네."라고 하였다.

예측할 수 없었던 일이라 걱정하던 끝에 친가의 소식을 자세히 들을 수 있어 다행스러웠다.

27일, 맑았다.

사언(士彦) 대인이 노정의 피로로 쉬었다. 중량(仲亮)이 읍내에 갔다가 곧 돌아왔다.

28일, 맑았다.

노(盧) 노인이 출발해 나가는데, 편지를 송부했다.

29일, 맑았다.

동책(東策)[155]을 베꼈다.

계축년(癸丑年 : 1793, 정조 17) 이월(二月) 갑자삭(甲子朔)

---

154) 동등한 관서 간에 주고받는 문서.

155) 왕의 책문(策問)에 대해 응시유생들이 답한 것을 모아둔 책.

초1일, 맑았다.

행원(行源)이 내방하였다. 시재(時哉)가 재(齋) 즉 글방에 들어왔다. 중량(仲亮)이 읍에 갔다.

초2일, 맑았다.

내심(乃心)이 글방에 들어왔다.

초3일, 맑았다.

오늘은 내댁(內宅) 기일이다.

초4일, 맑았다.

오늘은 석채일(釋采日)[156]이다. 행원(行源)은 대축(大祝)으로 육포(肉脯) 일조(條)를 보냈다. 옛날에 양축소(羊蹴蔬)라고 불렀던 것이 이것이다.

초5일, 맑았다.

석사(碩士) 권성만(權成萬)이 내일 상여가 나간다. 나는 사람들을 대신하여 만사(輓詞)를 지었다.

有意蓬萊山　　뜻있는 봉래산에서,
유의봉래산
汎汎來東土　　떠돌다 동녘 땅에 왔네,
범범래동토
璆琅豈專氣　　옥구슬이 어찌 기운을 펼치라마는,
구랑개전기

---

156) 향교 문묘에서 지내는 석전제(釋奠祭).

芝木徒荒莽　　지목이 한갓 거칠고 분주하네,
지목도황망
東諸誣神仙　　동녘의 화해에 신선을 깔보고,
동해무신선
金繩虛月戶　　금줄에 월문이 허허롭고,
금승허월호
或嵂爲邑望　　혹 가팔라서 읍에 망대 세우고,
혹률위읍망
或湊鍾人氣　　혹 모여서 사람의 기운으로 종을 치네.
혹주종인기
氣氣集君家　　활달한 기운 그대 집에 모이고,
기기집군가
自音多茂蔚　　본디 음성 모두가 무성하여 아름답고,
자음다무울
挺秀翃七松　　수작을 뽑아 칠송을 열었고,
정수혈칠송
亭滀啣雙碧　　정자를 지어 쌍벽을 머금었네,
정축함쌍벽
文星出洞天　　문성이 동천에 나서,
문성출동천
一部山川錄　　한 부분 산천에 기록하니,
일부산천록
昻昻刷鳳毛　　뜻이 높아 봉황 털 씻으니.
앙앙쇄봉모
雙翮軒八極　　두 개의 깃촉이 처마에 팔극을 이루었네.
쌍핵헌팔극

専氣衡山廖	기운이 펴져 산의 공허함을 바로잡고,
부기형산요	
神降峨嵋蘇	신이 내려 높은 산 소생시키었네,
신강아미소	
慷慨讀古書	강개하여 옛 서책 독서하여,
강개독고서	
僵仆曹劉徒	조유[157]무리를 쓸어 뒤집었네,
강부조유도	
馳情不局束	정을 베풀어 묶인 형국을 풀어서,
치정불국속	
泛駕同駿駒	거마를 띄우니 준구가 함께하고,
범가동준구	
抱玉泣三刖	옥을 잡고 세 가지 원망을 걱정하니,
포옥읍삼월	
軒緩皆浮雲	완만한 추녀에 모두가 부운일세.
헌완개부운	

而我攀墨觚	너와 내가 먹과 술잔 부여잡고,
이아반묵고	
灌灌頻追跟	물 흐르듯 자주 서로를 따랐네,
관관빈추근	
伐木靑山夕	벌목으로 청산이 저물면,
벌목청산석	
呼酭流水隣	술을 부르는 유수 같은 이웃일세,
호서유수인	

157) 조조와 유비.

世事多險釁	세상사는 험한 일이 많고 많으니,
세사다험흔	
謫愁攢白眉	귀양 시름에 백미를 부여잡았고,
적수비백미	
山空獨掩扉	텅 빈 산에 홀로 문짝 가리었고,
산공독엄비	
天長鴻鴈悲	긴 하늘에 기러기 떼 구슬펐다네.
천장홍안비	

君家天恩大	그대 집에 천은 성대하여,
군가천은대	
白首還鄉閭	백수에 고향에 돌아왔네,
백수환향려	
謂言教兒孫	성언을 일러 자손 가르치고,
위언교아손	
餘生樂有餘	여생은 즐기는 여유가 있네,
여생락유여	
人事如明月	인사는 명월과 같아서,
인사여명월	
易缺亦難盈	역결은 또한 채우기 어렵고,
역결역난영	
會合未日長	회합에 날이 길지 않으니,
회합미일장	
相從泉下程	서로 따르면 황천으로 여행하네.
상종천하정	

天倫到夜臺　　천륜이 묘지에 이르러,
천륜도야대
世世爲弟兄　　대대로 형제가 되고,
세세위제형
憶昨奔往時　　어제를 생각하며 분주히 갈 때는,
억작분왕시
事事多戱劇　　일일이 모두 희극일세,
사사다희극
日暮扣我扉　　날이 저물어 내 문 두드리니,
일모구아비
握手吐心曲　　악수하며 애틋한 마음 토로하고,
악수토심곡
人間悲道窮　　인간 세상 도가 궁색함을 슬퍼하나,
인간비도궁
大志猶脫畧　　큰 뜻은 오히려 경륜을 벗어나네.
대지유탈략

誰知二夜話　　누가 이틀 밤의 얘기를 알리오,
수지이야화
已作千古訣　　이미 천고의 비결이 된 것을,
이작천고결
幸復詩禮家　　다행히 시예와 집을 이룬다면,
행복시예가
典刑餘岐屹　　전형은 갈림길 모퉁이에 남겨두겠네,
전형여기흘
童年似惟巨　　어린 나이에 오직 큰 것만 같았는데,

동년사유거

人冀善紹述　　사람들은 선대의 일을 잘 밝히길 바라나,

인기선소술

君死無所悲　　그대 죽어도 슬퍼함이 없으니,

군사무소비

所惜惟文華　　애석한 것은 오직 문화일세.

소석유문화

跼跼未展步　　몸을 웅크려도 한 발자국을 펴지 못하고,

국국미전보

胸中鬱靑霞　　흉중에는 푸르른 놀이가 울연한데,

흉중울청하

惟以傑驁志　　생각하니 걸출한 준마의 뜻이요,

유이걸오지

四十頭已皤　　사십에 머리가 이미 희어졌네.

사십두이파

究抱歸冥冥　　궁구하여 돌아갈 길 안아도 명명하고,

구포귀명명

萬古靑山峨　　만고에 청산은 높이 떠있네,

만고청산아

交情更何在　　사귀어 온 정 다시 어디에 있는가,

교정갱하재

舊遊一夢俄　　옛 놀이는 하나의 꿈이로구나.

구유일몽아

제문(祭文) (다른 사람을 대신하여 지었다.)

“삼가 그대가 대대로 이어받은 가업은 시예(詩禮)이다. 이것은 소급해 보면 염락(濂洛)[158]을 숭상하는 것이며, 나머지 일로는 반양(班楊)[159]의 유허가 있다. 한가운데 산이 둥글고 물이 돌아 나가며, 칠송(七松)의 맑은 그늘에 두 개의 정자에는 푸른 물이 찰랑거린다.

그대는 그간에 기우헌(氣宇軒) 높은 곳에서 정이 가는 대로 필적을 좇았다. 진실로 달리다 넘어지면 샘물에서 취한 갓끈을 씻고, 산에 물방울 같은 시의 광주리에는 재기가 고매하였다. 굽어보면 팔방으로 펀펀한 유자나무에 큰 새가 끈을 풀고 좋은 천리마는 뱃대끈에서 벗어났다.

시는 그 성향의 안목에서 나오는데, 공허한 과장(科場)에서는 묵정밭을 의논해 말하니, 흰 눈썹 일으켜 더욱 길었네. 그 진실을 말하자면, 화주(花酒)를 즐기니 술동이 용마루에 묶었고, 산수를 상대하니 옛 장토에는 어찌 다른 사람이 없고, 가장 좋아하는 것은 내게 의아함이 있어 서로 질의하는 것이로다. 옛 정의는 잊기가 어렵고, 세상사는 둥글기가 어려운데, 떠도는 자취는 분주하게 흐르나 새 집은 천리라 오래도록 험하여 더욱이 방도가 없다.

옛 집은 의연한데 백수가 환향하니 형이 기쁘고 동생이 즐거워 서로가 따르니 하루해가 길다. 서쪽 동산 꽃에 물대고 동쪽 울타리에 뽕나무 심었네. 사람도 또한 언사(言事)가 있으니 비록 일상적인 검열에 쓰러져 환난을 다하여도 이에 따르면서 편안한 것이 천리(天理)요 인사(人事)이다. 오호라! 패옥 같은 눈물은 헤아리기 어렵고, 말려 죽이는 이슬은 면하기가 어렵다고 한다. 되돌아 형제의 화려함을 부르짖으나 활짝 핀 꽃의 향기가 외롭다.

양가(兩家)의 일인이 옛 가업을 극복하여 자제들에게 시서(詩書)를 가르쳐 성장시키기를 오직 바랄 뿐이다. 어찌 백 년의 일에 마귀의 장애가 많으리오. 서쪽으로부터 집에 돌아와 돌아보면서 다시 내방하니 중도에 모형을 나

---

158) 염락(濂洛)은 염계(濂溪)의 주돈이(周敦頤)와 낙양(洛陽)의 정호(程顥)·정이(程頤)를 의미한다.

159) 반고(班固)와 양주(楊朱).

누고 마음을 토로하기를 다하니 형의 나이 사십이라.

어찌 머리가 실속 없이 쓸모없게 되었는가! 생각하니 원통하고 슬프다. 게으름 피다 일찍이 서리를 맞았네. 내가 이 말을 듣고 마음이 애틋하고 간절하기가 곱으로 속상해서 손을 맞잡고 광교에서 웃음을 머금고 각기 잔을 들었네. 누군가 이 이별을 듣고 급하게 황천(黃泉)의 벗이라 이름 짓고 길게 탄식하는 사람이라고 전하네.

속 빈 경륜으로 능히 드러내 밝히지도 못하였는데, 평생에 뛰어난 기개는 죽어서도 거상하지 않으니, 봉래 가까운 땅에 돌아와 옥잔에 술을 따라 취하자니 마을에 사는 사람이 없네. 옛 집이 황량한데, 그대는 비록 뒤에 죽음을 슬프지 않지만 대부분이 두 고아에 극히 닮은 재간을 슬퍼한다네. 예전에 문호에 이르러 부탁이 있었는데, 여경(餘慶)은 극히 드러나고 하는 일이 부조(父祖)의 가업을 계승한다는 시가 한당(漢唐)에 전한다네.

돌아보면 나는 정의가 부끄럽고, 젊어 진 주낭에는 병이 들어 있다네. 지팡이를 두드리지 않아도 십 리는 멀지 않지만, 한번 곡을 하니 말과 생각을 차릴 겨를이 없고, 여기에 이르니 눈물이 눈자위에 가득하네. 이에 간략히 정성을 들려 본디 마음을 길게 적었지만, 거칠어서 알 것도 같고 모를 것도 같아 경황없이 부치노라."

자정(子靜) 형이 칠송정(七松亭)에 갔다. 행원(行源)이 남자 종을 시켜 서책을 보냈다. 양양(襄陽) 상인(喪人) 이공서(李公瑞)가 와서 머물렀다. 민등댁(民登宅) 사위가 장의(掌議)로 있었기에 육포(肉脯)와 남초(南草)[160]를 보냈다.

초6일, 흐렸다가 저녁때 눈이 조금 왔다.

오후에 문여(文汝)와 감호(鑑湖) 최공윤(崔公允)이 신계사(新溪寺)로부터

160) 담배.

내려왔다. 그동안 적조했는데 홀연히 만나게 되어 편안하게 고향 소식을 얘기 나누었다. 이에 나의 친가는 여전히 평안하지만, 신리(新里) 온 마을에 큰 병이 번져서 상인(喪人) 최몽뢰(崔夢賚) 형이 출상하였고, 처자가 연이어 서거했다고 한다. 집안의 문을 닫을 지경에 이르렀으니 그 참담함을 말로 할 수 없었다. 문여(文汝) 역시 건장한 종을 잃고 온 집안이 피접했었다고 한다. 시름으로 답답하여 더 듣기 어려웠다.

멀리 유람하거나 화를 피할 겸해서 장난스럽게 가슴을 펼쳐 볼 생각으로 그 장인 이(李) 생원과 들어왔노라고 하였다. 함께 유숙하면서 평안하게 얘기 나누었다.

초7일, 종일 눈이 약하게 왔다.

문여(文汝)가 유숙했는데, 이돌가(二乭家)에서 굿을 하였다. 그래서 술이 생겼다.

초8일, 흐리고 추웠다.

공윤(公允)이 나갔다. 문여(文汝)와 이웃 사람들이 내기 바둑으로 투전(投錢)을 하면서 날을 보냈다. 밤에 팽구(烹狗)하여 모여서 놀았다.

초9일, 쾌청했으나 동풍이 조금 불었다.

중량(仲亮) 형과 문여(文汝)가 함께 삼일포에 들어갔다. 한진(漢鎭)이 또한 추가하여 모두가 선정(仙亭)에 들어갔다. 작았지만 서로 양보하면서 배에서 내렸다. 광교(廣橋)로부터 서귀암(西龜嵓)에 등정하였는데, 이 고을의 최고의 명승지이다. 먼 바다, 가까이로는 강, 긴 호수와 평야가 모두 눈 아래 나뉘어 펼쳐져 있었다. 마치 군성(郡城)과 마을이 연결된 듯했다. 동쪽 금강(金剛) 외산(外山)에는 바둑돌이 놓인 듯했다. 손을 맞잡고 서쪽에 앉아서 오래되었음을 깨닫지 못했다. 겨드랑 아래에서 바람이 일어 추워지면서 떠나고자 하였다.

석양에 소매를 잡고 대호정(帶湖亭)에 도착하여 술을 사서 마시고, 곧바로 해산정(海山亭)에 올랐는데, 다시 이 땅에 돌아오니 모두가 내가 습관적으로 답사하던 곳들이었는데 문여(文汝)에게는 처음 보는 곳들이었다. 저녁 무렵에 올라와서 일절을 읊었다.

俄遊湖北倏湖南 아유호북숙호남	갑자기 호수 북에서 놀다가 호수 남으로 달리니,
堪笑四仙猶俗客 감소사선유속객	웃음이 뛰어나니 사선이 오히려 속객이라,
風馭冷冷第一嵓 풍어냉냉제일암	바람이 냉랭하게 몰려드는 제일암에서,
徘徊三日泛空潭 배회삼일범공담	삼일포 배회하니 공허한 연못이 떠 있네.

이날은 춘분(春分)이었다.

초10일, 약간 흐렸다.

아침 후에 나는 시재(時哉)·문여(文汝)·한진(漢鎭) 등과 함께 해금강(海金剛)에 갔다. 나룻배에서 고기를 잡으면서 바다에 들어갔으나, 배를 띄워 놀지는 못하고 서로 이끌어서 암석 사이에 조용히 앉았다.

갑자기 해상에서 하나의 석봉(石峯)을 발견했는데 그 높이가 얼마 정도 되는지 가늠할 수 없었다. 긴 바위 사이로 하나의 실 같은 길이 혹 이어지기도 하고 혹 끊어지기도 하였다.

마침내 모두가 옷가지를 벗어서 벼랑 기슭에 묶어서 잡고 올라가 절정에 이르렀다. 꼭대기에는 십여 명의 사람을 수용할 만하였고, 돌 사이에는 꽃 나무들이 있었다. 두루 좌우로 살펴보니 해금강(海金剛)은 천암(千岩)이요 만석

(萬石)이었는데, 모두가 그 앞에서는 부처 같고, 신선 같고, 사자 같고, 거북이 같이 기괴하여 더없이 아름다웠으나 삼일포(三日浦)만 못했다. 한편으로는 평온하게 펼쳐진 평지인데, 선정(仙亭)은 한 조각의 섬이 떨어져 중앙에 놓아 둔 듯하고 신선이 산다는 곤륜산(崑崙山)에 적성(赤城)의 의미가 있다.

돌아 나올 때에 먼저 건넌 사람들에게 경치를 물었더니, 모두가 말하기를 배가 떠 있는 것 같지 않다고 하면서 참으로 갖가지 승경을 알 수 없다고 하였다. 이런 까닭에 나는 시 한 수를 읊어서 기록하였다.

終古燕齊好事欺　　예스러운 주연을 마치니 일삼아 속이길 좋아하여,
종고연제호사기
爭言鰲島落東湄　　자라 섬이 동쪽 물가에 떨어졌다 다투어 말하네,
쟁언오도락동미
人皆泛棹周觀好　　사람마다 모두 노를 띄워 두루 살피기 좋아하여,
인개범도주관호
我獨登山望見奇　　나 홀로 산에 올라 기이함을 바라보네,
아독등산망견기
造物不嫌莊萬佛　　조물주 혐오치 아니하니 만불이 장중한데,
조물불혐장만불
天工枉費鏤于龜　　천공이 경비를 사곡하여 거북에 새기었네,
천공왕비루우구
危瑰豈合眞仙窟　　위태로운 옥돌은 어찌 진선굴에 모았는가?
위괴개합진선굴
飽醉漁村買酒危　　만취한 어촌에 술 사기가 위태롭네.
포취어촌매주위

오래 앉아 있으려니 바람이 심하게 차다. 해상을 굽어보니 아름답게 헝클

어진 머리를 가진 두 사람이 있다. 우두커니 암석에 서 있는 모습이 아름답고 얌전히 나오는 모습이 마치 이방인 같다.

나는 여러 사람들과 서둘러 걸어서 내려왔다. 마을을 지나지 않았는데 미역을 따는 여자가 있어 그가 사는 곳을 물었더니 부끄러워하며 대답을 하지 않는다. 나는 크게 웃으며 말하기를, 옛날에 호사가는 사람을 속이는 환선이 있다더니 진실로 이러하구나. 곧바로 소매를 잡고 돌아왔다.

문여(文汝)와 시재(時哉)는 감호(鑑湖)로 갔다. 중도에 악수하고 헤어짐을 망연해 하면서 왔다. 한진(漢鎭)과 더불어 대호정(帶湖亭)에 이르렀는데, 북쪽 술파는 집 주모는 늙은 기생이었다. 제법 풍수에 안목이 있고, 풍물을 품평하기도 하였다. 모두가 내 뜻을 따라 어두워질 무렵에 집에 돌아왔다. 피곤하여서 밤새 크게 고통을 겪었다.

11일, 맑았다.

오늘은 내댁(內宅)의 기일이다. 나는 종일 자리에 누워 있었다.

12일, 맑았다.

중량(仲亮) 형과 서재(書齋)의 추녀 꾸미는 일을 지휘하였다.

13일, 맑았다.

또 서재에서 작업하였다. 이 마을의 뒷산은 온 고을의 진산(鎭山)이다. 그 높이가 여러 봉우리 중에서 가장 높다. 나는 살면서 한번 오르려고 했으나 오래도록 이루지 못했다. 아침 후에 절정을 바라보고자 하여 여러 사람들과 왕래하였으나 개미 같은 것이 혹 있기도 하고 혹은 없기도 하다면서 걱정하였다.

투장(偸葬)하는 우환이 발생했다. 촌사람들이 일시에 모여왔다. 나 역시 추후에 그곳에 올라 까닭을 살피고자 하였다. 그 산꼭대기에 올라 보니 과연

투매(偸埋)한 사람이 있었다. 금방 천광하여 남자 종들을 시켜서 죄를 다스리고 구축하였다. 이어서 그 정상에 올랐더니, 옛 봉수(烽燧) 자리였다.

옛 자리에는 쌓인 돌이 의구한데 시야는 기둥 사이로 뚫려 있는데 자못 볼만하였다. 다만 비나 안개가 북쪽으로 불어오면 멀리 바라볼 수 없어 통천(通川)은 흠이 될 것 같았다. 내려와서 자봉가(自奉家)에서 마시며 쉬었다.

14일, 맑았다.

쑥으로 자리를 엮으면서 자봉가(自奉家)에서 마셨다.

15일, 맑았다.

내심가(乃心家)에서 제사 음식을 먹었다. 중량(仲亮) 형이 읍에 갔다. 나는 공기(公期)와 행원댁(行源宅)을 방문하여 취하도록 마시고 공기(公期)는 유숙하였다. 나는 행원(行源)과 밤에 양촌(陽村) 재종댁(再從宅)에 갔다.

16일, 흐렸다.

양촌(陽村)에서 소상을 치르는데 참석하였다. 돌아오는 길에 행원댁(行源宅)을 방문하여 공기(公期)와 더불어 집에 돌아왔다. 길에서 언명(彦明)을 만나 함께 왔다. 나는 술로 피곤하였다.

17일, 흐렸다.

언명(彦明)과 잠시 애기했다. 밤에는 눈이 왔다.

18일, 오후에 쾌청해졌다.

중량(仲亮) 형 부인의 우환이 있었다. 지난 15일부터 시작된 통증이 여전히 조금 남았다고 한다. 행원(行源)이 황어(黃魚) 한 마리를 보냈다.

19일, 맑았다.

꿈속에서 공기(公期)·중량(仲亮) 형과 더불어 부름을 받고 입궐하였다. 주상께서 고을의 폐단을 세 사람에게 하문하셨다. 하나하나 조목조목 개진하였다. 다시 하문하시기를, 너희들 중에 연장자는 누구인가? 공기(公期)가 대답한 즉시 음직(蔭職)에 제수되었다. 또 우리 두 사람을 위로하고 타이르면서 말씀하시기를, 열심히 독서하여 깨달음을 얻은 후에 왕명의 부름이 있을 것이라고 하셨다. 나는 감읍하면서 시 한 구절을 읊었다.

簽報天恩問幾時　　모두가 천은에 보답하니 몇 가지 시폐를 하문하시니,
첨보천은문기시
平生不識君王面　　평생토록 알지 못했던 군왕을 대면하였네,
평생불식군왕면
青山終古遠丹墀　　청산에 영구토록 궁전은 멀어서,
청산종고원단지
夢裏猶多際遇期　　꿈속에서 오히려 여러 번 만날 기회를 갖는다네.
몽리유다제우기

20일, 약간 흐렸다.

오늘은 생원 최내성(崔乃成)이 영원히 돌아가는 하루 전날이다. 평상시에 애정을 베풀기를 일상으로 삼았으며, 한 마리 닭을 소중히 길러서 가난을 방치하지 않고 다스리기를 밝게 성과를 이루었다. 이 마음이 단지 상하지 않게 하려 함이겠는가! 삼가 이십구 구절의 거친 글로 간략하게 회포를 실었노라.

天地淳浩氣　　천지에 순박하고 큰 기운이,
천지순호기
散以爲萬形　　흩어져 만 가지 형상을 만들었네,

산이위만형

樸素爲榜櫟	통나무 다듬지 않아도 떼배 난간이 되고,
박소위방력	
巧斲爲礱硎	정교하게 깎아서 숫돌을 만들었네,
교착위농형	
巧者人皆佩	솜씨 있는 것은 사람마다 패용하고,
교자인개패	
樸者吾獨銘	투박한 것은 나 홀로 새기었네,
박자오독명	
曩寓適公隣	접때 머물고 간 공이 이웃되니,
낭우적공린	
淡然若羹硎	담박한 모양은 국 그릇 같다네.
담연약갱형	
久而味轉湥	오래되어도 맛은 구르는 돌이라,
구이미전돌	
始識公性靈	비로소 공의 성품 신령함을 알았네,
시식공성령	
哀我遭厄窮	슬픈 나는 재앙과 궁색함을 만났고,
애아조액궁	
憐我値零丁	가련한 나는 외롭고 낙백을 만났네,
연아치영정	

厚誼從中出	두터운 정의가 가운데서 터져 나오고,
후의종중출	
淺深量東溟	얕고 깊음을 헤아리니 동녘이 어둡네,
천심양동명	
初若流水淡	처음은 흐르는 물 같이 담박한데,
초약유수담	
漸似幽蘭馨	점차 그윽한 난초 향기 같다네.
점사유난형	
識公已數年	내가 공을 안 지 여러 해이니,
식공이수년	
公性吾已惺	공에 성품으로 내 이미 각성하였네,
공성오이성	
意氣素所蓄	뜻과 기개는 본디 쌓이게 마련이니,
의기소소축	
玩世心亭亭	세상을 희롱하듯 우뚝 솟았네,
완세심정정	
言論多抗直	언론은 대부분 곧게 저항하니,
언론다항직	
足以輔王廷	왕정을 보필하기에 족하니라,
족이보왕정	
時人皆齚齚	당시 사람들 모두 되새기니,

시인개치치

虛讀聖賢經　　성현 경전 허허롭게 읽었네,

허독성현경

公雖無文華　　공은 비록 문장의 화려함은 없어도,

공수무문화

凡然能獨醒　　범연하게 능히 홀로 깨우치셨네,

범연능독성

望高德漸卲　　높은 덕 바라보면 온 고을에 폈으니,

망고덕점소

鬚髮初星星　　수염과 머리가 처음처럼 성성하네,

수발초성성

賙卹樂以黨　　진휼함을 즐거움으로 무리 지으니,

주휼락이당

紀綱尊郡廳　　규율과 법도 군청에 존경받았네,

기강존군청

眉宇攢民憂　　노인이 집에 백성 모아 걱정하니,

미우찬민우

不愛山水靑　　아끼지 않아도 산수는 푸르다네,

부애산수청

戚戚從兄貧　　형으로부터 가난을 걱정하더니,

척척종형빈

兩家爲一庭　　양가가 한 마당을 이루었네,
양가위일정

飢則同飮瓢　　주리면 즉 함께 박을 마시고,
기즉동음표
醉輒分酒甁　　취하면 즉 술 단지를 나누었네,
취첩분주병

從氏厭塵世　　종씨가 티끌 진 세상을 싫어하니,
종씨염진세
風雨啼鷴鴿　　비바람에 솔개와 부리 새가 울었네,
풍우제한금

剛者妨於壽　　굳센 자는 수명에 방해되고,
강자방어수
不得亨遐齡　　오래 사는데 형통하지 못하다네,
부득형하령

琴床又寐莫　　거문고 상은 또한 잠자리가 없고,
금상우매막
一室閉幽扃　　한 집안에 그윽한 출입문 닫히었네,
일실폐유경

生前哭一女　　살아 동안 한 여인을 곡하였으니,
생전곡일여
人間無典刑　　인간 세상에 전형이 없다네,

인간무전형

虀露青山夕	산부추에 이슬 내리고 청산에 저녁드니,
첨로청산석	
哀哀哭孤螟	애절하게 홀로된 해충을 곡을 하네,
애애곡고명	
厖德未蒙澤	큰 덕은 은택을 입지 못하였으나,
방덕미몽택	
老天何冥冥	늙은 하늘은 어찌 어둡기만한가,
노천하명명	
庭前柳孰青	뜰 앞 버드나무 온전하게 푸르니,
정전유숙청	
依依立門屛	사모하여 문에 병풍을 세웠나니,
의의입문병	
愛我更無人	나를 사랑하나 다시 사람이 없고,
애아갱무인	
跙吾新接停	머뭇거리면서 새로 차린 집에 머무네,
저오신접정	
綿鷄貧未能	면계는 가난에 익숙하지 못하니,
면계빈미능	
傷處心不寧	상처 난 마음 편안치 않다네,
상처심부녕	

雖知安無益　　비록 안다하나 어찌 무익 하리오,
수지안무익
自然涕淚零　　자연히 눈물 흘러 비오는 듯하네,
자연체루영

死后如有知　　죽은 뒤에 지혜가 생기면,
사후여유지
庶幾吾言聽　　거의 내 말을 들으시오.
서기오언청

21일, 맑았다.
산 위에 이르니 사람들이 많이 모였다. 저녁에는 월댁(越宅)에서 마셨다.

22일, 맑았다.
낮에는 월댁(越宅)에서 마셨다. 양촌(陽村) 재종(再從) 씨가 아들과 조카 두 사람을 보냈다. 오늘부터 배우기로 하고 종자(種子)[161]를 지급했다. 세금을 갚았다.

23일, 흐렸다.
월댁(越宅)에서 제사 음식을 먹었다. 중량(仲亮) 형이 어제 그제 읍에 나갔다가 오늘에서야 돌아왔다. 양양댁(襄陽宅)이 조(租) 두 섬(石)을 보냈고, 양촌(陽村)에서 또 한 섬을 보냈다.

24일, 종일 흐리고 비가 왔다.

161) 학비.

양양댁(襄陽宅)에서 부모의 산소에 개사초(改莎草)[162]를 하였다. 이에 갔었고, 준비된 술을 마셨다. 나는 쑥대로 자리[163]를 매었는데, 무릇 열하루 만에 마쳤으니 사람 됨됨이가 습관적으로 게을러졌음을 알 수 있었다.

또 월댁(越宅)에서 마시면서 화조(火曹)로 시를 짓게 하였다. 밤이 되어서 나와서 왔다. 내댁(內宅)에서 조(租) 두 섬(石)을 보냈다. 청명(淸明)으로 삼월의 절기이다.

25일, 흐렸다.

오늘은 한식(寒食)이다. 객지에서 좋은 명절을 맞으니 한층 부모 생각이 났다. 상인(喪人) 장가(張家)에서 마침 성복(成服)을 행하였다. 나는 가서 참석하였다.

26일, 흐렸다가 밤에 천둥을 치면서 큰비가 왔다.

권언명(權彦明)이 두 자루의 붓과 두 개의 대쪽을 보냈다. 나는 계월서재(桂月書齋)에서 명(銘)[164]을 지어서 벽에 걸었다.

"삼가 황제가 정성스런 마음을 내렸으니 누가 현명하고 누가 어리석다고 하겠는가! 현명하다는 것은 하늘이 고른 것이요, 어리석다함은 사람에 허물인 것이다. 이 두 가지는 전적에 나오는 것이다.

배우지 않아도 성인인 자는 부족함도 남는 것도 없는 듯하여 비록 학문을 얻는데 힘쓰지 않는다고 하더라도 이미 잃은 것이 없으므로 현명하다고 한다. 마치 저 시내에 흐르는 물이 괴여서 연못을 이룬 듯하다. 또한 유연하게 나무를 길러서 서까래를 이룬다고 한다. 배우지 않아도 현명하다는 것을

162) 산소를 손질하는 일로 산소가 헐었거나 떼가 부족할 때 하는 일.
163) 호석(蒿席).
164) 다른 사람의 생애와 공적을 적은 글.

나는 학문은 그런 것이라고 믿지 않는다.

어리석음은 예전부터 전하는 것은 없다. 삼가 옛날의 어질고 사리에 밝은 사람들을 생각하면, 이에 고을에 학교와 집안에 서숙을 게을리하지 않았다. 그 가르침에서 말세의 사람들은 경박하고 지혜롭지 못하고 광폭하였다고 하니 어찌 교육을 하여 무슨 희망이 있었겠는가! 하물며 높은 읍에는 산이 빼어나고 물이 달리듯 흐르고, 땅이 신령스러워 곡식을 키우니, 어찌 준걸의 이채롭고 특별함이 없어 그 재주가 부족하여 내가 땅을 일구고 내가 헐어버리겠는가!

삼가 계촌(桂村)의 사람들은 모두 말하기를, 한스럽도다! 그 뿌리가 없는데 누가 재배할 수 있으며 글방을 돌보겠는가! 지혜로운 물과 인자한 산은 온 마을이 우러러보며, 무리들이 관계되는 것을 배워 거북을 질문하고 사람을 질문하면서 오래도록 그 터전을 지키고 있다.

옛 노인들이 말씀을 모았으니, 그 시작은 비록 알지 못하지만 이제는 깃발을 나부끼듯 실로 그 규정이 아름답다. 그런데 번창하는 일은 조화롭기 어려우니, 서숙(書塾)은 있으나 사부(師傅)가 없으니, 꼴 베는 아이도 혹 매달려 지식을 얻었다고 모든 것을 물어 온다.

나는 명승을 즐기다가 잠시 와서 이곳에 모였다. 어찌 감히 삼가 가르쳐 인도하려 해도 비용이 없다고 말하겠는가! 사람마다 할 말이 있겠으나 아이들을 가르치는 것은 어려운 것이 아니라고 한다. 이는 곧 크게 잘못된 것이다. 어린 아이는 놀기를 좋아하여 만약 바르게 기르지 못한다면 성장하면서 더욱 격하고 사나워질 터인데, 스승의 책임이라는 것이 단지 글을 읽고 대답하는데만 있는 것이 아니다. 사내가 된 아이들에게는 역시 각기 근면하도록 권해야 한다. 어머니가 말씀하기를, 어린 시절은 광음같이 지나가서 기다려 주지 않는다고 한다. 어머니께서 말씀하기를, 배움에서 배우기는 어려우나 고원하지는 않다. 마치 산이 비록 높다 하여도 오르는 자는 산꼭대기에 이르게 되며, 마치 길이 비록 멀어도 행하는 자는 끝에 이르게 된다고 하였다.

나는 보이는 것만으로는 믿지 않는다. 저 선각자들도 인도함이 바르지 않으면 그 책임이 있다. 나는 강습하면서 부지런하지 않으면 그 죄는 반드시 돌아올 것이라고 생각한다. 아주 깊이 생각하고 아주 공경해야 할 것이다. 글을 새기에 여기에 게시하노라."

27일, 비가 오다가 저녁때 그쳤다.

나는 심천댁(深川宅)에서 마셨다. 오봉(五峯) 말부리(末夫里)에서 전(錢) 한 냥을 부쳐서 이정(利丁) 편에 보냈다.

28일, 맑았다.

심천댁(深川宅) 최(崔) 어른을 내일 운전산(雲田山)에 장례를 치르게 된다. 나는 상가에 이르렀다가 밤에 돌아왔다.

29일, 맑았다.

산지에는 시간이 없어서 나는 가지 못했다. 저녁에 초우(初虞)에 참석하여 제사를 지냈다. 그 후 상인(喪人)이 정신이 혼미하고 기가 막혔다가 근근이 소생하였다.

30일, 맑았다.

아이들에게 강의했는데, 처음으로 개설한 것이었다. 어제는 자봉(自奉)의 아버지가 돌아가신 날이라 제삿술을 마셨다. 또 사가지고 와서 광교(廣橋)에서 마셨다.

계축년(癸丑年 : 1793, 정조 17) 삼월(三月) 갑오삭(甲午朔)

초1일, 조금 흐렸다.

공기(公期)·중량(仲亮) 형이 읍에 갔다가 밤에 돌아왔다.

초2일, 저녁에 비가 왔는데 밤에도 그치지 않았다.

윤옥(潤玉)이 약간 열을 내면서 앓았다.

초3일, 흐렸다.

중량(仲亮) 형이 읍에 갔다 곧 돌아왔다. 한진(漢鎭)이 객지에 공장을 만들어 이미 검열을 받았다. 여러 달 동안 간략하게나마 술자리를 만들어서 술을 대접하였다. 이웃 마을 도움에 감사하는 의미를 가졌다.

제익(諸益)과 만나 마셨다. 중량(仲亮) 형이 밤부터 역시 앓았다.

초4일, 약간 흐렸다.

칠송(七松) 권운경(權雲卿)이 한 달여 전부터 병을 여러 번 겪었는데 위험한 지경이 되었다. 금방 자안댁(子安宅)으로 피병하였다. 이에 오후에 가서 문안하였는데, 쾌히 좋아져서 주변 사람들이 축하할 만했다. 술이 있어 취하여 도망치듯 돌아왔다.

초5일, 약간 흐렸다.

윤옥(潤玉)이 땀을 내는 게 조금 덜해졌다. 중량(仲亮) 형이 끙끙거리며 앓고 있어 걱정하였다. 연곡(連谷) 역리(驛吏)가 통천(通川)으로 가면서 가는 길에 와서 문안하면서 소식을 전해 주었다. 이것은 같은 마을의 정의였다.

초6일, 맑았다.

언명(彦明)이 편지를 보이면서 전하기를, 지난번에 보고하였던 공령생(功

令生)[165] 영시(營試)[166]의 일로 관문(關文)[167]이 내려왔는데, 내일 향교에 모여서 문서를 작성하여 올려 보낸다고 한다.

초7일, 맑았다.

이른 아침에 공기(公期)와 읍에 가서 관문(關文)을 보았더니, 비변사(備邊司) 관문(關文) 안에는 임금의 재가를 받은 일로서 강원(江原) 감사(監司)에게 장계하기를 경공(經工)과 공령(功令)한 선비를 구별하여 기록하라는 지시였다. 전교(傳教)[168]에 이르기를,

"공령생(功令生)은 즉 다음 달 20일을 전후하여 감영(監營)에 모두 모여서 시제(試題)[169]를 기다리게 한 후에 강원 감사와 도내의 문반(文班) 수령(守令) 두 사람으로 날짜를 나누어 시험을 치르도록 하고, 시권(試券)은 취합하여 올려 보내도록 하시오. 여러 유생들이 되돌려 보내거나 되돌아올 때에는 모두 식량과 포마(鋪馬)를 지급하도록 하시오. 시험지를 채점하여 우등을 받은 자들은 궁궐 마당에 초치하여 다시 시험을 치르도록 하는데, 경공생(經工生)은 즉 그 지방관으로 하여금 전(傳)·경(經)·의(義)를 주고 조목조목 물어서 그들로 하여금 대답하도록 하고, 공령생(功令生) 중에 오죽헌(烏竹軒) 후손들은 일체 별도의 자리에서 시험에 응시토록 하여 시권(試券)을 받들도록 하시오."라고 하였다.

이것은 옛날의 향공(鄕貢)[170]이다. 관동(關東)도의 시험에서는 전에 없었던 일로서 성은(聖恩)을 입어서 격식과 관례에서 벗어난 일이고 보니 이루 말할 수가 없었다. 선비 된 자로서 경사를 기리고 축하하는 심정이 더욱 어떠하였

---

165) 유생(儒生) 중에 뛰어난 사람.
166) 감영(監營)에서 치르는 시험.
167) 상급 관청에서 하급 관청에 보내는 공문서.
168) 임금이 내리는 지시.
169) 시험의 주제.
170) 시골에서 우수한 인재를 추천하던 일.

겠는가! 향청(鄕廳)에서 술을 보내었고, 또 김가(金家)와 마셨다.

언명(彦明)이 내려와서 잠시 이야기를 나누고 즉시 돌아왔다. 오늘은 중량(仲亮)이 땀을 내는 것이 조금 차도가 있었다.

초8일, 맑았다.

상혁(相赫)이 벌써 아홉 살이다. 오월(五月) 내에 『사략(史略)』 첫 번째 권을 두루 읽었다. 그 집에서 간단하게 술과 안주를 진설하여 온 이웃이 모여 마셨다.

초9일, 맑았다.

공기(公期)가 양진(養珍)에 가서 노잣돈을 얻었다. 나는 돈이 없어 오봉(五峯)에 가려다가 중지하였다. 언명(彦明)이 읍으로부터 돈 세 냥을 얻어서 올라갔다.

초10일, 약간 흐렸다.

집에서 길 떠날 채비를 하였다. 오늘은 곡우(穀雨)이다.

11일, 맑았다.

언명(彦明) 삼형제가 어제 먼저 과거(科擧) 행보를 열었다. 나와 공기(公期)는 늦게 출발하였다. 중량(仲亮) 형이 역질(疫疾)에도 불구하고 함께 갔다. 낮에 읍내에 도착하였더니 수령 정동보(鄭東保)는 감영(監營)에 가고 없었다. 이에 향청(鄕廳)에서 식량과 말을 지급받고 돌아 나와 감호(鑑湖)를 방문하였다가 대진(大津)에서 묵었다.

12일, 맑았다.

일찍 출발하여 아침은 저도진(猪島津)에서 하였다. 낮에 간성읍(杆城邑)

에 도착하여 이 고을 수령 이재항(李在沆)을 만나니 점심은 관에서 대접해 주었다. 전령(傳令)을 받았는데, 건봉사(乾鳳寺) 스님이 보냈다. 한진(漢鎭)이 강릉에 갔기에 관동(官僮)[171]이 식량과 말을 가지고 가서 건봉사에 묵고 있다고 하였다.

13일, 맑았다.

진보령(眞寶嶺) 아래 가게에서 점심을 하고, 건봉사(乾鳳寺) 승려에게 어깨에 메고 수레에 싣게 하여 고개를 넘었다. 용대(龍垈)에서 잠시 마시고 어두운(魚頭雲)에 도착하니 날은 이미 저물어 좌우에 횃불을 벌리니 마치 별자리 같았다. 원통(圓通)에서 묵었다.

14일, 흐렸다.

아침 전에 인제읍(獜蹄邑)에 도착했다. 언명(彦明)을 만나고 와서 하루를 머무르고 비로소 출발하였다. 이 고을 수령 박종복(朴宗福)은 감영(監營)에 가고 없어서 좌수(座首)[172]에게 부탁하였는데 말이 없다고 하면서 끝내 준비해 주지 않았다. 골짜기 풍속이 굼뜨고 완고하기가 논할 수 없었다. 부득이 도보로 가서 마노역(馬奴驛)에서 묵었다.

15일, 흐렸다.

인제읍(獜蹄邑)의 이방(吏房)이 관동(官僮)을 보내서 마노역(馬奴驛)에 사사로이 연통하여 세마(貰馬)[173]를 지급했다. 한낮에 홍천역(洪川驛)을 지나 홍천읍(洪川邑)에서 묵었다.

---

171) 관청에서 심부름하는 아이.
172) 향청(鄕廳)의 우두머리.
173) 세를 받고 빌려 주는 말.

16일, 맑았다.

홍천(洪川) 수령 신영치(申暎治)가 식량과 여비를 보냈다. 창봉(蒼峯) 위 가게에서 점심을 하고 횡성읍(橫城邑)에서 묵었다. 고성(高城) 수령이 감영(監營)으로부터 와서 묵고 있었다. 제익(諸益)이 가서 만났다.

17일, 맑았다.

횡성(橫城)에서 말을 바꾸어 탔다. 낮에 원주읍(原州邑)에 들어가서 숙소를 정했다.

18일, 맑았다.

아침은 탑구(塔丘) 이(李) 진사 댁에서 하였다. 또 저녁을 보내왔다. 낮에는 진사 최혜주(崔惠主)가 숙소에 들렀다. 사촌(沙村)에 종씨(從氏)를 만났다가 숙소로 돌아갔다.

19일, 맑았다.

관으로부터 처음으로 양식할 쌀을 주었다. 낮에 강릉의 여러 유생들을 방문하였다.

20일,

도백(道伯) 신기(申耆)와 문반 수령 두 사람이 과장을 개장(開場)하였다. 입장한 후에 큰비가 내렸다. 도백(道伯)이 각기 장옥(場屋)으로 인도하여 한 사람씩 나누어 앉혔다. 어제(御題)[174]를 게시하였는데, 시제(詩題)는 "팽오(彭吳)를 파견하여 예맥(穢貊)에 길을 내고 창해군(滄海郡)을 두었다."[175]였다.

174) 임금이 직접 출제한 문제.
175) 遣彭吳穿穢貊 置蒼海郡.

의제(義題)는 "추족(追族)과 맥족(貊族)"[176]이었다.

여러 유생들은 일시에 사배(四拜)하고 신시(申時)[177]까지 답안을 작성하여 제출하였다. 시험지를 제출한 후 다시 사배(四拜)하고 퇴장하였다. 즉시 답안지를 묶어서 봉하고 수령으로 하여금 정초(正草)[178]를 시키도록 하였는데 하나같이 정시(廷試)[179]의 의례를 따르는 것이었다.

참석했던 여러 유생들은, 원주(原州) 생원(生員) 신재화(申在和)·정후(鄭垕)·이정인(李廷獜)·민진수(閔晉秀)·진사(進士) 황덕정(黃德正)·채의중(蔡義重)·유학(幼學) 최해우(崔海羽)·원유응(元有膺)·원복진(元復鎭)·김재식(金載軾)·홍낙헌(洪樂憲)·정약흠(丁若欽)·한광선(韓光善)·이명래(李命來), 강릉(江陵) 진사(進士) 하서복(河瑞復)·김위한(金緯漢)·최구현(崔九鉉)·유학(幼學) 심보영(沈普永)·권필교(權弼教)·권철교(權哲教)·김원명(金元鳴), 춘천(春川) 생원(生員) 이시한(李是釬)·양덕주(梁德周)·진사(進士) 이재원(李載源)·최대현(崔大鉉)·유학(幼學) 조운사(趙雲師)·이근(李棨)·이력(李櫟)·유영도(柳榮道)·이학경(李學慶), 횡성(橫城) 생원(生員) 정원선(鄭元善)·안도영(安道永)·임희호(任希昊)·김광려(金光礪)·유학(幼學) 박돈기(朴敦耆)·이주범(李周範)·이홍철(李弘喆)·정석노(鄭碩老)·박찬(朴燦), 양양(襄陽) 진사(進士) 최영필(崔英弼)·최경수(崔慶洙)·유학(幼學) 이범식(李範埴)·최화필(崔華弼)·이항식(李恒埴)·이낙용(李樂鏞), 고성(高城) 유학(幼學) 최치함(崔致涵)·김상우(崔相禹)·김현호(金玄昊)·권한(權熯)·권현(權炫)·권억(權燱), 홍천(洪川) 생원(生員) 김상목(金相穆)·진사(進士) 최수형(崔壽亨), 평강(平康) 진사(進士) 황기경(黃基敬), 영월(寧越) 유학(幼學) 엄건중(嚴健中), 삼척(三陟) 유학(幼學) 홍인조(洪寅祚)·정현섭(鄭顯燮), 통천(通川) 유학(幼學) 박치연(朴致淵)·김정구(金鼎耈)·

176) 其追其貊.
177) 오후 3~5시.
178) 정서로 글을 베끼는 일.
179) 임금이 주관하는 시험.

임봉원(林鳳遠), 울진(蔚珍) 유학(幼學) 윤동헌(尹東憲)·최주태(崔柱台)·전달심(田達心) 등이다.

무릇 63인이며, 오죽헌(烏竹軒) 후예 7인이 동참하였다.

21일, 흐렸다.

입장 후 절목(節目)[180]은 어제와 같았다. 부제(賦題)는 "동쪽에서 창해군(滄海君)을 만나다."[181]였고, 표제(表題)는 "초나라 백성들이 온갖 고난을 이기고 산림을 열었음을 경하하면서 훈계하기를 민생은 근면함에 있다."[182]였다. 당일로 시권을 받들어 올려 보냈으며, 어제와 같은 의례였다.

22일, 맑았다.

이른 아침에 입장하니 책제(策題)가 게시되었는데, "강원도를 묻노라."[183]였다. 날이 저물어서 과장을 나왔다.

23일, 흐렸다.

여러 유생들이 모두 감영(監營) 아래에 머물면서 지시를 기다렸다. 양미(粮米)는 자기 고을 관원으로부터 지급되었다. 나는 강릉의 여러 유생들을 방문하였다.

이번 향공(鄉貢)은 비록 한(漢)나라 때의 현량과(賢良科)를 모방하였지만, 우리나라에서는 드문 일이라고 들린다. 높은 뜻에 감은하고 칭송하면서 한 수 지었다.

180) 과거의 운영 규칙.
181) 東見倉海君.
182) 楚民人等 賀以篳路藍縷 以啓山林 箴之曰 民生在勤.
183) 問江原道.

黃麻寶綍降天門　　황마로 엮은 보배로운 줄 대궐에 드리우고,
황마보발강천문
草野經綸細細論　　초야에 경륜을 세세하게 논하노니,
초야경륜세세론
睿鑑明幷唐虞聖　　임금의 감식 요순의 성인 같이 밝은데,
예감명병당우성
踈才愧乏仲舒文　　성근 재주 부끄럽고 부족한 중에 글을 폈네,
소재괴핍중서문
英才一道爭高着　　온 도의 영재는 높은 자리 다투고,
영재일도쟁고착
禮遇千秋感厚恩　　예우를 갖추니 천추에 두터운 은혜 감동일세,
예우천추감후은
續食遞乘皆分外　　식사를 잇고 갈마 타니 모두가 분수 밖일세,
속식체승개분외
涓埃何日報吾君　　물방울 같은 티끌이 어느 날 임금에게 보답할꼬.
연애하일보오군

24일, 비가 왔다.
숙소에 머물렀다.

25일, 비가 왔다.
숙소에 머물렀다. 오늘은 입하(立夏)이다. 4월의 절기이다.

26일, 비가 왔다.
숙소에 머물렀다.

27일, 흐렸다.

아침 후에 방문(榜文)[184]이 내려왔다. 도백(道伯)과 수령들이 일제히 환영해 맞이했다. 방문을 포정루(布政樓)[185]에 게시했다. 나는 시(詩) 세 구절에서 비점(批點)[186]을 받아 삼하(三下)[187]로 부끄럽지만 합격하였다.

방목(榜目)에 오른 여러 유생들은 선화당(宣化堂)[188]에 들어가 사배(四拜)한 후에 전교(傳敎)[189]를 받들었다. 전교하신 말씀의 내용은 대략 다음과 같았다. "지금 여러 글을 살폈는데 잘된 작품이 아님이 없었다. 누가 말하기를 지방의 소리가 서울 유생의 용모보다 조금 우수하다고 하여 마음으로 심히 기뻤다고 하였다."고 하였다. 여러 유생들이 줄지어 마루에 앉았다. 도백(道伯)이 크게 술잔치를 베풀었다.

정초(正草)는 각기 숙소에 보내어 정밀하게 2건을 베끼어서 1건은 감영에 두고, 1건은 규장각(奎章閣)에 보냈다. 각 읍 교생(校生)들로 하여금 역마(驛馬)를 타고 각 읍에 보냈다.

낙방한 유생들은 양식과 말을 지급하니 하나같이 올라올 때와 같았다. 참방한 유생들은 감영으로부터 식량을 지급하여 (서울로) 올려 보냈다. 나는 숙소를 나와서 고성(高城) 제익(諸益)을 전송하였는데 허전하고 슬픈 생각이 들었다. 종일 나쁜 기운이 생겨 탑구(塔丘)에 가서 쉬었다.

방목(榜目)에는 신재화(申在和)·최해우(崔海羽)·원유응(元有膺)·원복진(元復鎭)·정후(鄭垕)·황덕정(黃德正)·김재식(金載軾)·심보영(沈普永)·하서복(河瑞復)·권리교(權弼敎)·권한인(權漢仁)·권한복(權漢復)(두 사람은 오죽헌(烏竹軒) 후손으로 들었다.)·이시한(李是釬)·양덕주(梁德周)·이재원(李載源)·최대

184) 여러 사람에게 알리기 위해 길거리에 써 붙이던 글.
185) 강원 감영에 있던 누각.
186) 답안지에서 아주 잘된 곳을 표시하는 둥근 원 표시.
187) 아홉 등급에서 삼등의 세 번째.
188) 강원 감영의 중심 건물.
189) 임금이 내리는 지시.

현(崔大鉉)·조운사(趙雲師)·김현호(金玄昊)·정원선(鄭元善)·임희호(任希昊)·박돈기(朴敦耆)·이범식(李範埴)·최수형(崔壽亨)·김상목(金相穆)·황기경(黃基敬)·엄건중(嚴健中)·홍인조(洪寅祚)·김정구(金鼎耈)·이주범(李周範)·이홍철(李弘喆)·최영필(崔英弼)·박봉원(林鳳遠)·최주태(崔柱台)·윤동헌(尹東憲) 등으로 무릇 34인이었다.

28일, 흐렸다.
읍에 도착하여 양미(粮米)를 받고 탑구(塔丘)에서 묵었다.

29일, 아침에 맑았다가 낮에 흐렸다.
나는 생원 심보영(沈普永)·진사 최영필(崔英弼) 등과 함께 출발하였다. 문막(文幕)에서 점심을 하고 흥원창(興元倉)에서 묵었다.

계축년(癸丑年 : 1793, 정조 17) 사월(四月) 계해삭(癸亥朔)

초1일, 맑았다.
이 고을 예리(禮吏)가 배에 머물면서 오기를 기다렸다. 일찍 출발하여 배에 올랐다. 심보영(沈普永)·권한인(權漢仁)·권한복(權漢復)·권경(權檄)·최영필(崔英弼)·최경수(崔慶洙)·홍인조(洪寅祚)·정후(鄭垕)·양덕주(梁德周)·황덕정(黃德正)·하서복(河瑞復)·이범식(李範埴) 등이 함께 배를 탔다. 여주읍(驪州邑)에서 배에서 내려 술을 사서 마셨다. 양근읍(楊根邑)에 도착하였는데 해는 여전히 높았으나 바람을 만나 출발하지 못하고 가겟집에서 묵었다. 김상목(金相穆)이 말을 타고 와서 도착했다.

초2일, 맑았다.
새벽을 무릅쓰고 배를 띄우고 좌우의 산 빛이 사랑스럽고 감탄할 만하였다. 오후에 뚝섬(纛島)에 도착하여 배에서 내려 서울로 들어갔다. 반촌(泮村)[190] 주인가(主人家)에서 묵었다.

초3일, 맑았다.

전하여 말하기를, 공령생(功令生)들은 진사들과 함께 식당에 참여하도록 하였다. 이후부터는 매일 관식(館食)[191]을 하였다. 아침에 석사(碩士) 이군헌(李君憲)을 방문하였다. 모름지기 이사해서 살고 있는 의동(義洞) 경서(景瑞) 형의 소식을 물었더니, 가평(加平)에 있다고 한다. 낮에 조(趙) 참봉댁(參奉宅)을 방문하고, 저녁에 예동(藝洞) 이(李) 참판(參判)을 방문하였다가 시필(試筆)을 받아서 반촌(泮村)으로 돌아왔다. 심(沈) 생원·홍(洪) 생원과 함께 묵었다.

초4일, 맑았다.

주상이 대사성(大司成) 서영보(徐榮輔)를 시켜서 전교(傳敎)하기를, 이 과거는 다른 시험과 다르니 각자 유념하여 조목조목을 범하는데 이르지 말라고 하였다.

삼식년(三式年)[192]의 호적을 점고하여 이시한(李是釬)·김정구(金鼎耉)는 호적이 없어 정거(停擧)[193]되었다. 오후에 나는 묘동(廟洞) 권(權) 진사를 방문하고 돌아와 반촌에 묵었다.

초5일, 맑았다.

반촌에 머물다가 잠시 이(李) 판서(判書)를 방문하였고 돌아오는 길에 진사 황기경(黃基敬)의 숙소에 들렀더니 진사 최대현(崔大鉉)도 역시 와서 같이 얘

---

190) 성균관이 있는 마을.
191) 성균관 식당.
192) 삼년마다 치는 시험.
193) 과거를 보지 못하게 하는 일.

기 나누었다.

초6일, 비가 왔다.

대가(大駕)가 종묘(宗廟)에 행차하였다. 여러 유생들이 도로 곁에서 환영해 맞이했는데, 큰비를 만나 돈영부(敦寧府)에 들어갔다. 참봉(參奉) 원유붕(元有朋)이 술과 떡을 많이 사서 여러 유생들에게 나누어 주었다.

나는 묘동(廟洞)과 권(權) 진사를 방문하고 다시 돈영부(敦寧府)에 들어갔다. 명지(明紙) 1건과 전(錢) 1관(貫)을 받아서 반촌으로 돌아왔다.

초7일, 흐렸다.

반촌에 있으면서 통천(通川) 김동진(金東鎭)과 함께 얘기 나누는데, 황(黃) 전적(典籍)과 주서(注書) 김병연(金秉淵)·주서(注書) 조항존(趙恒存)이 왔다.

초8일, 약간 흐렸다.

반촌에 머물렀다. 대사성(大司成)이 집집을 돌아다녔다. 저녁에 남산에 올라 등불을 관람하였는데, 도성(都城) 가득히 번화하였다. 오늘 저녁이 최고라고 하였다.

초9일, 맑았다.

대사성(大司成)이 전교(傳教)를 받들고 나왔다. 여러 유생들을 춘문(春門)에 모이게 하고 명관(命官)[194] 서유방(徐有防)·이병정(李秉禎)에 명령하여 문을 열고 가지고 있는 것을 수색하였다. 정후(鄭垕)·이재원(李載源)·최영필(崔英弼) 등이 금지하는 것을 범하여 정거(停擧)[195]되었다. 원복진(元復鎭)이 이때 숨어서 다리를 범하였기에 퇴송(退送)당하였다. 이제 입문한 유생들은

194) 시험관.
195) 과거를 보지 못하게 하는 일,

단지 28인이었다.

대사성(大司成)과 명관(命官)[196]이 여러 유생들을 앞에서 인도하였다. 나이 순서로 차례차례 나아가서 마당 아래에 열을 지어 세웠다. 전상(殿上)에서 외치는 구호에 따라 사배(四拜)를 하여 마치고, 차례대로 대궐에 들어가 임금을 알현하였다. 나는 나이가 적어서 25인의 뒤가 되었다. 푸른 도포에 검은 신발을 신고 들어가 용상 앞에서 구부려 절을 한 후 부복하였다.

주상이 성명, 나이, 거주지, 소과와 대과에서 어떤 글을 지었는가? 등을 하문하셨다. 엎드려서 고개를 들고 대답하기를, 이름은 유학(幼學) 신(臣) 김현호(金玄昊)이며, 나이는 33세, 거주지는 고성(高城), 대과에서는 부(賦)와 책(策)을 보았고, 소과에서는 시(詩)와 의(義)를 보았습니다. 주상이 다시 하문하기를 네 가지 재주가 모두 몇 수가 되는가를 물으셨다. 각각을 사실대로 대답하였고 물러났으며 마당 아래 늘어섰다. 여러 유생들이 모두 이와 같았으며, 다시 나이 순서대로 바깥마당으로 나와서 외치는 수호에 따라 사배(四拜)하였다.

부(賦)·책제(策題)를 나누어 게시하였는데, 부제(賦題)는 "나를 좋아하는 자여, 나에게 큰 길을 보여 주시오."[197]였으며, 책제(策題)는 "인재 천거"[198]였다. 여러 유생들이 자리를 나누어 앉았는데, 그 간격이 장장 20칸 정도에 이르렀다. 자리에 앉기를 마치자, 국수와 돼지고기가 하사되었다. 게시된 문제로 부제(賦題)는 미시(未時)[199]까지이고, 책제(策題)는 신시(申時)[200]까지였다. 사람들이 시험지를 내고 다시 사배(四拜)한 후에 나왔다.

잠시 원유응(元有膺)의 숙소를 방문하였다. 밤에는 심보영(沈普永)·홍인조(洪寅祚)와 함께 잤다. 향공(鄕貢)의 법은 옛날에 혹 은혜가 있었지만, 예우

196) 시험관.
197) 人之好我 示我周行.
198) 人才薦擧.
199) 1시에서 3시 사이.
200) 3시에서 5시 사이.

가 융성함이 금일 같음은 없었다. 보통 때는 하나의 꿈이었는데, 매양 주상을 모시어 다행히 숙원을 이루었다. 모두가 임금의 은혜에 보답하고자 하니, 어찌 다른 날이 없겠는가! 기쁨을 기록하는 시 한 수를 읊었다.

宿願平生夢化眞　　평생 숙원이 꿈에서 참이 되어,
숙원평생몽화진
天顔咫尺語音親　　천안 지척에서 목소리 가까이 하니,
천안지척어음친
經綸共對三千字　　삼천자를 공대한 경륜에.
경륜공대삼천자
恩禮偏優卄八人　　은례가 이십팔 인에게 넉넉히 치우쳤네,
은례편우입팔인
臚拜步隨仙仗立　　여배하고 걸음 따르니 지팡이 잡은 신선 같고,
여배보수선장립
昵陪身親御香新　　친숙이 배가하여 몸이 가까우니 어향이 새롭고,
닐배신친어향신
從今草野無遺逸　　지금부터 초야에는 잃은 것이 없으니,
종금초야무유일
幸際明廷感會辰　　다행히도 밝은 조정 모여서 감사하네.
행제명정감회진

이날 밤 새벽 2시경에 방목(榜目) 한 점이 나왔다. 승정원(承政院) 하인이 와서 부르며 말하기를, 이 숙소에서 두 사람의 급제자가 나왔다고 한다. 나와 세 사람은 놀라 일어나 서로 바라보면서 말하기를, 이 중에 낙제자는 누구인가? 등을 밝혀 방목(榜目)을 보니, 심보영(沈普永)은 책(策)에서 삼하(三下)이고, 홍인조(洪寅祚)는 부(賦)에서 삼하(三下)였다. 한방 세 사람 중에서 두

사람이 등제하였다. 나홀로 낙제를 당했다. 비록 깊이 슬프기가 망극했으나 천행이었다. 어쩌겠는가! 홍(洪) 어른은 나이가 70세요, 심(沈) 어른은 53세이다. 만년에 새롭게 은혜를 입었으니 영광이 갑절이었다.

신재화(申在和)는 부(賦)에서 삼상(三上)이요, 정원선(鄭元善)은 책(策)에서 삼하(三下)로서 일위였으며, 28인 중에서 4위로 뽑혀 급제하였다. 장하고 장하도다!

초10일, 맑았다.

아침 후에 심(沈)·홍(洪) 두 선달(先達)은 간략하게 술과 떡을 베풀었다. 나는 정언(正言) 이동식(李東埴) 댁을 방문하였는데, 선달(先達) 이윤구(李潤九)도 함께 왔었다. 그 주인과 간소하게 술을 마셨다. 저녁에 의동(義洞) 석사(碩士) 이정수(李廷秀) 댁에 이르러 또 마셨다. 황혼 무렵에 반촌(泮村)으로 돌아왔다.

전교(傳敎)에 이르기를, 낙방한 유생들에게는 각각 노자를 지급한다고 하였다. 영서(嶺西)는 두 냥, 영동(嶺東)은 세 냥이었다. 원주 감영에서 시권(試券)을 베껴 보냈다. 규장각(奎章閣)으로부터 성균관(成均館)으로 출송하였고, 여러 유생들로 하여금 자기 비점(批點)을 확인하도록 하였다. 밤에 두 선달(先達)과 함께 잤다.

11일, 맑았다.

이동(里洞) 이진도(李珍島) 댁을 방문하였는데, 통진(通津)으로 이사하였기에 만나지 못하였고, 돌아 나와서 묘동(廟洞) 권(權) 댁과 예동(藝洞) 이(李) 댁을 방문하여 반나절 동안 편안히 얘기했다.

12일, 흐렸다.

아침 전에 출발하였다. 옷 보따리는 심(沈) 선달(先達)에게 부탁하였다. 연동(蓮洞) 권(權) 지평(持平) 댁에 갔다. 생원(生員) 권한인(權漢仁)·생원 권필교(權弼敎)·석사(碩士) 권경(權璥) 등과 함께 가다가 평구역(平丘驛)에서 묵었다. 오늘은 소만(小滿)이다.

13일, 맑았다.

일찍 출발하여 보원(普院)을 지나고 양근읍(楊根邑)에서 묵었다.

14일, 맑았다.

일찍 출발하여 아침은 지평읍(砥平邑)에서 했다. 저녁에는 부연(釜淵)에서 묵었다.

15일, 맑았다.

아침을 하고 안창(安昌)을 지나 평장점(平場店)에서 묵었다.

16일, 맑았다.

아침을 하고 수남(水南) 강(康) 댁에 잠시 들렀다. 대미원(大渼原)에 이르러 상인(喪人) 이(李) 댁에 들렀다. 저녁에 운교(雲橋)에 이르렀는데 감관(監官)이 좁쌀을 보내 허기를 면했다.

17일, 맑았다.

아침을 하고 방림역(芳林驛)을 지나 대화창(大和倉)에 들어갔다. 감관(監官)이 술을 대접하고 좁쌀을 주었다. 청심대(淸心臺)에서 묵었다.

18일, 맑았다.

진부창(珍富倉)에서 아침을 하였다. 점심은 횡계(橫溪)에서 하고 건금(建金)에서 묵었다.

19일, 맑았다.

죽림댁(竹林宅)과 간성댁(杆城宅)에 달려가 곡을 하였다. 홀로 가다가 빙가(聘家)[201]에서 점심을 먹었다. 사촌(沙村) 종씨댁(從氏宅)을 방문하여 서울의 편지를 전했다. 연곡(蓮谷)의 어머니는 신촌(新村)에 계셨다. 여온가(汝溫家)에서 묵었다.

20일, 맑았다.

신촌(新村)에 돌아왔다. 오래 떨어져 있었던 터이라 문후하여 편안하심을 살피니 삼가 흔쾌해 하시면서 오히려 위로해 주셨다.

21일, 맑았다.

아침 후에 아랫마을에 여러 댁을 방문하였다. 중직(仲直) 형과 온화하게 얘기하였고, 사촌댁(沙村宅)에 이르러서는 감재(憨齋) 어른이 술을 사와서 마셨다. 저녁이 되어서 올라왔다.

22일, 맑았다.

가양주(家釀酒)가 마침 잘 익어서 취하도록 마셨다. 오후에 연곡(蓮谷)에 가서 여온가(汝溫家)에서 묵었다. 여정의 피로로 끙끙거리며 앓았다.

23일, 큰비가 왔다.

여온가(汝溫家)에 머물면서 취하도록 마셨다.

24일, 흐렸다.

한진가(漢鎭家)에 갔었다. 저녁 후에 와서 여온가(汝溫家)에서 묵었다.

---

201) 처가.

25일, 맑았다.

광백(光伯) 형을 방문하였더니 피접 나가 있는 중이었다. 위촌댁(渭村宅)에 가서 위로하면서 만수를 기원했다. 무릇 그 자리에서 본 그 집의 경황은 차마 눈으로 볼 수 없었다.

26일, 맑았다.

여온가(汝溫家)에 머물고 있는데 홍(洪) 선달이 서울로부터 내려왔다. 술집에 이르러 많이 취하여서 돌아왔다.

27일, 맑았다.

여온가(汝溫家)에서 머물렀다. 오늘은 망종(芒種)이었다.

28일, 맑았다.

여온(汝溫)과 더불어 한진가(漢鎭家)에 갔다. 술을 거르고 국을 끓여서 먹고 머물러 묵었다. 저녁에 큰비가 왔다.

29일, 맑았다.

문제를 입안해 주었다. 오후에 여온가(汝溫家)에 돌아왔다.

계축년(癸丑年 : 1793, 정조 17) 오월(五月) 임진삭(壬辰朔)

초1일, 맑았다.

여온(汝溫)과 함께 남촌(南村)에 갔다. 나는 노간(魯澗)에 이르러 여러 댁을 방문하였다. 큰댁에서 묵었다.

초2일, 맑았다.

모산(茅山)에 도착하여 김위호(金緯昊)를 곡하였다. 무릇 자리하니, 마치 거짓 수명이 수삼년인 즉 급제는 반드시 손바닥 안에 있다고 하겠다. 하늘이 이미 나의 재주를 주었는데, 또 어찌 급하게 뺏기야 하겠는가! 다만 한집안의 고통이요 우리 문중에 운세가 쇠하였으니, 이로 미루어보면 돌아가는 것임을 알 수 있다.

장산(長山)에 이르러 최(崔) 좌수(座首) 댁에서 조금 마셨다. 상인(喪人) 권한기(權漢基)를 위로하고 곧바로 읍내 복동가(福東家)에 이르러 여온(汝溫)을 만났다. 어른인 권선백(權善伯) 씨가 와서 얘기를 나누다 여온(汝溫)과 함께 들어왔다.

초3일,
여온가(汝溫家)에서 머물렀다.

초4일, 맑았다.
서당계(書堂契)에서 마시고, 술이 취해서 신촌(新村)에 돌아왔다.

초5일, 맑았다.
한진(漢鎭)이 술 한 병, 조(租) 네 말(斗)을 가지고 왔다. 낮에 성용가(聖庸家)에 이르러 중직(仲直) 형과 함께 이야기했다.

초6일, 맑았다.
늦게 출발하였다. 한진(漢鎭)이 공사(工事) 하는 일로 따라왔다. 성용(聖庸)이 굴포(屈浦)로 가기로 작정하였다. 이로서 소매를 나란히 하고 들어갔다. 여운포(如雲浦)에 이르러 길이 갈리었다. 나와 한진(漢鎭)은 상운(祥雲)에 윤신(尹莘)의 처가에서 묵으면서 회를 뜨고 술을 사 마셨다. 한진(漢鎭)이 들어올 때 다리 부분이 접질렸는데, 조그만 상처가 되어 고통을 받았다.

초7일, 바람이 밤새도록 불었다.

통증이 심해져서 따라올 수가 없었다. 오는 길에 말을 얻어서 태워 보냈다. 나는 홀로 가다가 임천(林泉)에 이르러 상인(喪人) 노홍여(盧弘如)를 위로하고 이백교(李伯喬)를 방문하고 이사정(李士鼎) 댁에서 묵었다. 밤새도록 얘기하다가 닭이 울 때가 되어서야 그쳤다.

초8일, 흐리고 안개가 끼었다.

늦게 출발하여 생원 이시서(李時瑞)를 방문하고, 오얏나무에 달로 저물어 질 때, 간성(杆城) 오리진(五里津) 서가(徐家)에 이르렀다.

초9일, 흐렸다.

아침 전에 간성읍(杆城邑)에 이르렀다. 새로 부임하는 수령 김계염(金啓濂)이 오늘 도임하였다. 길에서 상인(喪人) 최춘백(崔春伯)을 만났다가 먼저 갔다. 나는 포남평(浦南坪)에 이르러 상인(喪人) 김원숙(金元叔)을 만나 함께 그 집에 들어갔는데 얘기 나누기를 종용하였다.

춘백가(春伯家)에 이르렀는데 큰비가 천둥을 치면서 쏟아부어 하늘을 뒤흔드는 것 같았다. 저녁에 상인(喪人) 최여덕(崔汝德)을 위로하고 머물러 묵었다.

초10일,

늦게 출발하여 길에서 용오(龍五) 씨를 만나 잠시 얘기 나누었다. 감호(鑑湖) 막동댁(幕洞宅)에 이르러 강릉에 서찰을 보냈다. 석양에 집에 돌아왔다. 내가 나간 후에 유아가 병을 얻어서 두 번이나 위험한 지경을 겪었다고 한다. 술이 있어 마셨다.

11일, 맑았다.

나는 여정으로 피곤하여 일어나지 못했다.

12일, 흐렸다.
집에 있었다.

13일,
집에 있었다.

14일, 흐렸다.
오늘은 하지(夏至)였다.

15일, 흐렸다. 폭운 손운
중량(仲亮) 형과 함께 읍에 갔다. 이 고을 수령 정동보(鄭東保)가 복어를 먹었는데 급작스럽게 사망하였고, 새로운 수령 홍락순(洪樂舜)이 부임한 지 오래되지 않았다. 오봉(五峯)에 친척인 숙주(叔主)가 장의(掌議)였는데, 향교로부터 나와서 길 옆집에 들어가 술을 사서 마셨다. 잠시 지룡가(池龍家)를 방문하였다. 오후에 집으로 돌아왔다.

16일, 흐렸다.
오봉(五峯)에 숙주(叔主)가 어제 와서 묵었다가 아침 후에 넘어갔다. 양양 생원 이세보(李世甫)가 들어왔다.

17일, 비가 왔다.
밤에 크게 쏟아졌다.

18일, 비가 왔다.

아침에 물이 크게 넘쳤다. 양양 이군삼(李君三)이 왔다. 공기댁(公期宅)에서 제사 음식을 보냈다.

19일, 흐렸다가 비가 왔다.

군삼(君三)이 감호(鑑湖)로 나갔다.

20일, 흐렸다.

이(李) 생원이 나갔다. 나는 본댁에 편지를 부쳐 보내고, 겸해서 백교(伯喬)에게도 편지를 썼다. 이날은 행원(行源)의 맏형의 장례 일이다. 배로 문상을 가야 하는데, 나는 큰비로 인해서 가지 못하고 은혜로운 정의에 결례를 보였다.

과거를 보러 다니면서 비용을 다 썼다. 세월이 무릇 시험을 마친 지 오래되었다. 비로소 자리를 펴고 공작하면서 시 한 수를 지었다.

21일, 흐렸다.

공기(公期)와 시 한 수를 지었다. 시(詩)·부(賦)를 같이 접하니 자못 홀로 짓는 것보다 좋았다.

22일, 맑았다.

자정(子靜) 형과 함께 오봉(五峯)에 가서 행원(行源)에 작은댁을 위로하였다. 자리를 잡고 친척 숙주(叔主)에게 두루 절을 하였다. 돌아 나와서 남석(南石) 어른을 방문하였다. 언명(彦明)은 간성에 가고 언원(彦元)과 모여서 함께 대화하였다. 운경(雲卿)이 병을 부여잡고 또 왔다.

저녁 후에 내려오다 길에서 자안(子安)을 만나 함께 광교(廣橋)에 들어가 술을 사서 마시고 황혼에 돌아왔다.

23일, 흐렸다.
시 한 수를 지었다.

24일, 종일 비가 크게 왔다.
시 한 수를 지었다.

25일, 갑자기 맑았다가 갑자기 비가 왔다.
일기 상태가 천만 가지이다. 시 한 수를 지었다.

26일, 잠깐 흐렸다가 잠깐 맑았다.
중량(仲亮) 형이 남촌(南村)에 갔다. 나는 시 한 수를 지었다.

27일, 맑게 개었다.
열기가 가득했다. 열기가 번성했는데 금년에 최고였다. 시 한 수를 지었다.

28일, 낮에 맑았다가 저녁에 흐렸다.
시 두 수를 지었다. 공기(公期)는 운전계(雲田契) 모임에 가고, 감호(鑑湖) 최(崔) 어른이 와서 묵었다.

29일, 종일 비가 왔다.
장마가 지속되는 가운데 겨우 잠시 백 낮을 보이더니 갑자기 바뀌어 또 흐렸다. 농가의 고민이 깊어져 말할 수 없었다. 춘백(春伯)이 상소를 올렸다. 시 한 수를 지었다.

30일, 소서(小暑)이다. 맑았다.
시 한 수를 지었다. 내댁(內宅)에서 보리 열 말(斗)을 보냈다.

계축년(癸丑年 : 1793, 정조 17) 육월(六月) 임술삭(壬戌朔)

초1일, 맑았다.

간성(杆城) 상인(喪人) 김원혁(金元赫)이 감호(鑑湖) 상인(喪人) 최(崔)와 함께 왔다. 권회원(權會源)이 또 이르렀다. 나는 시 한 수를 지었다.

초2일, 맑았다.

시 한 수를 지었다. 반나절 동안 원숙(元叔)과 함께 얘기했다. 한정(漢鼎)이 집으로부터 들어왔기에 본댁의 평상시 소식을 자세히 물어보았다.

초3일, 새벽에 큰비가 급하게 왔다.

오후에 남천(南川)이 크게 넘쳤다. 위아래의 긴 교외 지역들이 모두 물속에 잠겼다. 촌 노인들이 말하기를 정유(丁酉)에 비해서 한 치(尺)는 부족하다고 한다. 광교(廣橋)에는 집들이 물에 떠내려갔고, 역인(驛人)들이 죽었으며, 또한 예년에는 보기 드문 대재앙이었다. 나는 시 한 수를 지었다. 상인(喪人) 원혁(元赫)이 머물러 묵었다.

초4일, 비가 개었다.

촌락이 물에 잠겨 하나같이 물바다를 이루었다. 저녁때가 되어서 큰 천둥과 비가 쏟아지더니 홀연히 그쳤다. 나는 시 한 수를 지었다.

초5일, 쾌청하였다.

애자(哀子) 원숙(元叔)이 강릉 하인을 데리고 말을 타고 나갔다. 나는 시 두 수를 지었다.

초6일, 맑았다.

뜨거운 열기가 금년 여름에서 최고인 것 같다. 시 두 수를 지었다. 이번 물이 몰려들면서 재해를 입은 곳들이 많이 있다. 한탄스러운 일이다.

초7일, 흐리고 더웠다.
시 두 수를 지었다.

초8일, 흐렸다가 저녁에 비가 왔다.
시 두 수를 지었다.

초9일, 종일 비가 왔다.
오늘은 초복(初伏)이다. 내댁(內宅)·월댁(越宅) 모두 기일이었다. 나는 시를 지었다. 금년 보리농사는 도처에서 풍년이었다. 오직 이 고을만이 말라 시드는 재해를 입어 전적으로 열매를 이루지 못했다. 온 마을 표정은 근심스럽고 참혹함을 깨닫지 못하고 있다. 하물며 나는 새집에서 생활할 길이 없다. 하늘이 어찌 하여 나로 하여금 먹고 사는 것의 궁색함을 이와 같게 한단 말인가!

초10일, 흐렸다.
아이들에게 독서를 시켰다. 나는 시 한 수를 지었다.

11일, 흐렸다.
시 두 수를 지었다.

12일, 흐렸다.
보리를 타작하였다. 시 한 수를 지었다.

13일, 흐렸다.

시 두 수를 지었다. 중량(仲亮) 형이 읍을 돌아서 저녁에 돌아왔다.

14일, 맑았다.

시 한 수를 지었다. 공기(公期)가 읍에 나갔다. 아침 전에 양양댁(襄陽宅)에서 백미 열여섯 되(升)를 보냈다. 아이들이 관가에 글을 올려 양식을 요청하였다. 관가에서 대답하기를 환곡으로 소미(小米) 즉 좁쌀 한 석(石)을 준다고 하였다. 되 박으로 헤아리면, 12말(斗) 7되(升)에 생선 20마리를 더하고 장(醬) 2말(斗)이 된다.

그것은 학교를 일으키는 방도에 조금에 도움은 없지 않았다. 중량(仲亮) 형이 읍에 가서 받아 가지고 왔다.

15일, 날이 덥기가 불덩이 같았다.

저녁에 갑자기 비가 크게 쏟아부었다. 시 두 수를 지었다. 오늘은 대서(大暑)였다.

16일, 아주 더웠다.

시 두 수를 지었다. 밤에 월색이 아름다웠다.

17일, 또 더웠다.

시 두 수를 지었다. 자봉(自奉)이 간성에 갔다.

18일, 맑았다.

시 두 수를 지었다. 애자(哀子) 최춘백(崔春伯)이 아이 창종(昌宗)을 서당에 보내 수학하게 했다.

19일, 맑았다.

시 두 수를 지었다. 오늘은 중복(中伏)이다.

20일,
아이들을 받아서 강의를 하였다. 시 두 수를 지었다.

21일, 맑았다.
저녁에 홀연히 큰비가 왔다. 밤에도 그치지 않았다. 시 두 수를 지었다.

22일, 맑았다.
갑자기 저녁에 비가 왔다. 시 두 수를 지었다.

23일, 비가 왔다.
시 두 수를 지었다.

24일, 비가 왔다.
시 두 수를 지었다.

25일, 흐렸다.
시 두 수를 지었다.

26일, 흐렸다.
시 두 수를 지었다.

27일, 흐렸다.

시 두 수를 지었다. 관가에서 순제(旬題)[202]를 내려보냈다. 시(詩)·부(賦) 각각 다섯 수였다.

28일, 흐렸다.

순제(旬題) 한 수를 지었다. 중량(仲亮) 형이 해제(解題)[203]를 베끼고자 하여 읍에 나갔다. 관원이 병이라 베끼지 못하고 왔다.

29일, 맑았다.

한진(漢鎭)이 수일 전에 서리(暑痢)[204]가 들었다고 한다. 지금은 자리에 누워서 일어나기 어렵다고 하니 걱정스럽기가 말로 할 수 없다. 권언명(權彦明)이 읍으로부터 올라와서 반나절 동안 편안히 얘기했다.

석양에 제익(諸益)과 함께 광교(廣橋)에 이르러 술을 사서 마셨다. 언명(彦明)과 머물다가 읍에서 만나자는 약속을 하였다.

30일, 맑았다.

시 두 수를 지었다.

계축년(癸丑年 : 1793, 정조 17) 칠월(七月) 임진삭(壬辰朔)

초1일,

오늘은 입추(立秋)이다. 공기(公期)와 중량(仲亮) 형이 읍 근처에 도착했고, 언명(彦明) 또한 이르러서 함께 교궁(校宮)[205]에 들어갔다. 환곡을 얻어서

---

202) 관에서 열흘마다 한 번씩 내려보내는 숙제.

203) 문제에 대한 설명.

204) 더위를 먹어 설사하는 병.

205) 향교.

살아가는 일로 관가에 상서(上書)[206]하였다. 그러한 즉 창고에 물건을 조사한 후에 양식을 지급하겠다는 뜻을 예방(禮房)을 불러서 문서를 보내겠다고 했다. 겸해서 해제(解題)를 베끼고 나와서 어두워 질 무렵에 집에 돌아왔다.

초2일, 맑았다.
시 한 수를 지었다.

초3일, 맑았다.
시 세 수를 지었다.

초4일, 맑았다.
한진(漢鎭)의 더위 먹은 증세가 조금 차도가 있었다. 관가에서 향교의 종을 시켜 순제(旬題)를 재촉했다. 오후에 숙제하여 보냈다. 중량(仲亮) 형은 간성(杆城)에 갔고, 공기(公期)는 읍에 갔다. 저녁에 행원(行源)의 편지가 돌아왔는데, 나에게 순제(旬題)를 부탁하는 것이었다. 이에 밤에 두 수를 지었다.

초5일, 맑았다.
아침 전에 세 수를 지었다. 아침 후에 숙제를 보냈다. 낮에 한 수를 지었다.

초6일, 맑았다.
시 두 수를 지었다.

초7일, 낮에 맑았다가 저녁에 흐렸다.

206) 관아에 올리는 문서.

시 두 수를 지었다. 중량(仲亮) 형이 어두워져서 왔다. 애자(哀子) 춘백(春伯)이 예전에 보리 세 말(斗)을 보냈는데, 지금 백미 닷 되(升)를 보냈다. 또 편지를 썼다.

초8일, 지난밤에 비가 왔다.
한 달 동안 온 수치가 될 것 같았다. 낮에는 혹 비가 오다가 혹 그치기도 하였다. 시 두 수를 지었다.

초9일, 비가 왔다.
시 두 수를 지었다. 오늘은 말복(末伏)이었다.

초10일, 흐렸다.
정원(定元) 씨가 비로소 경흥(慶興)에 가려는 계획을 세우고, 지나는 길에 이곳에 들렀다. 본댁을 받든다는 명분으로 편지를 자세히 살폈다. 평안도 소식에 기쁨은 이루 말할 수 없었다.

11일, 흐렸다.
아침 후에 천 리 여정을 출발하는데 송별하였다. 객의 회포에 걱정이 더했다. 오후에 시 세 수를 지었다.

12일, 흐렸다.
나는 4, 5일 전에 더위를 먹어 설사 증세(痢症)가 생겼는데 날로 더욱 고통스러웠고 병을 다잡고자 했으나 더 강해졌다. 시 두 수를 지었다.

(13일은 날짜와 내용이 원전에 없다.)

14일, 맑았다.

양양댁(襄陽宅)에서 쌀 닷 되(升)를 보냈다. 겨우 시 두 수를 지었다. 김이혁(金彛赫)이 강릉으로부터 왔다. 내일 출발해 나간다고 한다. 이에 집에 보낼 편지를 부쳤다.

15일, 맑았다.

나는 병이 더하여 떨쳐 일어나지 못하였다. 하루 종일 쑥 뜸을 하였다. 관가에서 평가하고 이전에 보냈던 시(詩) 다섯 수를 보내왔다. 그리고 또 새로운 순제(旬題) 다섯 수와 고풍(古風)[207] 다섯 수를 과제로 보냈다.

16일, 맑았다.

병으로 힘들었다. 시 한 수를 지었다.

17일, 무척 더웠다.

겨우 시 한 수를 지었다. 오늘은 처서(處暑)였다.

18일, 또 무더웠다.

시 두 수를 지었다. 더위로 설사하던 증세가 조금 차도가 있었는데, 감기가 이어서 발생했다.

19일, 또 무더웠다.

시 두 수를 지었다.

20일, 또 무더웠다.

207) 한시의 한 체.

양양댁(襄陽宅)이 천신(薦新)[208]하여 술이 있었다. 월댁(越宅)도 또한 새해의 벼로 술을 담았다. 술을 마시고 간신히 시 두 수를 지었다.

21일, 흐렸다.

한진(漢鎭)이 왔다. 이미 오랫동안 여러 번 돌아가려는 생각을 가지고 있었다. 이웃 아이가 양양에 간다고 했으나 그와 동행하기가 어려워졌다. 오늘 돌아간다고 알렸으나 머무를 수밖에 없었다. 생각하니 슬픔을 이길 수가 없었다. 집에 보낼 편지와 여온(汝溫)에게 보낼 편지를 부탁해 보냈다.

아침 후에 시 두 수를 지었다. 오후에 과제로 나온 시 다섯 수를 지었다. 공기(公期)를 대신했고, 행원(行源)의 시 다섯 수를 지었다. 관가에 보냈는데 모두 시(詩) 10수, 부(賦) 10수, 고풍(古風) 30수였다. 나는 연이어서 번갈아 오는 감기로 고통을 호소했으나, 순제(旬題)였기 때문에 날마다 강제로 지었다.

저녁부터 자리에 누웠고, 큰 통증으로 인사불성이었다.

22일, 흐렸다.

종일 누워 있었다.

23일, 흐렸다.

겨우 시 한 수를 지었다.

24일, 흐렸다.

시 한 수를 지었다. 연일 더위를 먹은 병을 앓은 나머지 설사가 길어졌으며 감기가 찾아왔다. 사람 몸의 원기가 빠져나간 것이 진실로 걱정이었다.

---

208) 그 해에 새로 난 곡식으로 신에게 올리는 의례.

25일, 맑았다.

시 한 수를 지었다. 외밭(瓜田)에 가서 먹을 것을 샀다. 돌아서 광교(廣橋)에 이르러 술을 사서 마셨다.

26일, 맑았다.

시 한 수를 지었다.

27일, 맑았다.

시 한 수를 지었다.

28일, 맑았다.

오늘은 행원가(行源家)에서 면례(緬禮)[209]하는 날이다. 자정(子靜) 형·공기(公期)가 함께 갔다. 나는 탈 것이 없어 가지 못하고 편지를 써서 위로를 대신했다. 시 한 수를 지었다.

29일, 맑았다.

아이들을 받아서 강의하였다. 시 한 수를 지었다. 상인(喪人) 최춘백(崔春伯)이 들어와서 여온(汝溫)의 편지를 전해 주어서 본댁(本宅)의 소식을 들을 수 있었다. 춘백(春伯)이 사람을 시켜 술을 사서 보냈다. 취하도록 마셨다. 밤에는 내댁(內宅)에 얘기하기를 전후하여 조(租) 아홉 말(斗)을 보냈다고 한다.

계축년(癸丑年 : 1793, 정조 17) 팔월(八月) 신유삭(辛酉朔)

초1일, 비가 내렸다.

---

209) 무덤을 옮기고 다시 장사 지내는 의례.

종일 애자(哀子) 춘백(春伯)과 함께 얘기했다. 심천댁(深川宅)에서 술을 보냈다. 나는 저녁을 한 후부터 몸 전체가 불덩이 같았다. 두통이 쪼는 듯했다. 밤새 미친 듯이 호소하다가 새벽부터 조금 차도가 있었다.

초2일, 비가 왔다.

쓰러져 누워서 정신을 못 차렸다. 오후에 털고 일어나 정신을 차리고 애자(哀子) 춘백(春伯)과 얘기했다.

초3일, 비가 왔다.

춘백(春伯)이 갔다. 백로(白露)였다.

초4일, 가을철의 으뜸인 날이다. 비가 조금 내렸다.

애자(哀子) 정자안(鄭子安)이 와서 얘기 나누었다.

초5일, 쾌청했다.

초6일, 약간 흐렸다.

밤에 큰비가 왔다.

초7일, 새벽에 맑았다.

오늘은 석채(釋采)[210]하는 날이다. 중량(仲亮) 형은 읍에 갔다가 저녁에 돌아왔다. 관가에서 점고하고 순제(旬題)를 보냈다. 또 시(詩) 부(賦) 다섯 과제와 고풍(古風) 다섯 과제를 보냈는데, 계획을 세우려는 것이라고 하였다. 생원 정홍(鄭泓)이 헌관(獻官)으로서 활약하고 육포(肉脯) 반 조각을 보냈다.

210) 향교의 석전제.

초8일, 맑았다.

순제 한 수를 지었다. 시재(時哉)가 대축(大祝)으로서 사직제(社稷祭)를 겸해서 행하고 육포(肉脯) 두 조각을 보냈다. 칠송정(七松亭)에서 사람을 보내 해제(解題)를 베껴 갔다.

초9일, 맑았다.

순제 한 수를 지었다. 중량(仲亮) 형과 공기(公期)가 향교 서책의 실상을 조사하기 위해 읍에 갔다. 나는 낮에 양양댁(襄陽宅)에서 마셨다.

초10일, 아침 후에 비바람이 크게 일었다가 저녁에 맑았다.

양양댁(襄陽宅)에서 작은 술자리가 열렸다. 상인(喪人) 정자안(鄭子安)이 와서 얘기 나누었다.

11일, 맑았다.

강원도 관찰사가 부모상을 당하였고, 신임 관찰사가 부임하였다. 이에 이 고을 수령이 원주에 갔다.

12일, 맑았다.

13일,

내댁(內宅)에서 술 한 병을 보내와 밤에 마셨다.

14일, 비가 왔다.

여러 집에서 마셨다.

15일, 맑았다.

객지에서 가절을 맞으니 마음을 다잡기가 어려웠다. 여러 집에서 술을 보내 마음을 위로해 주었다.

16일, 맑았다.

술로 인한 괴로움으로 하루를 보냈다.

17일, 맑았다.

공기(公期)와 월촌(越村)에 와서 술을 마셨다.

18일, 맑았다.

순제(旬題) 한 수를 지었다. 오늘은 추분(秋分)이다.

19일, 맑았다.

순제 한 수를 지었다.

20일, 맑았다.

아이들을 받아서 강의를 하였다. 순제 한 수를 지었다. 양양댁(襄陽宅)에서 삼지구엽주(三枝九葉酒)를 마셨다. 한 국자로 습냉(濕冷)에 주효하다고 한다.

21일, 흐렸다.

정초(正草)[211] 다섯 장을 베끼는 것을 마치니, 모두 시부(詩賦) 15장, 고풍(古風) 30장이다.

---

211) 과거의 답안지.

22일, 맑았다.

사초(私草)[212]를 베끼는데 옷이 가랑비에 젖은 듯했다.

23일, 맑았다.

순제(旬題)를 보냈다.

24일, 맑았다.

이 고을 수령이 관에 돌아왔다.

25일, 맑았다.

양양댁(襄陽宅)에서 전후하여 보내온 것이 모두 여섯 말(斗)이다.

26일, 맑았다.

월촌(越村) 정(鄭) 댁에서 술을 마셨다. 밤이 저물어 도착했다.

27일, 흐렸다가 밤에 큰비가 왔다.

윤옥(潤玉)이 괴례(魁禮)[213]를 열었다. 두 마을이 모여서 마셨다.

28일, 아침에 비가 조금 오다가 늦게 맑았다.

나는 자안(子安)의 말을 빌려 타고 창종(昌宗)과 간성(杆城)에 갔다. 저물어서 대진(大津)에 이르렀는데 성씨가 신(愼)인 집에 한 의생이 머물고 있었다. 용인(龍仁)에서 와서 머물렀는데, 자못 곡진하게 보려는 생각이 있다고 했다. 밤에 편안하게 얘기 나누었다.

---

212) 개인의 원고.

213) 여자의 관례.

29일, 맑았다.

아침 전에 열산(烈山)에 갔는데, 애자(哀子) 최춘백(崔春伯) 댁에서 양주를 가져왔다. 한낮이 지나서 창종(昌宗)과 종을 데리고 읍내에 갔다. 임천(林泉)의 유생을 방문하여 이백교(李伯喬)·이사정(李士鼎)·제익(諸益)과 함께 얘기했다. 밤에 김일(金鎰)·정창명(鄭昌命)과 함께 묵었다.

30일, 맑았다.

오늘은 처음 택한 날이다. 여러 유생들과 입장하였다. 시제(詩題)는 "비로소 백곡을 파종했다."[214]였다. 저녁 무렵에 방(榜)을 걸었다. 나는 삼하(三下)로 겨우 방(榜)에 들었다.

밤에 고성(高城) 수령의 관사에 갔다. 임천(林泉)의 제익(諸益)이 또 왔는데, 서로 얘기하자고 종용하였다. 간성(杆城)에서 시욱(始郁)이 밤에 와서 술을 사 마셨다. 여온(汝溫)의 편지를 받아 보았다.

계축년(癸丑年 : 1793, 정조 17) 구월(九月) 신묘삭(辛卯朔)

초1일, 맑았다.

아침 전에 언명(彦明)의 숙소를 방문하였다. 아침 후에 함께 간성(杆城) 군수 김계렴(金啓濂)을 만났다. 그는 나와는 같은 종인(宗人)이다. 한번 만남이 마치 오래 정을 나눈 것 같았다. 돈독함을 쌓고 술과 안주를 내었으며, 그 두터운 정의는 치하할 만하였다. 또 나주(羅州) 이우규(李禹圭)의 숙소를 방문하였다. 나와서 편지를 보고 여러 시축(詩軸)을 읊었다.

오후에 돌아오다 열산(烈山)에 이르렀는데 마침 저녁이라 술을 마셨다. 언명(彦明) 큰 아우가 또한 이르러서 함께 묵었다.

---

214) 其始播百穀.

초2일, 맑았다.

나는 취하여 머물렀고 언명(彦明)은 들어갔다. 나는 오후에 여덕(汝德)을 방문하여 위로했다. 저녁을 한 후에 와서 춘백댁(春伯宅)에서 묵었는데, 닭을 삶아서 술을 마셨다.

초3일, 맑았다.

창종(昌宗)과 늦게 출발하여 감호(鑑湖)에 용오(龍五) 씨를 방문하였다. 저녁이 되어서 집으로 돌아왔다. 젖먹이 아이가 지난달 28일부터 밤마다 태독(胎毒)이 일어 고생하였는데, 증세가 심해지니 걱정은 이루 말할 수가 없다.

초4일, 맑았다.

아이의 걱정으로 고통 속에 나날을 보내고 있다. 낮에 월촌(越村)에 들러 자안(子安)의 부친의 환우를 여쭈었는데, 또한 위험한 처지에 놓여 있었다. 술을 마셨다. 오늘은 한로(寒露)였다.

초5일, 맑았다.

아이 병이 낫지는 않고, 아이는 주야로 울어대니 근심스럽다.

초6일, 맑았다.

근심이 여전하였다.

초7일, 오후에 천둥이 진동하더니, 큰비가 간간이 쏟아졌다.

밤에는 월촌(越村)에서 묵었다.

초8일, 아침 전에 크게 천둥치면서 비가 쏟아지더니, 폭풍이 되면서 천지를 흔들었다.

아침 후에 그쳤는데, 종일토록 혹 천둥치고, 혹 비가 왔다. 해가 간간이 나왔다. 이날은 정(鄭) 댁의 대상을 지내는 날이다. 나는 상인(喪人)을 위로하고 새벽을 무릅쓰고 건너왔다. 심히 피곤하여 쓰러져 잤다.

초9일, 맑았다.
객지에서 지금 같은 절기에 아름다운 것이라고는 조금도 없으니, 울타리에 국화꽃도 없다. 술독에 백주가 비었기에 술을 빌리고자 이웃을 돌아다니니 조금은 위로가 되는 듯하다.

초10일,
관가에서 순제(旬題)가 또 나왔다.

11일,
순제 한 수를 지었다.

12일,
한 수를 지었다.

13일,
한 수를 지었다.

14일,
한 수를 지었다.

15일,
한 수는 해제(解題)를 알지 못해 짓지 못했다.

16일, (원본에서 날짜는 있으나, 내용이 없다.)

17일, (원본에서 날짜는 있으나, 내용이 없다.)

18일, (원본에서 날짜는 있으나, 내용이 없다.)

19일,
오늘은 상강(霜降)이다.

20일, 조금 흐렸다.
박수촌(迫水村)에 도착하여 애자(哀子) 정영원(鄭永源)을 위로하였다. 내일 양례(襄禮)[215]를 행한다. 나는 저녁이 되어서 내려왔다.

21일,
서재(書齋)에 띠를 이었다. 언명(彥明)이 와서 얘기 나누었다.

22일,
중량(仲亮) 형이 읍에 나갔다.

23일, 맑았다.
나는 남석(南石) 어른을 방문하였다. 술을 가지고 갔는데, 국화가 만발하였다. 언명(彥明)의 아우가 이미 복시(覆試)[216]를 보기 위해 여정을 시작하였다. 오후에 돌아서 오봉(五峯)을 방문하여 척숙주(戚叔主)를 만났다. 행원댁(行源宅)에서 술을 마시고 황혼 무렵에 집에 돌아왔다.

---

215) 장사 지내는 의례.
216) 과거에서 초시에 합격한 자들이 보는 2차 시험.

24일, 맑았다.

일찍 출발하여 강릉을 향하였다. 창종(昌宗)과 더불어 소를 몰다가 소에 올라탔는데, 이것은 작년 가을에 몰고 온 여온(汝溫)의 동물이다. 또 여온(汝溫)에게서 빌린 돈 20냥을 싣고 갔다. 밤에는 열산(烈山)에서 묵었다. 애자(哀子) 최춘백(崔春伯)이 가양주(家釀酒)를 가져와 밤새도록 얘기 나누었다.

25일, 맑았다.

아침 후에 춘백(春伯)과 동행하였다. 간성읍(杆城邑)에 이르렀는데 이 고을 수령이 온정을 베풀었다. 또 나주(羅州) 이(李)를 만났다. 밤에는 춘백(春伯)과 더불어 읍에서 묵었다.

26일, 맑았다.

늦게 출발하였는데, 갑자기 읍 아래에서 두 사람을 만났다. 한 사람은 서울에 사는 동종(同宗)으로 김종길(金宗吉)인데, 호당(湖堂)[217] 성우(聖佑)의 손자이다. 또 한 사람은 참의(參議)[218] 이평(李枰)의 조카였다. 동행하다가 건진(建津) 민가에서 묵었다.

27일, 맑았다.

동행하던 두 사람은 곧바로 강릉으로 갔다. 나는 포월(浦月)에서 이사정(李士鼎)을 만나서 함께 그 댁에 갔다. 밤에 취하여서 얘기 나누었다. 듣기로는 이숙(李叔)·함(咸) 부처가 질병에 걸려서 함께 장례를 치렀다고 한다. 슬프기가 말로 할 수 없었다. 꺼림이 있어 조문을 하지 못하였다. 밤에 바람이 크게 불었다.

---

217) 독서당, 국가의 중요한 인재를 기르기 위해 만든 전문 독서연구기관.
218) 육조에 속한 정3품 벼슬.

28일, 대풍이 그치지 않았다.

잠시 이백교(李伯喬)를 방문하고 늦게 출발하였다. 소를 몰았더니 발에 병이 생겨 나아갈 수 없었다. 겨우 동산(洞山) 여헌가(汝憲家)에 도착하여 밤이 이미 깊었다.

29일, 맑았다.

늦게 출발하여 저녁에 신촌(新村) 본댁에 돌아왔다. 어머니의 안색이 편안하시니 기쁨이 말할 수 없었다.

30일, 맑았다.

연곡(蓮谷)을 방문하니 여온(汝溫)은 읍에 나갔다. 초시(草柴)에 도착하여 전(全) 댁을 방문하였다. 생각해보니 해 안으로 읍에 이르기는 어려울 것 같고, 이에 돌아서서 여온가(汝溫家)에 이르러 힘센 종 한 사람을 데리고 가서 한진가(漢鎭家)에서 묵었다.

계축년(癸丑年 : 1793, 정조 17) 십월(十月) 신유삭(辛酉朔)

초1일, 맑았다.

오늘은 복시(覆試)[219]의 초장(初場)[220]이 있는 날이다. 닭이 처음 울 때, 종과 말을 빌려서 사촌(沙村)에 왔다. 아직 새벽빛은 없지만, 점방에 들어갔다가 이시서(李時瑞) 어른을 만나서 동행하여 북평(北坪)에 도착하였다. 날은 첫 새벽이지만 분주하게 달려 읍에 들어가 향청(鄕廳)에 이르렀다. 유건(儒巾)을 얻은 여러 유생들이 모두 입장하였다. 갑자기 문밖에서 여온(汝溫)을 상면하였으나 말을 건네지도 못하였다. 입문한 후에 문제가 게시되었다.

---

219) 과거에서 초시에 합격한 자들이 보는 2차 시험.
220) 첫째 날 시험.

시험지를 제출한 후에 언명(彦明)의 숙소를 방문하여 잠시 얘기를 나누었다. 하봉(荷峰) 큰댁에 가서 묵었다.

초2일, 맑았다.

일찍 들어가 중장(中場)[221]을 보았다. 시험 감독은 춘천(春川) 수령 박성태(朴聖泰)였다. 나는 향교 주인가(主人家)에서 묵었다. 모산(茅山) 김(金) 진사댁에서 술과 떡을 차려 와 밤에 편안하게 놀았다.

저녁에 공휴(公休) 형의 숙소를 방문하였다. 친구인 민원민(閔元民) 또한 왔다. 여러 해 동안 만나지 못한 회포를 펼쳤다.

초3일, 맑았다.

나는 초·중장에서 굴욕을 맛보고 입장하지 않았고, 여러 사람들과 영주각(瀛洲閣)에서 놀았다. 저녁때 큰댁에 가서 유숙하였다.

초4일, 맑았다.

여러 댁을 방문하였다. 점심 후에는 읍 동쪽에 석사(碩師) 김재빈(金再彬)을 방문하였는데 굳이 붙들고 보내 주지 않았다. 이에 머물러 밤늦도록 술을 마셨다. 생원 최남거(崔南擧)·석사(碩士) 김곤(金坤) 등과 함께 묵었다.

복시(覆試)의 방목(榜目)을 보았더니, 강릉 권철교(權哲敎) 외 강경(講經)에서 2인, 양양 이종태(李鍾泰), 원주와 춘천에서 각각 1인이 참방하였다.

오늘은 입동(立冬)이었다.

초5일, 맑았다.

늦게 출발하여 송계댁(松溪宅)을 방문하였다. 선영의 묘를 개사(改莎)[222]하

---

221) 복시의 둘째 날 시험.

222) 개사초(改莎草), 무덤의 떼를 갈아입히는 일.

고 돌아오지 않았다. 돌아서서 김(金) 진사 댁을 방문하니 역시 개사초에 참석하여 계시지 않았다. 곧바로 올라와서 망동댁(輞洞宅)에 도착하여 주인 삼형제와 함께 얘기 나누었다. 돌아서서 조인지(曹獜之)를 방문하여 유숙하였다.

초6일, 맑았다.

아침 후에 또 송계재(松溪齋)에 갔다. 종씨(從氏)가 갑자기 김(金) 진사 댁에 갔다고 했다. 이에 돌아서서 창창헌(蒼蒼軒) 진사 어른을 방문하였는데, 창석정(滄石亭)에 가서 돌아오지 않았다. 저녁때가 되어서 모시고 얘기 나누었다.

나는 나이 드신 부모님 슬하에서 멀리 떠나기가 어렵게 되었다. 하여 사촌(沙村) 서숙(書塾)으로 이사하고자 하였다. 이에 여러 사람들과 의논하였더니 흔쾌히 응낙하였다. 밤에는 생원 권공백(權公伯)과 함께 송계재(松溪齋)에서 묵었다.

초7일, 바람이 어지러웠다.

오후에 의집(儀集)과 함께 창창헌(蒼蒼軒)에 도착하여 편안하게 놀았다. 저녁에 가수가(可受家)에 도착하여 마셨다.

초8일, 맑았다.

의집(儀集)과 미노리(未老里)에 도착하여 종일 술을 마셨다. 시동(詩洞) 박(朴) 석사(碩士)가 들어오고, 송계(松溪)가 역시 읍으로부터 와서 밤에 또 마셨다.

초9일, 맑았다.

이 고을 수령 홍의호(洪義浩)가 영주각(瀛洲閣)에서 백장(白場)[223]을 열

223) 백일장.

었다. 나는 의집(儀集)과 새벽을 무릅쓰고 읍에 갔다. 나는 대작(代作)하여 다른 사람을 높은 자리에 앉혔다.

밤에 광백(光伯) 형 그리고 양수(養壽)와 함께 복동가(福同家)에서 묵었다.

초10일, 맑았다.

늦게 출발하여 광백(光伯) 형·양수(養壽)와 동행하여 사촌점(沙村店)에 도착했는데, 의집(儀集)이 역시 이르러서 술을 사서 마셨다. 잠시 송계재(松溪齋)에 갔다.

저녁에 연곡(連谷)에 이르러 한진가(漢鎭家)에서 묵었다. 별감(別監)[224] 김경수(金景叟)가 방금 돌아가셨다. 나는 가서 영전에 곡을 하였다.

11일, 맑았다.

어머니가 연곡(蓮谷)에 도착하셨다. 나는 모시고 신촌(新村) 본댁으로 갔다.

12일, 오후에 갑자기 비가 왔다.

나는 여정의 피로로 약간의 고통이 있었다.

13일, 간혹 맑았고, 간혹 비가 왔다.

오후에 여온가(汝溫家)를 방문하였다. 바야흐로 토목 일을 하는 역사에 빠져 있었다. 밤에 행랑에서 자면서 빌렸던 돈을 모두 갚았다. 그리고 중도에 보냈을 때의 두 냥은 어디에서 잃어버렸는지 알 수 없고, 사람들마다 공허하고 성가시니 책임이 없는 것으로 하였다. 간략하게나마 그동안의 회포를 풀었다.

또 여온(汝溫) 부인의 병이 열흘이 지났는데, 더 심하여 가라앉지 않으니

224) 향청의 좌수에 이은 두 번째 자리.

걱정스러웠다.

14일, 맑았다.

위촌가(渭村家)를 방문하였다. 반나절을 얘기 나누었다. 돌아올 때 잠시 여온(汝溫)의 새로운 집터를 방문했다. 한진가(漢鎭家)에서 잤다.

15일, 맑았다.

예전에 사촌(沙村)에 갔을 때, 돈을 보내겠다는 약속이 있었으나 아직 오지 않았다. 이에 오후에 다시 사촌(沙村)에 가서 송계재(松溪齋)를 방문하였다. 종씨(從氏)와 함께 창창헌(蒼蒼軒)에 갔다. 진사 어른을 모시고 얘기 나누었다. 송계재(松溪齋)에서 묵었다.

16일, 맑았다.

사촌(沙村)에 머물렀다.

17일, 맑았다.

창창헌(蒼蒼軒)에서 유숙하였다. 주인 치명(稚明)과 부(賦) 한 수를 지었다. 나는 시에서는,

歲寒階竹獨萋萋　　추운 계절에 섬 뜰 대나무 무성하고,
세한계죽독처처
爲訪幽期度野蹊　　멀리서 기약한 방문에 들판 지름길 헤아리네,
위방유기도야혜
行路遠愁雲影北　　행로 멀어 시름하니 운영은 북에 있고,
행로원수운영북
讀書消息水聲西　　독서 소식에 물소리는 서쪽에 있네,

독서소식수성서
(주인의 동생이 청학사(青鶴寺)에서 독서하다 오늘 저녁 내려온 까닭이다.)

離庭一日餘情在　　헤어진 뜰에 온종일 여정이 남았는데,
이정일일여정재
懷土三年底事啼　　고향 그리는 삼 년에 일삼아 울었다네,
회토삼년저사제
故舊指言新寓處　　옛 친구 하는 말에 새집에 거처하니,
고구지언신우처
山齋一畝樹蔭低　　좁은 산재에 나무 그늘 내려앉네.
산재일무수음저

18일, 맑았다.

아침 후에 한진가(漢鎭家)에 갔다가 돌아서서 신촌(新村) 본댁에 도착했다.

19일, 맑았다.

신촌에 머물렀다. 오늘은 소설(小雪)이었다.

20일, 흐렸다.

한진(漢鎭)이 들어왔다. 나는 하촌(下村)에 갔다가 중직(仲直) 형을 방문하였다. 그는 근래에 외아들을 잃었다. 그 사이 지내는 형편이 눈뜨고 볼 수 없는 지경이다. 자용(子用) 형을 만나 세를 받고 빌려주는 말을 한 필 구해서 음죽댁(陰竹宅)에 가서 다시 세마(貰馬)를 한 필 구했다.

21일, 비가 왔다.

빌려 준 사람 둘이 와서 말에 편자(馬鐵)를 하였는데, 부득이하여 출발하

지 못하고 읍내 시장에 돈만 보냈다.

22일, 비가 약하게 왔다.

하촌(下村)에 가서 대동내계(大洞內契) 모임에 참석하였다. 말편자가 여온가(汝溫家)에 들어왔다. 또 보냈다.

23일, 맑았다.

조(曹) 씨 큰댁을 방문하였다. 대재(大材) 형이 몸을 앓아서 회생이 무망했다. 참혹하여 볼 수 없었다. 밤에 행장을 꾸렸다.

24일, 맑았다.

두 아이와 두 마리의 말을 거느리고 출발하였는데, 문여(文汝)가 양양(襄陽)을 갈 작정을 했다. 나란히 채찍을 잡고 동산(洞山)에 이르렀다. 듣기로는, 매동댁(梅洞宅) 숙주(叔主)가 경원(慶源)으로부터 말미를 받아서 온다는 놀라운 소식에 기쁘기가 그지없었다. 길에서 어긋나 만나지 못했으나 종일토록 기쁨이 가득했다.

저녁때 굴포(屈浦)에 도착했다. 문여(文汝)와 함께 묵었다.

25일,

일찍 출발했다. 잠시 낙산(洛山)에 들어가 짚신을 얻어 가지고 강선역(降仙驛)에 도착했다. 저잣거리에서 애자(哀子) 김이혁(金彛赫)을 만났다. 낮에 청초진(青草津)에 들어가 술과 고기를 사서 취하도록 마셨다. 밤에는 교암진(橋岩津)에서 묵었다.

26일, 맑았다.

닭이 울은 후에 출발하여 걸었다. 오리진(五里津)에 도착했는데 새벽별이 아직 지지 않았다. 길가 집에 들어가 새벽을 기다리면서 일절을 지었다.

蹴起屆僮數問更 축기잡동수문갱	뒤따르는 아이를 깨워서 수차례 물으니,
出門看月認晨光 출문간월인신광	문밖 달을 보니 여전히 새벽빛이라네,
來敲酒舍猶深宿 내고주사유심숙	술집을 두드리니 오히려 깊이 잠들었고,
臥荅村鷄尙不鳴 와답촌계상불명	답에 누운 촌닭은 아직도 울지 않네.

아침은 공수진(公輸津)에서 하고 늦게 간성읍(杆城邑)에 도착하니, 이 고을 수령이 술과 고기를 보내 주었다. 나주(羅州) 이(李)를 방문하였다. 좌중에서 춘백(春伯) 형제를 만나 동행하여 그 댁에 도착했다.

27일, 맑았다.

늦게 출발하여 봉치(蓬峙)에 이르렀다. 광백(光伯) 형을 만났는데, 일이 있어 간성(杆城)에 와서 머문 지 이미 오래되었다고 한다. 다른 날에 내방하겠다고 약속하였다. 이에 잠시 얘기 나누고 헤어져서 감호(鑑湖) 용오(龍五)씨를 방문하여 가랑비를 맞으며 얘기 나누었다.

생원 최현장(崔顯章)이 지난달 25일에 아버지 상과 며느리 상을 당하였고, 몸이 바야흐로 아파서 누웠는데 괴질이 의심된다고 하여 문상하지 못하였다. 어둑해져서 집에 돌아왔다.

28일, 맑았다.

나는 비록 돌아다니며 다스리기도 하였으나, 젖먹이 아이는 내가 나가던

때부터 태독(胎毒)으로 종기가 가득했었는데, 여전히 지금까지 그치지 않고 독이 더했던 때가 있었다고 한다. 만약에 혹시라도 찬 여정에 바람이라도 접촉하면 반드시 대단해 질 것 같았다. 또 중량(仲亮) 형과 한 이웃 제익(諸益)이 주야로 힘써서 위태한 지경을 넘겼지만 좋은 상황은 아니었다. 끝내 치료하지 못해 먼 땅으로 보냈는데, 치료하려는 행보는 아주 낭패였다.

중량(仲亮) 형이 추위를 무릅쓰고 몸을 추슬러서 친정에 알리려는 계획을 세웠다. 성의가 가상했으나 부득이 중지하였다.

29일, 맑았다.

정자안(鄭子安)이 와서 얘기 나누었다.

계축년(癸丑年 : 1793, 정조 17) 십일월(十一月) 경인삭(庚寅朔)

초1일, 맑았다.

감호(鑑湖)에서 부음을 알리는 편지가 왔다. 생원 최현장(崔顯章)이 돌아가셨다. 연거푸 당하면서 몸을 돌보지 못하였으며, 또 80세에 세상을 떠났다. 늙으신 어머니가 시체를 어루만지며 통곡을 하였다. 이 무슨 변고란 말인가! 사람들이 모이도록 하였다.

낮에 이재원(李載源) 댁에서 마셨다. 이 부음을 즉시 마쳤다는 소리를 듣고 집으로 돌아왔다.

초2일, 맑았다.

중량(仲亮) 형이 진촌(津村)에 갔다.

초3일,

공기(公期)와 더불어 읍에 갔다. 고을 수령을 만나고자 하였으나 병으로 만나지 못했다. (공기(公期)가 도유사(都有司)였던 까닭이다.)

초4일, 맑았다.

중량(仲亮) 형이 강릉에 갔다. 나는 집에서 인마(人馬)를 보내고, 본댁과 여러 곳에 편지를 썼다. 광백(光伯)이 읍성 밑에 도착하여 노비에게 편지를 재량하여 보냈다. 오늘은 대설(大雪)이었다.

초5일, 약간 흐렸다.

부들자리를 짰다. 자정(子靜) 형이 신계(神溪)에 갔다.

초6일, 맑았다.

또 자리를 짰다.

초7일, 맑았다.

읍에 갔다가 곧 돌아왔다. 길에서 광백(光伯) 형과 반형(班荊)을 만나 얘기 나누었다. 오랜만에 광교(廣橋)에 이르러 취하도록 마시고 손을 맞잡고 올라왔다. 밤에 이웃에서 술을 얻어 편안하게 얘기했다.

초8일, 맑았다.

읍에 갔다. 광백(光伯) 형이 나보다 먼저 내려갔다. 이에 주인을 방문하였더니 이미 진촌(津村)에 갔었다. 나는 돌아서서 향교에 이르러 가임(家任)과 더불어 잠시 얘기 나누었다. 오봉(五峯)에서 척혁주(戚赫主)가 내려와서 함께 향청(鄕廳)에 들렀다. 저녁때가 되어서 집에 돌아왔다.

초9일, 맑았다.

계손(繼孫)이 오늘 관례(冠禮)를 치른다. 이에 가서 보고, 달이 떠서야 돌아왔다.

초10일, 맑았다.

고을 수령이 순제(旬題)에 청했다. 참방(參榜)[225]한 사람들은 고풍스럽고 지모가 장엄하였다. 상혁(相赫)을 비롯해 윤옥(潤玉)·철옥(喆玉) 등이 모두 그 안에 들었다.

나는 공기(公期) 그리고 세 아이와 향교에 들어갔다. 행원(行源)과 언명(彦明)의 큰 아우가 먼저 와서 장의(掌議) 운경(雲卿)과 같이 관가에 들어갔다. 간략하게 술과 안주와 떡과 국수를 베풀었다. 날이 다하도록 편안하게 얘기 나누었다. 읍성 아래에는 옥사가 있었다.

고을 수령이 저녁이 되어서 나가고, 나와 행원(行源)은 손잡고 집에 돌아왔다.

11일, 맑았다.

9월부터 이후로 연일 비가 없었다. 추운 엄동과 따뜻한 난기가 근년에는 없다. 만산에 화기가 없으며, 양춘(陽春) 즉 음력 정월에 옷을 챙겨 입는 병졸이 없으니 이상하다. 세월이 비록 근심이 없다지만, 절후의 평상이 심히 괴이하다.

오늘의 바람과 기온은 조금 차다. 아침 전에 자안(子安)이 아이를 보내 요구해 왔다. 이에 그 집에 가서 편지에다 판결하는 글을 제급(題給)[226]하였다. 낮에 집으로 돌아왔다.

12일, 맑았다.

창호(窓戶)에 발랐다. 광백(光伯) 형이 저녁 무렵에 왔다. 밤에 닭이 울 때까지 얘기했다.

---

225) 합격함.

226) 제급(題給): 판결하는 글을 써서 주는 것.

13일, 맑았다.

광백(光伯) 형이 간성(杆城)에 갔다. 계손(繼孫) 혼사가 금월 16일로 정해졌다. 이에 금일 출발하였다. 나는 가서 전송했다. 창종(昌宗)이 들어왔다.

14일, 흐렸다.

눈이 올 것 같은 조짐이 많았다. 나는 자리를 짰다.

15일, 흐렸다.

공기(公期) 댁에서 취하도록 마셨다. 나는 서재(書齋)에서 부(賦) 한 율을 지어서 벽에 걸었다.

蓬萊一脈護名園　　봉래의 한 맥이 명원을 보호하고,
봉래일맥호명원
回水爲籬不復門　　물이 돌아 울이 되니 문은 겹치지 않네,
회수위리부부문
松老千年看鶴遥　　천 년 노송은 학을 보기 요원해도,
송노천년간학요
山深一邑讀書村　　산 깊은 온 고을은 독서하는 마을일세,
산심일읍독서촌
奇觀不欲淡仙佛　　빼어난 경관 탐욕 없으니 담연한 선불이고,
기관불욕담선불
事業惟知教子孫　　사업은 자손 가르치는 걸 알 뿐이라네,
사업유지교자손
弊屋猶爲絃誦地　　폐옥이 오히려 현송하는 땅이요,
폐옥유위현송지
柳風梧月入高軒　　유풍 오월이 고헌에 들었네.

유풍오월입고헌

16일, 비가 약간 왔으나 곧 맑았다.

월댁(越宅)에 이르러 제사 음식을 먹었다. 또 양양댁(襄陽宅)에서 마시고 취해서 잤다.

17일, 맑았다.

오늘은 양양댁(襄陽宅) 대상 하루 전 날이다. 온 고을 사람들이 다 모였다. 밤에 제익(諸益)과 함께 얘기 나누었다. 밤이 깊은 후에 중량(仲亮) 형이 강릉으로부터 왔다.

사촌(沙村) 편지와 본댁 편지를 보고, 자세하게 구전으로 들었다. 어머니가 사곤가(士坤家)에 거처를 빌렸고, 이번 초7일에 실화가 발생했다고 한다. 나는 아이와 처 그리고 척(戚) 씨의 굳은 만류에도 허전히 인마를 보내어 공허하게 좋은 방편을 잃었으니 일상생활이 가슴이 답답해하던 터인데, 또 이 기막힌 사정을 듣고 보니 미치광이 같고 미칠 것 같아 어찌 할 바를 모르겠다.

18일, 흐렸다.

양양댁(襄陽宅)의 대상에 참석했다. 제익(諸益)이 헤어져 갔다. 오후에 비가 약간 왔다. 언명(彦明)·용오(用五) 형과 유숙하면서 같이 얘기 나누었다.

19일, 새벽에 눈이 오다가 아침에 맑았다.

나는 종일 아파서 신음하였다. 밤에 몹시 아팠다. 오늘은 동지(冬至)였다.

20일, 맑았다.

종일 몹시 아팠다. 쌍봉(雙峯)의 정(鄭) 유생 둘이 와서 아이들의 폐강을 문의하였다.

21일, 맑았다.

나는 새벽부터 조금 차도가 있었다. 아이들을 받아서 평상시와 같이 강의하였다. 김(金) 유생 두 사람이 와서 정석원(鄭錫元)의 집을 방문하였다. 시집보내는 잔치가 열려 나는 오후에 가서 참석하였다.

22일, 흐렸다.

오후에 정(鄭) 댁에 가서 술을 마시다가 어두워져서야 돌아왔다. 밤에 소문(蘇文)을 읽었다.

23일, 흐렸다.

소문(蘇文)을 읽었다.

24일, 맑았다.

광백(光伯)이 간성(杆城)으로부터 다시 들어왔다.

25일, 맑았다.

광백(光伯)과 중량(仲亮) 형이 진촌(津村)에 갔다.

26일, 맑았다.

광백(光伯) 형이 와서 묵었다.

27일, 맑았다.

광백(光伯)이 나가는데, 강릉 본댁에 보낼 편지를 부탁해 보냈다. 자정(子靜)이 천식(痰氣)이 생겨 고통을 호소했다.

28일, 눈이 왔다.

29일, 맑았다.

월촌(越村) 곡가(谷家)에 가서 제사 음식을 먹었다. 자정(子靜) 형의 병이 점점 극심해졌다.

30일, 흐렸다.

저녁에 심천댁(深川宅)에서 마셨다.

계축년(癸丑年 : 1793, 정조 17) 십이월(十二月) 경신삭(庚申朔)

초1일, 맑았다.

밤에 애자(哀子) 정녕원(鄭寧元)과 함께 내댁(內宅)에서 묵었다.

초2일, 매우 추웠다.

오늘은 심천가(深川家)의 소상이다. 오봉(五峯)에 척숙주(戚叔主)가 와서 묵었다.

초3일, 또 추웠다.

내댁(內宅)에서 제사 음식을 보냈다. 자정(子靜) 형의 병세가 조금 차도가 있었다. 행원(行源)이 와서 묵었다. 여온(汝溫)이 간성읍(杆城邑)에 와서 종을 보냈는데, 도중에 편지를 잃었다고 하였다. 나는 돌아와서 편지를 썼다.

초4일, 또 바람이 불면서 추웠다.

여온(汝溫)의 종이 나가는데, 본댁에 보낼 편지를 부쳤다. 초2일은 내 생신이었다. 타향에 있는 까닭으로 어렸을 때 친구들을 생각하면서 술자리를 만들어 과일을 섞어서 먹었다. 이웃 사람들이 간략하게나마 베푼 연회였다. 오늘은 소한(小寒)이었다.

초5일, 또 바람이 불며 추웠다.

오늘은 젖먹이 아이가 땅에 떨어진 날이다. 작년에 오봉(五峯) 집에서 태어났다. 잉태했을 때 꿈에 신인(神人) 나타나 감고 있던 복숭아 세 개를 주었다. 또 꿈에 용이 감고 있는 상서로움이 있었다. 이에 이름 짓기를 몽반(夢蟠)이라 하였다. 가군(家君)[227]이 지어 주셨다.

초6일, 추웠다.

초7일,

밤에 내댁(內宅)에서 묵었다.

초8일,

오늘은 윤옥(允玉) 할아버지의 기일이다. 나는 제사에 참석하였다.

초9일,

강릉 최군중(崔君仲) 형이 들어왔다. 응당 안부는 들었지만, 집의 편지가 보이지 않았다. 심히 원망스러웠다.

초10일,

아이들을 받아서 강의를 했다. 관가에서 사람을 보내 나를 만나자고 하였다.

11일,

오후에 공기(公期)와 읍에 갔다. 고을 수령을 만나 편안히 얘기하다가 밤

---

227) 아버지.

에 책실(冊室)에 들어갔다. 수령의 둘째 아들이 종용하여 정성스럽게 얘기하다가 밤이 깊은 줄을 몰랐다. 달빛이 매우 좋았는데, 또 술과 안주가 있었다. 새로운 약재 한 건을 얻어 가지고 물러 나와 향교에서 묵었다.

12일, 추위가 심했다.

중량(仲亮) 형이 내려와서 나와 함께 감호(鑑湖)에 갔다. 춘백(春伯)·여덕(汝德) 두 애자(哀子)가 들어왔다. 언명(彦明)도 역시 이르러서 함께 묵었다.

13일, 또 추웠다.

오늘은 양양댁(襄陽宅) 대기(大忌)[228]이다. 사람들이 대략 모였다. 아침 후에 춘백(春伯) 및 공기(公期)·중량(仲亮) 두 형이 들어왔다. 두루 걸어서 군집가(君集家)를 방문하고 제사 음식과 술을 먹었다.

이날은 자안가(子安家)의 잔칫날이다. 나는 가서 보지 못했다.

14일, 맑았다.

애자(哀子) 춘백(春伯) 머물렀다. 나는 자안가(子安家)에 가보니 춘백(春伯)이 돌아왔다. 밤에 국수를 차리고 이웃이 더 모여서 얘기 나누었다.

15일, 맑았다.

춘백(春伯)이 나주(羅州) 이(李)를 만나러 나갔는데, 나에게 증시(贈詩)를 부탁했다고 한다. 나는 부(賦) 두 율(律) 일 절(絶)에 서문을 병기하였다.

公如在洛雖欲不誨　得乎韓文公之不幸

공여재낙수욕불회　득호한문공지불행

228) 대상(大祥).

그대는 마치 낙양에 있는 듯하여 비록 후회 없자고 하여도, 한문공의 불행[229]을 얻어 마땅할 것이다.

而來潮陽卽潮人之幸也　但窮魔守身不得屢蒙
이래조양즉조인지행야　단궁마수신부득루몽

조양에 오면 즉 조인의 행복이지만, 다만 온힘을 다해 몸을 지켜도 여러 번 힘입을 수는 없고,

薰陶誠豈然賤謹以荒搆　替伸情私伏惟領照否
훈도성개연전근이황구　체신정사복유영조부

덕으로 감화시키는데 정성을 다해도 도리어 천하게 여기니 삼가 도리를 깨우침을 거칠게 하여서, 사사로운 정을 펴는 것을 접고 부정으로 비치게 해야 할 것이다.

不將名利累身心　장차 명리에 빠져 몸과 마음이 묶이지 않고,
불장명리누신심
癯骨疎盾映道襟　뼈 여위도록 숨은 것 열어서 도리와 마음을 비추네,
구골소순영도금
幾邑蒲鞭民化遍　여러 읍을 다스려 백성들을 두루 교화하여,
기읍포편민화편
二年蘭佩聖恩深　두 해에 난 같은 노리개 성은 깊어가네,
이년난패성은심

---

229) 한유(韓愈)의 시호가 문공(文公)이다. 그는 당나라의 문인이자 사상가로서 존경받는 인물인데, 당시 헌종(憲宗)에게 간언하다가 좌천되었다고 한다.

西雲每送思以淚　서쪽 구름 매번 보내니 생각하면 눈물이요,
서운매송사이루
東海猶懸向日忱　동쪽 바다 오히려 걸렸으니 나날이 정성스럽네,
동해유현향일침
竚待洛陽春信早　우두커니 낙양 기다리니 봄소식 이른데,
저대낙양춘신조
驛亭梅柳助高吟　역참에 매화 버들 높이 읊음을 돕는구나,
역정매유조고음

錦堂傳美政　금당에 아름다운 정사 전하니,
금당전미정
湖海有新詩　호해에 새로운 시가 있네,
호해유신시
鶴瘦心還潔　학이 여위니 마음이 다시 청결하고,
학수심환결
松寒節更奇　소나무 한절에 더욱 빼어나네,
송한절갱기
遠遊猶聖捧　멀리 놀아도 도리어 임금이 받느니,
원유유성봉
瞻拜感吾私　우러러 절하여 나의 사사로움에 감사하네,
첨배감오사
不耐貧窮事　빈궁한 일 견디지 못하니,
불내빈궁사
摳衣竟失期　옷을 추슬러도 끝내 기회를 잃었네.
구의경실기
(나주에 금당(錦堂)을 지은 게 있어서 이르는 말이다.)

公之論落卽吾榮　　공의 논리 추락하니 내가 영달하고,
공지논락즉오영
窮海以來幸識荊　　궁벽한 바다에 온 이래로 다행히 형벌을 알았네,
궁해이래행식형
他日翺翔朝闕玉　　다른 날 날아 돌며 궐옥을 알현하니,
타일고상조궐옥
倘憐憔悴一書生　　혹여 가련하고 초췌한 한 서생이로고!
당련초췌일서생

16일,
오늘은 윤옥(允玉) 조모의 기일이다. 나는 제사에 참석하였다.

17일, 흐렸다.
월촌(越村) 아랫집에서 제사 음식을 먹었다.

18일, 오후에 눈비가 섞여 왔다.
밤에는 대설이 왔다.

19일, 아침에 눈이 오다가 늦게 맑았다.
무려 한 자(尺) 가량 되었다.

20일, 맑았다.
아이들을 받아 강의를 하였다.

21일, 맑았다.
이웃 주민이 이날 먼저 나에게 와서 식사하자고 하였다. 가보니 그 사람

어머니의 제삿날이었다.

22일, 맑았다.

능호(菱湖)에서 김(金)·정(鄭) 두 유생이 내방하였다.

23일, 맑았다.

강정댁(江亭宅)의 대상에 참여하였다. 낮에는 양양댁(襄陽宅)에서 마셨다.

24일, 맑았다.

양양댁(襄陽宅)에서 관대계(冠帶契) 모임을 차렸다. 16인이 새로이 이 계에 들었다. 이 읍에서는 드문 일로서 아름답도다!

25일, 맑았다.

낮에는 책문(策文)[230]을 베꼈다. 밤에는 구문(歐文)[231]을 읽었다. 나막신을 샀다.

26일, 맑았다.

공기(公期)가 향교에 갔다.

27일, 맑았다.

28일, 맑았다.

중량(仲亮) 형과 향천(鄉廳)에 갔다. 돌아서 동헌(東軒)에 이르니 이 고을 수령은 외창(外倉)에 나갔다. 협선당(挾仙堂)에 들어가 수령의 아들 형제들과

230) 대책을 묻는 물음에 답한 글.

231) 유럽 여러 나라의 글.

반나절 동안 얘기를 나누었다.

저녁때가 되어서 올라오다가, 길을 지나면서 장체웅(張賛雄)의 집에서 마셨다.

29일, 맑았다.

밤에 이웃 사람들이 소를 잡았다. 나는 객지에서 수세(守歲)하였다. 혼자서 보낼 수밖에 없어서 부(賦) 한 수를 지어 인익(隣益)에게 보였다.

誰把屠蘓勸數盃 수파도어권수배	누가 차조기를 잡아서 술잔 서둘러 권하는가,
南來春信夢寒梅 남래춘신몽한매	남에서 봄소식 왔으나 꿈속에 매화가 차네,
江湖極目家鄕遠 강호극목가향원	세상에 눈이 뚫어지게 보아도 고향이 먼데,
天地無心節序催 천지무심절서최	천지는 무심하여 가는 세월 재촉하네,
此夜尤難離父母 차야우난이부모	이 밤이 부모와 별리가 더욱 힘이 드나,
今年始得弄嬰孩 금년시득농영해	금년은 시작부터 아이를 희롱했다네,
終宵臥念平生事 종소와념평생사	밤새워 평생의 일을 곰곰이 생각하나,
燒盡殘灯曉色來 소진잔정효색래	등잔불 소진하니 새벽빛이 다가서네.

『치치암일록』 권5 (『癡癡菴日錄』 卷之五)

갑인년(甲寅年 : 1794, 정조 18) 정월(正月) 기축삭(己丑朔) 나이 34

초1일, 하늘이 흐렸으나 바람은 없다.

작년 가을은 벼가 작게 여물었다. 쌀 세 말(斗) 가격이 백 전(錢)이다. 또 여기(癘氣)[232]가 연년이 사라지지 않았다. 지난겨울 이래로 조금 온화하여 여리(閭里)에 근심은 없으며, 새해를 맞아 경사스러움은 더할 나위 없이 크다.

만약에 나같이 객지에서 외롭게 지내면 즐거움이 조금도 없다. 제익(諸益)이 술을 보내서 마음을 달래었는데, 고향을 그리는 마음은 술로 인해 더욱 일어났다. 옛 사람들이 술로 향수를 달랬다함은 빈말에 가까운 것 같다.

초2일, 눈이 왔다.

관가로 가기로 약속하였으나 눈으로 실행하지 못했다.

초3일, 맑았다.

월촌(越村)에 가서 편안하게 놀았다. 저녁에 돌아와 술로 피곤해서 쓰러져 잤다.

초4일, 바람은 조금 불었다.

극한 추위가 한창이었으나 때는 입춘(立春)이다. 나는 새벽부터 가슴 부위에 통증이 왔다. 종일 신음하며 고생했다.

232) 창질(瘡疾), 부스럼.

초5일, 맑았으나 추웠다.

통증이 낫지 않았다. 권언명(權彦明)이 내방하였다.

초6일, 맑았다.

초7일, 맑았다.

중량(仲亮) 형이 감호(鑑湖)에 갔다. 나는 구하당(九霞堂)에 시 한 수를 보냈다. (고성(高城) 동헌(東軒)의 간판 이름이다.)

倪侯仁政古今稀 예후인정고금희	우리 제후 어진 정사 고금에 드물어,
經術治平兩不違 경술치평양불위	학문과 치세가 둘로 나누지 않았네,
狗睡村扉民了糴 구수촌비민료적	개가 졸고 마을 편해 주민들 세납 마치니,
禽棲鈴閤吏忘機 금서영합리망기	조수 깃들고 쪽문에 휘장 치니 벼슬아치 기틀을 잊었네.
窮閭有塾儒風振 궁여유숙유풍진	궁벽한 마을 글방 있어 유풍 진작하고,
貧廨無魚海戶肥 빈해무어해호비	빈 곳간 고기 없어도 고기 잡는 집 기름지네,
聖上分憂人頌化 성상분우인송화	성상이 나눈 근심 사람마다 교화 칭송하니,
新年懿慶更何祈 신년의경갱하기	새해 아름다운 경사에 또 무엇을 빌리오.

초8일, 맑았다.

듣건대, 언명(彦明)이 장차 아우를 결혼시키고자 강릉에 간다고 한다. 이에 나는 본댁에 편지를 썼다. 칠송(七松)에 가고자 광교(廣橋)에 이르렀는데, 떠도는 병든 나그네가 지나는 것을 보고 슬픈 마음에 일절을 읊었다.

經世家庭始一書 경세가정시일서	경세에는 가정이 한 글의 시작이라,
終宵題盡意猶餘 종소제진의유여	밤새 짓기를 다하니 뜻이 도리어 남는구나,
松亭去便無消息 송정거편무소식	송정 가는 편에 소식이 없어,
虛送南雲淚滿裾 허송남운루만거	허망하게 남쪽으로 구름만 보내니 눈물이 옷깃에 가득하네.

남석(南石) 어른에게 가서 절을 올렸다. 강릉으로부터 되돌아왔는데, 귀에는 이미 집 편지를 들리었다. 밤에는 행원댁(行源宅)에서 묵었다.

초9일, 맑았으나 추웠다.

오늘은 육촌 척사원(戚士元)의 대상이다. 중량(仲亮) 형이 감호(鑑湖)로부터 앞서 와서 동행하여 광교(廣橋)에 이르렀다. 권운경(權雲卿)을 만나서 잠시 얘기 나누고 돌아왔다.

초10일, 맑았다.

11일, 맑았다.

관가에 이르러 반나절을 편안하게 얘기 나누었다. 바로 아래 자안댁(子安

宅)에서 잠시 얘기 나누었다.

12일, 맑았다.

행원(行源)이 와서 묵었다.

13일, 맑았다.

양양댁(襄陽宅)에 이르러 제사 음식을 먹었다. 삼포(三浦)에 노(盧) 어른이 내방하였다.

14일, 맑았다.

비로소 관문(關文)[233]을 보았다. 왕비의 나이가 꼭 50이고, 혜경궁의 나이가 꼭 60이다. 두 분의 경사가 겹쳤는지라 다음 달 26일에 정시(庭試)[234]를 행하기로 정해졌다. 초시(初試)는 제외하고, 겸해서 알성(謁聖)을 행하도록 하였다. 신하와 백성들이 함께 경축하며 우러러 축하해 마지않았다.

밤에는 달빛이 매우 좋았지만, 나는 객지에서 시름하면서 즐기기 어려운지라 고체시(古體詩)[235] 세 구를 지었다.

客中無酒閉戶深　　객중에 술이 없어 문 닫은지 깊었고,
객중무주폐호심
病臥不知來令辰　　병으로 누워 종홍 시기 온 줄을 몰랐네.
병와부지래영신

仰看明月異他夜　　밝은 달 우러르니 다른 밤과 다르네,

---

233) 상급관청에서 하급관청에 보내는 문서.
234) 경사가 있을 때 궁궐에서 보는 과거.
235) 글자나 글귀의 수나 운이 없이 자유로운 시의 형식.

앙간명월이타야

認得明日是上元　　내일을 생각하니 바로 상원일세.

인득명일시상원

憶曾故鄕上元會　　옛날 고향 상원 모임 회상하니,

억증고향상원회

十二橋頭月滿樽　　열두 다리 부근 상월이 술독에 가득했네.

십이교두월만준

15일, 청명하고 바람이 없다.

늙은 농부가 달을 보니 남쪽도 아니요 북쪽도 아니고 정확히 가운데 적중하였다고 하였다.

16일, 맑았다.

17일, 맑았다.

18일, 맑았다.

19일, 맑았다.

낮에 관아에 갔다. 수령이 조정의 지시로 『모당속집(慕堂續集)』[236]을 수리하도록 하였다. 나는 마주하여 애기 나누다가 저녁에 돌아왔다. 오늘은 우수(雨水)였다.

236) 1784년에 출간한 손처눌의 시문집으로 보여진다.

20일, 맑았다.

관가에서 백장(白場)[237]을 열었다. 나는 내일 남쪽으로 가려고 작정하였기에 참여하지 않았다. 그런데 관으로부터 누차에 걸쳐 사람을 보내서 참여하기를 요구했다. 이에 부득이 가서 참석하였다. 밤이 되어서 향교에 도착했다. 행원(行源)과 기방(妓房)인 향가(香家)를 찾아가서 취하도록 마셨다. 달이 뜨기를 기다렸다가 집으로 돌아왔다.

21일, 낮에 맑았다.

중량(仲亮) 형 및 창종(昌宗)·윤옥(允玉) 형제 등과 감호(鑑湖)에 갔다. 능호(菱湖)부터 먼저 방문하여 마치고, 자동(子洞) 최(崔) 댁에서 저녁을 먹은 후에 양주댁(楊州宅)을 위문하였다. 저녁에 감호(鑑湖)에 이르렀다. 밤에는 눈이 왔다.

22일,

오늘은 의중(宜仲)의 대상이다. 제사에 참석하였다. 종일 눈보라로 지척을 분간하기 어려웠다. 나는 집에 머물렀다.

23일, 늦게 맑았다.

창종(昌宗)과 작은 아이를 데리고 출발하였다. 눈이 깊어서 □척에 이르렀다. 바람으로 모여 쌓인 곳에는 허리춤을 넘어서고 있었다. 겨우 열산(烈山) 주인 애자(哀子) 춘백(春伯)에 이르렀으나 양양(襄陽)에 가서 돌아오지 않았다. 애자(哀子)의 동생과 밤에 얘기 나누었다.

24일, 맑았다.

237) 백일장.

뜻밖에 광백(光伯) 형을 만났다. 종에게 먼저 행장을 보냈다. 나주(羅州) 이(李) 어른이 사면(赦免)의 은전을 입었다. 고성(高城)에 가서 삼일포(三日浦)에서 놀다가 돌아오는 길에 열산(烈山)에 잠깐 들어가서 얘기 나누었고, 오후에 읍에 갔다.

나는 춘백(春伯)에게서 유숙하였는데, 그는 양양에서 들어왔다.

25일, 맑았다.

주인의 종과 말을 빌려서 낮에 간성(杆城)에 가서 이 고을 수령을 만났는데, 술과 고기를 보내 주었다. 돌아서서 나주(羅州) 어른을 방문하였는데, 다스리러 다니다가 잠시 얘기 나누었다. 눈으로 길이 매우 어려웠다. 저녁에 황포(黃浦)에 이르러 주인과 주(周) 형 집에서 밤에 얘기 나누었다.

26일, 맑았다.

열산(烈山)에서 종과 말을 돌려보냈다. 늦게 출발하여 홀로 걷다가 강선역(降仙驛)에 이르렀다. 저잣거리에서 한 주희(酒姬)를 만났는데, 7년 동안 함께 이웃하였던 사람이었다. 자못 많이 정답고 곡진하게 해서 취하도록 마셨다.

저녁에 낙산사(洛山寺)에 들어갔다. 임천(林泉) 생원 이시서(李時瑞) 부자와 그리고 기타 세 사람 정도가 피병하여 와서 머물고 있었다. 강릉 옥가(玉街)에 상인(喪人) 김(金)도 종을 데리고 북쪽으로부터 와서 밤에 함께 머물렀다.

27일, 맑았다. 바람이 크게 일며 추웠다.

길에는 행인들이 뚝 끊겼다. 출발할 수 없었다. 종일 이야기하면서 문학을 얘기하였으니, 또한 기이한 일이었다. 이(李) 어른이 나를 위해 국수를 준비해 주었다.

28일, 맑았다.

옥가(玉街) 상인(喪人) 김(金)과 눈길을 동행하였는데 돌아서기 힘들었다. 밤에 동산(洞山) 정여헌(鄭汝憲) 댁에서 묵었다.

29일, 맑았다.

낮에 신촌(新村) 본댁(本宅)에 이르렀다. 두역(痘疫) 즉 천연두가 유행하였기에 들어가지 못했다. 밤에 젖먹이 아이가 죽었다. 고향에 돌아오자마자 경황은 참혹했다.

30일, 맑았다.

갑인년(甲寅年 : 1794, 정조 18) 이월(二月) 기미삭(己未朔)

초1일,

부모님의 안부는 추위로 인한 감기로 편안하지 못하였다. 내 누이동생의 혼사는 향호(香湖) 정홍재(鄭鴻齋) 군과 서로 의논이 된 지 이미 오래되었으나, 오늘 비로소 결정되었다.

나는 읍에 저잣거리를 보고자 늦게 출발하였다. 길에서 양양(襄陽) 석사(碩士) 최지필(崔芝弼)을 만나 동행하다가 사촌(沙村)에 이르러 헤어졌다. 그때 북풍이 심하고 모질었다. 크게 눈이 내려 어둡고 컴컴하였다. 가게에 들어가서 조금 쉬었다.

나주(羅州) 이(李)가 서울행을 시작하여 북쪽으로부터 출발하여 왔다. 길에서 상봉하였는데, 나에게 함께 가자고 하여 부득이 눈을 맞으며 읍에 갔다. 의복이 완전히 젖어서 기생 앵랑가(鸎娘家)에 숙소를 정하였다. 나는 노간(魯澗)에 가서 묵었다.

초2일, 맑았다.

고을 수령 권이강(權以綱)이 봄맞이 백장(白場)을 열었다. 나는 다른 사람을 대신하여 부(賦) 한 수를 지었다. 부탁한 사람은 저잣거리에 가서 무명(白木) 세 필(疋)과 자질구레한 물건들을 사 주었다.

나주(羅州) 어른을 가서 만났다. 갑자기 경포로부터 광백(光伯) 형과 여온(汝溫)이 와서 자리했다. 나는 들어가려 하였으나 여온(汝溫)과는 처음 만나 그동안의 회포로 차마 헤어질 수가 없었다. 밤이 되어 편안히 얘기하다가 물러나 여온(汝溫)의 숙소에서 묵었다.

매동댁(梅桐宅)에게 베(布) 값으로 4냥 5전을 주었다.

초3일, 맑았다.

여온(汝溫)과 나주(羅州)가 함께 서울행을 시작하였다. 나는 돌아와서 노간(魯澗)에 이르러서 여러 댁을 방문하고 서둘러서 들어왔다. 길에서 사촌(沙村) 이유중(李幼中)을 만나 함께 북평(北坪) 이백겸(李伯謙)을 방문하여 많이 취하였다. 사촌점(沙村店)에 이르러 조인지(曹獜之)를 만나 추렴하여 마셨다. 저녁에 한진가(漢鎭家)에 머물렀다.

초4일,

오늘은 경칩(驚蟄)이다. 이른 아침부터 풍설이 대란을 일으켰다. 종일 그치지 않았다. 나는 머물러 묵었다.

초5일, 맑았다.

일찍 출발하였으나 눈이 쌓여 길이 묻혔다. 낮이 되면서 집에 돌아왔다. 나는 밖으로 나갈 때, 부친의 상태가 좋지 않았다. 추위로 인한 감기로 상처를 입고 있었다.

그간에 반드시 믿을 만한 약의 경사가 있을 것이라 생각하였다. 그러나 지나면서 점점 심해졌다. 결국 위험한 지경에 이르러 밤새도록 옆에서 모셨다.

초6일,

질병 기운이 크게 일어 천식(喘息)이 지독하여 위독했다. 밤낮으로 애태우며 걱정했다. 어떻게 해야 할지를 몰랐다.

초7일,

증세가 더하여 줄어들지 않자 누누이 나에게 명하여 말씀하시었다. "네 누이동생의 혼사에 관한 일은 비록 13일이 좋다고 날이 잡혔으나, 스스로 살피건대 병세가 쾌차하기는 어려우니, 그 전에 몸을 지탱하여 보존할 때 바깥에서 절을 하도록 진행하라. 세상 풍속에는 허다한 일이다. 비록 정례(正禮)는 아니지만, 그 또한 권도(權道)이니라. 그 집에 연통하여 서둘러 바깥에서 예를 행하도록 하라. 내가 생전에 사위를 볼 수 있도록 하라. 그것이 극히 온당한 일이다."

나는 명을 받들었으나 획정하지 못하고, 이 뜻을 사람을 보내 그 집에 연통하였다. 정(鄭) 댁에는 조모가 계셨다. 나이는 80세인데 노병으로 위독한 지경이었다. 두 집에서 우환을 공교롭게도 이때에 겪고 있었다. 그쪽도 또한 다행스런 일이었다. 오후에 의례를 행하였다.

초8일,

누차 약을 복용하였으나 끝내 효과를 보지 못하였다.

초9일,

담기(痰氣)는 점점 가라앉았다. 대세는 조금 차도가 있었다. 정(鄭) 댁에서는 조모가 돌아가셨다는 부음을 전해 왔다.

초10일,

증세는 더하거나 덜해지는 것이 별로 없었다. 종이와 쌀을 향호(香湖)에 보냈다.

11일,

병을 돌보고 있는데, 한진(漢鎭)이 조(租) 네 말(斗) 메밀(木麥) 세 말(斗)을 가지고 와서 만났다.

12일,

나는 향호(香湖)에 가서 정(鄭) 댁을 위로하였다. 오후에 집으로 돌아왔다.

13일,

병환은 여전히 무거웠는데 설사까지 하였다. 하룻밤에도 설사는 몇 번을 하는지조차도 알 수 없었다. 원기가 점점 쇠하여 더욱 걱정이 되었다.

14일,

설사 증세는 점점 심해졌다.

15일,

설사 증세가 낮에는 덜했다가 밤에 아주 심했다.

16일,

조금 차도가 있었다. 나는 당초 생각하기를, 누이동생의 혼사를 치른 후에 바로 이어서 서울행을 시도하여 과거(科擧)를 보고자 하였다. 그러나 아버지의 환우가 아직 쾌차하게 소생하지 못하였고, 온 고을의 과거를 보려는 유생들은 수일 전에 모두 출발해 갔다. 그 날짜를 짚어서 길의 거리와 비교해 보니 이미 기간 내에 도착할 수 없었다. 어찌 하겠는가!

17일,

아버지 곁에 있었다.

18일,

이창윤(李昌胤)과 여온가(汝溫家)에 가서 자리를 샀다. 돌아오는 길에 이(李) 유생에게 처의 무덤을 보아 달라고 하였다. 이(李) 유생이 지리(地理)에 밝은 까닭이었다.

19일,

나는 북쪽으로부터 나올 때 찬바람을 맞은 것이 누적된 데다가 더하여 감기 질병을 얻어서 오래도록 끙끙거리며 잠꼬대까지 하였다. 병을 돌보면서 몸을 조절하여 추스르지도 못하였다. 원기는 점점 더 가라앉았고, 용모는 아주 초췌해졌다. 이로서 스스로 처량해졌다.

오늘은 춘분(春分)이었다.

20일,

사람을 향호(香湖)에 보냈다.

21일,

정(鄭)이 곧 와서 묵었다.

22일,

아버지 곁에 있었다. 양수(良壽)가 쌀을 보냈다.

23일,

한진가(漢鎭家)에 갔다. 즉시 그 집에서 빌린 돈 두 냥을 되돌려 주었다.

24일,

아버지께서 비로소 지팡이를 잡으시고 문을 나가셨다. 어머니는 이 무렵

사곤가(士坤家)에 계셨다. 화재가 있었기 때문이다. 이에 빌린 값으로 돈 세 냥을 지급했다.

25일,

정(鄭) 댁에 음식을 마련해 보낼 사람이 없어서 장례에 대비하지 못했다. 장례 후에 사적으로 예를 갖추어 행하였는데 따라갔다. 나는 뒤에서 따라갔다가 오후에 집으로 돌아왔다.

26일,

양수(良壽)가 종과 말을 보냈다. 나에게 순제(旬題)를 지어 주기를 부탁하였다. 부득이 병든 몸으로 갔었다. 밤에 시 한 수를 지었다.

27일,

아침 전에 또 시 한 수를 지었다. 전체 글을 보냈다. 위천가(渭川家)를 방문했다가 저녁때가 되어서 집에 돌아왔다.

28일,

아버지가 병중인데 송담서원(松潭書院) 도유사(都有司)에 추천되었다는 문서가 들어왔다. 아직은 역할을 이행할 수 없었다. 아침 전에 말을 타고 달려왔다. 아침 후에 행차하셨다.

나는 연곡(蓮谷)에 가서 갓끈을 샀다. 돌아서서 창사(倉舍)에 들렀다가 저녁때가 되어서 돌아왔다.

29일,

종일 크게 아팠다.

갑인년(甲寅年 : 1794, 정조 18) 삼월(三月) 무자삭(戊子朔)

초1일, 맑았다.

비로소 북쪽으로 가고자 출발하였다. 길에서 통천(通川) 유(柳) 생원을 만나 동행하였다. 양양읍(襄陽邑)에 이르러 유(柳)는 낙산(洛山)에 가고, 나는 임천(林泉)에 가서 이(李) 지평(持平)을 위로하였다. 취송(翠松) 최(崔) 진사 어른이 「어제십삼경(御製十三經)」[238]을 가지고 계셨는데, 조목조목 묻고 조목조목 대답한 것을 베껴 왔다. 나는 곁에서 즐기며 감상하였는데, 족히 평생의 장관이라고 할 만하였다. 머물러 묵었다.

초2일, 맑았다.

아침 전에 고성댁(高城宅) 이(李) 어른에게 문후 여쭈면서 곡하였다. 좌수(座首) 최진경(崔震卿)과 이숙(李叔) 등이 영전에 모였는데, 삼가 어찌 말할 수 있었겠는가! 다시 이(李) 지평댁(持平宅)에 이르러 반나절 동안 편안하게 얘기하였다. 밤에는 낙산사에서 묵었다.

초3일, 맑았다.

일찍 출발하여 청초호(靑草湖)에 이르렀다. 호수는 바다와 서로 통하여 건너지는 못하지만 둥글게 호상을 거닐 수는 있다. 오리진(五里津)에 이르러 스님을 만났다. 청학사(靑鶴寺)에서 서로 가깝게 지냈던 잘 아는 스님이었는데, 지금은 건봉(乾鳳)에 머무른다고 한다. 동행하다가 간성읍(杆城邑)에 이르러 헤어지려니 다시 서글픈 생각이 들었다.

포남(浦南)에 이르러 잠시 이혁(彝赫)을 방문하였다가 저녁때 열산(烈山)에 애자(哀子) 최(崔) 댁에 이르렀다.

---

238) 유교의 가장 중요한 13가지 경서.

초4일, 맑았다.

여정으로 인한 피곤함에 머무르다 묵었다.

초5일, 맑고 청명했다.

또 머물렀다.

초6일, 맑았다.

오늘은 한식(寒食)이다. 춘백(春伯)이 어머니를 모시고 명파(鳴波)에 있는 부친의 묘소에서 제사를 지냈다. 나는 함께 갔다. 명파(鳴波)에 이르러 제사 지낸 후에 헤어졌다. 나는 저녁때가 되어서 집에 돌아왔다.

공기(公期)와 중량(仲亮) 형이 서울로부터 내려와 모였으니, 이 또한 기이한 일이었다. 저녁에 비가 조금 왔다.

초7일, 비가 왔다.

여정의 피로로 종일 일어나지 못했다.

초8일,

종일 자리에 누워 있었다.

초9일, 초10일, 11일, 12일,[239]

연속해서 자리에 누웠다.

13일,

정자안(鄭子安)을 방문했는데, 그 또한 서울로부터 왔다.

---

239) 원전에서 이렇게 배열되어 있다.

14일,

친구 김사수(金士秀)가 서울로부터 와서 관아에 머물렀다. 편지를 써서 관에서 부리는 아이 편에 보냈다. 듣건대, 이시서(李時瑞) 어른도 역시 왔다고 한다.

15일, 화창한 날에 바람이 약간 불어 봄기운이 바르고 아름답다.

향교에 가서 재임(齋任)을 마치고 왔다. 공기(公期)와 함께 관아를 방문하였는데, 방금 삼일포(三日浦)에 들어간다고 하여 함께 동행하였다. 고을 수령 이윤(二胤), 이(李) 어른, 친구 김(金) 등은 관동(官僮) 서너 명과 가기(歌妓) 두 명을 데리고 술병을 가지고 함께 배에 올랐다. 한 사람은 먼저 사선정(四仙亭)에 보내서 태평곡(太平曲)을 불도록 하고 배를 띄웠다. 멀리서 들으니 완연히 생황(笙簧) 소리 같았고, 학성(鶴聲)이 구름 사이에 있는 것 같았다.

곧바로 단서암(丹書岩)에 이르러 배에서 내렸다. 주변을 유람하고 돌아서 봉래(蓬萊) 양사언(楊士彦)이 쓴 시를 방문하였다. 바위에서 서로 붙잡으며 산에 올랐다. 수령은 동생 하나와 아들 둘과 함께 그 바위에 이름을 새기고 하산하였다. 다시 배에 올라 석실(石室)에 도착했다. 바위 면에 전자(篆字) 두 글자가 있는데, 어떤 사람이 썼는지는 알 수 없으나 글자의 획이 분명하여 푸른 이끼가 끼거나 부식되지는 않았고, 글자를 보니 마치 그 사람을 보는 듯하였다.

배를 돌려서 사선정(四仙亭)에 올랐다. 상서로운 구름이 악기를 도와 소리를 싣고 잠자리를 탄듯 앞서 가서 점점 작아진다. 바위를 배회하니 꽃은 붉은 색을 띄우고 여러 버들은 청색을 머금었다. 하나같이 봄에 아름다운 경관으로 사람들을 기쁨으로 가득하게 만들었다. 뿐만 아니라 호수와 산이 승경을 이루었다. 구름과 함께 배에 올라 몽천암(夢泉庵)에 들어갔다. 꽃을 삶아 떡을 빚고 붉은 이슬을 잔에 주고받았다. 이 모두는 본 읍에서 차린 것이다.

구름은 먼저 가고 석양에 승경이 매달렸는데, 여흥은 아직 끝나질 않았다. 나란히 배에 올라서 건넜다. 이(李) 어른, 친구 김(金)과 함께 계월(桂月)에 이르러 밤에 편안하게 얘기 나누었다.

16일, 맑았다.

이(李) 어른, 친구 김(金)은 읍에 갔다.

17일, 맑았다.

철산(鐵山) 김동방(金童方)이 통천(通川)에 공부하러 가서 머물면서 스승을 구하였는데, 이곳에 와서 수일간 머물면서 시 두 편을 짓고 갔다. 그 뜻은 가히 아름답다고 할 만하였다.

언명(彦明)이 평객(平客) 두 사람, 북객(北客) 두 사람과 삼포(三浦)로부터 출발해 왔다. 모두 서울에서 과거를 보고 이어서 산천을 유람하는 여행을 하고 있었다. 평객(平客)은 월촌(越村)에 가고, 북객(北客) 두 사람은 유숙하였다. 함께 얘기해 보니 한 사람은 고원(高原)에 김이행(金履行)이고, 한 사람은 여흥(驪興)에 진락범(陳洛範)이었다. 용모가 준수할 뿐만 아니라 그 학식도 반듯하여 가히 기뻤다.

18일, 맑았다.

오봉(五峯)에 숙주(叔主)가 유복손(遺腹孫)을 데리고 이 마을에 피접 나왔었다. 천연두를 순조롭게 지내고 오늘 집으로 돌아가게 되었으니 경사스럽기가 그지없었다.

19일, 맑았다.

석원(錫元)이 부친의 기제를 지내고 제사 음식을 가지고 왔다.

20일, 바람이 크게 일었다.

21일, 맑았다.

오늘은 곡우(穀雨)이다. 철산(鐵山) 김(金) 유생이 자못 지리와 사주법(四柱法)에 밝았다. 나는 강릉에 있을 때 면식이 있었는데, 뜻밖에 방문하여 유숙하였다. 권운경(權雲卿)이 또한 와서 묵었다. 학도(學徒) 최상구(崔相矩)는 일찍부터 평상시에는 김(金) 유생 집에서 혼사를 의논하였었다.

뜻밖에 민수(閔秀)의 어머니 환우가 갑자기 위급하다 하여 밖에서 문안하였는데, 오래지 않아 장례를 치렀다고 한다.

22일, 맑았다.

도백(道伯) 심진현(沈晉賢)이 읍에 들어왔다. 철산(鐵山) 갱이 머물렀다.

23일, 아침에 비가 오다가 낮에 맑았다.

녹문(鹿門)에 이(李) 어른과 김사수(金士秀)가 아직 관아에 머물렀는데, '서재(書齋)'를 차운하여 시를 지어 철산(鐵山)에게 보냈다. 객이 머물렀다.

24일, 맑았다.

오늘은 애자(哀子) 정영원(鄭永源) 댁의 소상 날이다. 나는 약간의 근심으로 가서 보지 못했다.

25일, 맑았다.

자정(子靜) 형이 곧바로 오봉(五峯)에 갔다. 나는 중량(仲亮) 형과 함께 칠송정(七松亭)에 가서 운경(雲卿)을 방문하였는데, 유생 장봉주(張鳳周)가 곁에 있었다.

나는 바야흐로 근행(覲行)을 계획하였다. 이에 유생 장(張)의 말을 빌렸다. 일찍이 면식이 없었으나 한마디 부탁에 바로 응낙해 주었다. 신속히 도와주는 뜻에 가히 감사할 만하였다.

돌아서서 애자(哀子) 권(權)을 잠시 방문하고, 천천히 가서 남석(南石) 어른에게 절을 올렸다. 세 아들이 모두 곁에서 모시고 있었는데, 얘기를 더하자고 조용하였다. 오봉(五峯) 민등댁(民登宅)에서 역신주(疫神酒)와 떡을 보냈는데 자못 많았다.

자정(子靜) 형이 나에게 넘어와서 두 사람이 머물면서 얘기 나누었다. 행원(行源) 황어(黃魚) 네 마리를 얻어서 회(膾)를 쳤다. 밤에 대풍이 일었다.

26일, 맑았다.

나와 두 사람은 늦게 어량(魚梁)에 이르러 황어(黃魚)를 보고자 했으나 무소식이었다. 반나절을 강가 언덕을 배회하였다. 낮에 광교(廣橋)에 이르러 권회언(權晦彦)과 광주(廣州) 객을 만나 함께 마시다가 석양 무렵에 집에 돌아왔다.

27일, 맑았다.

두보(杜甫)의 율시를 쓰는 것을 마치고 책을 꾸며 넣을 작은 상자를 만들었다.

28일, 맑았다.

29일, 맑았다.

엊그제 도백(道伯)[240]이 강릉에 도착하여 백장(白場)[241]을 열었다. 이 고을 수령은 시관(試官)으로 나갔다. 나는 근행(覲行)을 겸해서 구경하고자 하였으나 인마(人馬)를 구하지 못해 중지하고 출발하지 못했다. 낮에 관아에는 이(李) 어른과 사수(士秀)가 아직 머물러 있으면서 글을 짓고자 하여 잠시 들

---

240) 관찰사.

241) 백일장.

렀다가 집으로 돌아왔다.

갑인년(甲寅年 : 1794, 정조 18) 사월(四月) 정사삭(丁巳朔)

초1일, 맑았다.

나는 어머니를 모시기 위해 가려는 계획을 세우고자 하였다. 비로소 여자 종 둘과 머슴 둘을 빌려서 종일 행장을 꾸렸다.

초2일, 맑았다.

내댁(內宅)에 내행(內行)이 석원(錫元)·윤옥(允玉)·창종(昌宗) 등을 데리고 열산(烈山)에 가겠다고 하며 나섰다. 늦게 출발하여 동행하였다. 경진(境津)에서 점심을 먹고 열산(烈山)에서 묵었다.

초3일, 맑았다.

춘애가(春哀家)에서 머슴을 빌려서 늦게 출발하였다. 공수진(公需津) 신성가(愼姓家)에서 점심을 하고, 간성(杆城) 수령을 만나 송지호(松池湖)에서 잠시 얘기 나누었다.

광백(光伯)네 종이 고성(高城)에 일이 있어 들어왔는데 편지를 지녔는데, 겸해서 우리 집의 편지를 전해주었다. 큰 기쁨이었다.

교암(橋岩)을 지나는데 홀연히 한진(漢鎭) 부자를 만났다. 그 말을 들어보니, 감사(監司)가 백장(白場)을 열 때에 시제(試題) 위에다 각자 출신 고을 이름을 적으라고 하였는데, 한진(漢鎭)이 간성(杆城)이라고 사칭하였다는 것이다. 이에 해당 고을에 붙잡아 들이라고 지시하였다는 것이다. 이 말을 듣고 심히 놀라서 서둘러 간성(杆城) 수령을 찾아갔더니 이미 이 말을 들었다고 한다는 것이다. 이에 사실을 참작해 달라고 부탁하니 조금은 마음이 위로가 된다는 것이다.

지경진(地境津)에서 묵었다.

초4일, 맑았다.

양양읍(襄陽邑)에서 점심을 하고 동산(洞山) 임성가(林姓家)에서 묵었다.

초5일, 비가 약간 왔다.

아침에 화상암(和尙岩)에 이르렀는데 비바람이 심해졌다. 급하게 옷을 입었으나 모두 젖었다. 우암진(牛岩津)에 이르러 조금 쉬면서 비를 피했다. 낮에 본댁에 돌아와 아버지께 문후하였는데, 조금은 편안하셔서 다행스러웠다. 도처에 밀과 보리가 가뭄 피해를 많이 입었다. 걱정스러웠다.

초6일, 약간 흐렸다.

나는 본댁에 머물면서 광백(光伯) 형과 여온(汝溫)에게 편지를 썼다. 오후에 양수(養壽)가 내방하였다가 곧 갔다.

초7일, 아침에 흐렸다.

어머니를 뵙고 출발해 갔다. 비록 식사를 돌보아 드리려는 계획이었지만, 가서 머무르는 정이 훨씬 컸다고 하겠다. 정신을 상하게 하여 불효한 죄는 면할 수가 없을 것이다.

겨우 향호(香湖)에 이르렀는데 큰비가 마치 쏟아붓는 것 같았다. 남애(南涯)에 도착했을 때는 입었던 옷이 모두 젖었고, 길을 가는 것이 감당이 되지 않아 진사(津舍)에 들어갔다. 종일 비는 그치지 않아 머물러 묵었다. 사람과 말 여섯 일곱이 지체되어 머무르니 중도에 시름과 번민을 견디기 어려웠다. 마침내 시 한 수를 읊어서 마음을 달랬다.

將母情何極　　　　모정을 찾기가 이리도 어려운가!

장모정하극
離廷意更悠　　마당을 떠나 온 지 더욱 오래되었네,
이정의갱유
去留兩心事　　가다가 머무니 심사가 둘이요,
거류양심사
南北三春秋　　남북에서 춘추가 세 번일세,
남북삼춘추
旱雨人皆喜　　가뭄 끝에 단비 사람마다 기쁨인데,
한우인개희
行途我獨愁　　가는 길에 나홀로 시름하네,
행도아독수
未堅窮困志　　아직 곤궁한 뜻 굳히지 못했는데,
미견곤궁지
三十半霜頭　　나이 삼십에 반백이 되었네.
삼십반상두

오늘은 입하(立夏)이다.

초8일, 아침에 비가 오다가 늦게 그쳤고, 석양에 쾌청했다.

사람들은 말하기를, 오늘 비는 대풍의 징조라 한다. 굴포진(屈浦津)에서 점심을 먹는데, 문여(文汝)가 장인 댁에 머물렀다. 이에 내방하여 편안히 얘기 나누었다. 저녁에 낙산(洛山) 전진(前津)에 이르렀는데, 땔감도 없고 먹을 것도 없어서 어려움과 고통이 가장 심했다.

초9일, 맑았다.

물치(物治)에 도착했다. 저잣거리에서 복금(福今) 모자를 만났다. 술집에 가서 곡진하게 정을 나누었다. 괘진(卦津)에서 점심을 하고 공수진(公需津)에서 묵었다.

초10일, 맑았다.

간성읍(杆城邑)에 도착했다. 이 고을 수령이 산을 유람하는 행차를 시작하였다. 나는 한진(漢鎭) 주인가(主人家)를 방문하여 잠시 얘기 나누었는데, 헤어진 데 대한 원망스러움을 가히 상상할 수 있었다.[242]

낮에 열산(烈山)에 도착하였는데, 초6일은 애자(哀子) 춘백(春伯) 선친의 대상 날이었다. 머물러 묵었다.

11일, 아침에 맑았다.

내댁(內宅) 내행(內行)과 아이들이 나를 기다렸다. 함께 가려고 늦게 출발하였는데, 무릇 사람과 말이 열셋이나 되었다. 저진(猪津) 박(朴) 파총가(把摠家)[243]에서 점심을 먹었다. 낮에 송도(松島)를 지나서 크게 천둥치는 비를 만났다. 이에 포외진(浦外津)에 도착하니 행장들이 모두 젖었다. 한(韓) 유생의 집에 들어가 잠시 쉬었는데 주인이 술을 권하였다. 저녁이 되어서 집에 돌아왔다.

12일, 흐렸다.

나는 여정의 피로로 하루 종일 자리에 누워 있었다. 인마(人馬)를 간성(杆城)에 보냈다.

13일, 흐렸다.

피로해서 생긴 병이 점점 심해졌다. 아이들이 시 짓는 자리를 만들었다.

242) 백장(白場)에 출신 고을을 사칭한 일과 관련이 있는 것으로 보인다.
243) 파총(把摠), 무관 벼슬.

14일, 흐렸다.
밤새도록 큰비가 왔다.

15일, 종일 큰비가 오다가 밤에 맑았다.

16일, 맑았다.
젖먹이 아이가 지난봄부터 길게 작은 병이 있었는데, 그 이래로 더 심해져서 바야흐로 고통스러워했다. 또 천연두가 가까이 있으니 위태로움은 말할 수 없다. 나 또한 천식과 가래가 봄 이후로 더욱 심해졌다. 누차에 걸쳐 사람을 부려 보았으나, 여러 가지 병이 몸을 공략하니 자리에 쓰러져 일어나지 못하겠다. 이로써 걱정스럽게 생각하고 있다.

17일, 맑았다.
나는 울적하여 엎드려서 일어나기 어려웠다. 심심풀이 삼고자 하여 자정(子靜)과 중량(仲亮) 형의 병 부축을 받아 몽천암(夢泉菴)에 들어가 반나절을 소요했다. 석양에 광교(廣橋)에 도착하여 술을 사서 마셨다. 본 고을 수령이 오늘 금강(金剛)에서 내려왔다고 한다.

18일, 흐렸다.
추워서 끙끙 앓으며 날을 보냈다.

19일, 흐렸다.
추위로 아이 병이 심해졌다. 나 또한 쾌차하지 못했다. 유생 이방철(李邦喆)이 내방하였다. 저녁에 지신을 밟고, 조왕(竈王)[244]에 제사 지냈다.

244) 조왕(竈王), 부엌을 맡은 신.

20일, 혹 흐렸다가 혹 맑기도 했다.

나는 원기가 점점 사라졌다. 얼굴 모양이 파리하게 말라갔다. 아이 병도 또한 여차여차하니 어찌 몸에 재앙이라 하겠는가?

21일, 아침에 흐렸다가 저녁에 맑았다.

아이는 병으로 몸살을 앓으니, 한결같이 고통스러워했다. 자안(子安)이 와서 얘기 나누었다.

22일, 조금 흐렸다.

나는 병을 부축하며 겨우 시 한 수를 지었다.

23일, 흐리고 춥다가 약하게 비가 간간이 뿌렸다.

아이의 병이 밤낮으로 그치지 않았다. 오늘은 소만(小滿)이다.

24일, 맑았다.

젖먹이 아이는 천연두가 나타나기 시작하여 길게 병중에 들었다. 이에 어느 날에 통증이 일지 알 수 없었다. 그리고 오늘은 분명히 반점이 일었다.

25일, 맑았다.

원기(元氣)가 다 소모되었다. 통증 증세가 그치지 않았다. 다만 흉터 자리에 붉게 윤기가 돈다. 분명히 다행스러웠다.

26일, 흐렸다.

천연두 증세가 더하다거나 덜하다는 차이가 별로 없었다. 나의 병은 날로 심해져서 어느 곳이 정확히 아픈 것인지 알 수 없었다. 점점 지쳐가게 되니 걱정이 말할 수 없다.

27일,
붉은 윤기가 마치 구슬 같다. 조금도 흠집이 생긴 곳은 없었다.

28일,
통증 증세가 조금 덜했다. 연이어서 지치(紫草) 버섯을 사용하였다.

29일,
흉터 자리가 다 윤기가 났다. 정신과 동작이 또한 전날과 같았다. 밤중부터 기이한 증세가 갑자기 일었는데, 손을 흔들고 눈을 돌리며 호흡의 기운이 갑자기 약해졌다.

30일,
아침 후에 온몸을 자리에 뉘었는데 다시 울지 않았다. 다만 호흡기는 있었고, 흉터 자리의 붉은 윤기는 충만하여 조금도 변색이 없었다. 연이어서 닭기름, 참기름, 주사(朱砂) 등을 사용하였다. 밤중부터 괴이한 증세가 다시 일어났는데, 지난밤의 상태와 똑같았다.

지금 비로소 듣고 알았는데, 아이들은 혹 일곱 번을 범하고, 혹 사물을 해치는데, 방안을 출입하면서 조금도 꺼리거나 피하지 않는다고 한다. 반드시 더럽고 악한 기운이 되어 엄습하지만 사실에서 영향은 없다고 한다. 뉘우친다고 한들 무슨 소용이겠는가!

갑인년(甲寅年 : 1794, 정조 18) 오월(五月) 정해삭(丁亥朔)

초1일,
닭이 울기 시작할 때, 아이 병은 결국 구제하지 못했다. 나는 나이 40에 가까워서야 비로소 한 아이를 얻었으나 결국 이 지경에 이르렀다. 스스로 되돌아보면, 평생 조금도 원한을 쌓은 게 없고, 성품은 한갓 착한데 가깝고, 입은 시비를 걸지 않았다. 비록 작은 벌레도 손으로 차마 해치지 못하였고, 길을 가면서도 살아 있는 벌레는 밟을까 두려워했고, 길에서 잘못된 것을 보면 모른 척 지나치지 않았다.

이것이 일생의 공부였고 독화(毒禍) 꺼리는 편이었는데, 하늘의 이치가 어두워서 어찌 이 지경에 이른단 말인가! 또 웃어른을 받드는 인사는 그 자취가 특별하였다. 다만 한 아이로서 위로를 삼으려는 생각이었는데, 결국 소망하는 바를 잃었다. 비록 고집스럽고 창자가 녹아나는 슬픔을 참으려고 하나 이성을 가지고 보내기가 참으로 어렵다.

초2일,

나는 병이 점점 심각해져 가고 있다. 전적으로 모든 음식을 섭취하여도 쓰러져 일어나지 못하고, 몸에 액 기운이 맑지 못하다. 어찌 이 지경에 이르렀는가!

초3일,

걱정스럽다. 힘을 다해 질병을 과감하게 뽑아내기가 어렵다. 자정(子靜) 형과 함께 광교(廣橋)에 가서 술을 사서 마시고 겨우겨우 집에 돌아왔다. 운경(雲卿)에게서 편지가 왔다. 강릉에 사는 윤(尹) 서방이 통천(通川)에 가면서 본댁이 무사하다는 소식을 전해주었다.

초4일,

잠꼬대하듯 신음하면서 하루를 보냈다.

초5일, 아침에 비가 오다 낮에 그쳤다.

집집마다 단오주(端午酒)가 있었다. 이 마을 세 분 형님이 입석(立石)에 가서 상인(喪人) 최가(崔家)를 위로했다. 나는 아이들에게 창포(菖蒲)[245]를 채취하게 하였다.

초6일, 비가 왔다.

가물었던 전답에는 끝내 흡족하지 못했다. 나는 종일 혼미한 상태였다. 사람들이 말하기를 오늘의 비는 풍년의 징조가 아니라고 한다.

초7일, 맑았다.

마침 방어(魴魚)가 있어 회를 떠서 강제로 먹었다. 원기는 날로 점점 쇠하여 갔다. 때때로 어지럽고 혼미해졌다. 이른바 공부하는 과정은 태어날 때부터 해온 습관에 의지했다. 정말 걱정스러웠다.

초8일, 맑았다.

오봉(五峯) 숙주(叔主)가 누웠는데 방문하였다. 종일 모시고 대화하니 조금 울적한 생각에 위로가 되었다. 행원(行源)이 편지를 부쳤다. 오늘은 망종(芒種)이라 온 이웃이 이앙(移秧)[246]하는 작업을 거의 마쳤다.

초9일, 맑았다.

이 고을 수령이 봄맞이 백장(白場)[247]을 향교에서 열었다. 나는 질병을 무릅쓰고 가서 참석했다. 저녁에 행원(行源)과 더불어 계촌(桂村)의 여러 형들과 소주(燒酒)를 사서 마셨다. 밤에 돌아왔다.

초10일, 맑았다.

---

245) 단옷날에 창포물을 만들어 씀.

246) 모심기.

247) 백일장.

공기(公期)가 향교로부터 정초(正草)[248]를 가지고 왔다. 이돌가(二乭家)에서 송신제(送神祭)를 올렸다. 나는 마신 후에 기운이 불편하여 밤새도록 통증이 컸다.

11일, 약간 흐렸다.

모내기를 한 후에 논에 물이 모두 고갈되었다. 가뭄에 비를 기다리는 소망은 형언할 수 없었다.

12일, 흐렸다.

비가 올 것 같으나 비는 오지 않았다. 강릉읍에 사는 윤(尹) 서방이 통천(通川)으로부터 왔다. 본댁에 보낼 편지를 부쳤다. 질병을 무릅쓰고 시 한 수를 지었다.

13일, 비가 올 것 같다가 그쳤다.

나는 병이 날로 심하고 담기(痰氣)가 가슴을 꽉 메웠다. 온전하게 음식을 많이 했으나 사지는 말라 파리해졌다. 겨우 몸의 외양은 보존했으나 간혹 추웠고, 간혹 열이 나기도 했고, 간혹 덜하기도 했고, 간혹 고통스럽기도 했다.

일전에 간간이 담을 치료하는 약을 제조하기도 하였다. 의원이 말하기를 개자(芥子)[249] 가루와 칡가루를 생강 물로 조제하여 한두 되를 연이어서 복용하면 효과를 본다고 한다. 이에 연이어 한 되를 복용했으나 별 느낌이 없었다. 일신에 존망은 조금도 괘념치 아니하고 노인이 시키는 일만 받드니 이 무슨 변고란 말인가! 단지 스스로 가슴을 부여잡고 길게 탄식할 뿐이다.

중량(仲亮) 형이 창종(昌宗)을 데리고 간성(杆城)에 갔다.

248) 시험지.

249) 겨자씨와 갓씨.

14일, 아침에 흐렸다가 늦게 걷혔다.

의원에게 물어보니, 속새풀(木賊草)을 많이 베어 그늘에서 말려서 가루를 만들어 물과 함께 길게 복용하라고 한다. 이에 행원(行源)에게 편지를 썼다. 행원(行源)이 남에게 부탁하여 베어서 보냈다. 공기(公期)는 간성(杆城)에 갔다.

15일, 맑았다.

오늘은 창종(昌宗)의 증조할머니의 대상 날이다. 공기(公期)는 황혼 무렵에 들어왔다. 나는 고통이 극에 달하여 먼저 앓았던 사람들에게 물어보았더니, 큰 뱀을 잡아서 머리와 꼬리를 자르고 가마 속에 넣어 태워서 재를 만들고, 소주와 조제하라고 한다. 이에 비로소 그 약을 복용해 보았다.

16일, 맑았다.

양양(襄陽) 이희명(李喜鳴)이 와서 얘기 나누었다.

17일, 맑았다.

중량(仲亮)과 창종(昌宗)이 들어왔다. 이 고을 수령이 가뭄으로 교외를 돌면서 이곳에 왔다.

18일, 맑았다.

공기(公期)가 글방에 들어갔다. 나는 병으로 가지 못했다.

19일, 맑았다.

공기(公期)가 저녁때가 되어서 올라왔다.

20일, 맑았다.

밤에 비가 왔으나 한차례 호미질 하기에도 이르지 못했다. 샘이 흐르는 천원답(泉源畓)에는 비록 조금은 유익했다지만, 한답(旱畓)에는 도움이 되지 못했다고 짐작될 정도였다.

21일, 맑았다.

나는 병을 부여잡고 글방에 들어갔다. 중량(仲亮) 형은 보동(寶洞)에 갔다. 나는 시 한 수를 지었다. 관가에서는 사직단(社稷壇)에서 기우제를 지냈다.

22일,

아침 후에 갑자기 비가 왔으나 겨우 새싹의 뿌리를 적실 정도에서 그쳤다. 기우제가 적절했다고 할 수 있으니 그 시기를 경하할 만했다. 중량(仲亮) 형이 보동(寶洞)으로부터 향교에 들어왔다. 나는 시 한 수를 지었다. 수령의 부자를 만났다. 저녁때에 올라왔다. 집사람이 모름지기 젖몸살로 고통을 호소했다.

23일, 흐렸다.

24일,

관가의 기우제가 영험한 효과로 아침에 비가 왔으며 늦게 그쳤다. 오늘은 하지(夏至)였다.

25일, 흐렸는데, 잠깐 비가 오고 잠깐 그치고 하였다.

나는 시 한 수를 지었다. 밤에 비가 오다가 즉시 그쳤다. 여러 차례 반복된 가랑비는 밭곡식과 수답(水畓)에는 두루 흡족하였으나, 한답(旱畓)에는 겨우 새싹의 뿌리를 적시는데 그쳤다. 더욱이 병충의 재해가 간혹 발생하여 한 해 농사가 걱정스러웠다.

26일, 흐렸다.

시를 지었다. 병충해가 들판에 퍼졌다.

27일, 간혹 비가 오고, 간혹 그쳤다.

시를 지었다. 공기(公期)가 글방으로부터 올라왔다.

28일, 크게 천둥치며 비가 오다가 곧 그쳤다.

한답(旱畓)에는 아직 물이 부족하였다. 내 병은 비록 조금 차도가 있으나 그간에 많은 담과 천식으로 원기가 회복되지 못해 고민스러웠다. 행원(行源) 사촌 형이 와서 행원(行源) 어머니의 환우를 전했다. 바야흐로 변고를 기다리는 형편이라고 하였다. 전해 듣고 뜻밖의 일이라 심히 놀랐다. 병은 최근에 (전염이) 의심스러워졌다고 하였다. 이에 가서 문안하지 못했다. 나는 시를 지었다.

29일, 흐렸고, 낮에 비가 오다가 그쳤다.

행원(行源)의 자당께서 유시(酉時)[250]에 돌아가셨다. 애처롭기가 말할 수 없었다. 상여가 떠났어도 전염이 의심스럽다고 하였다. 이에 가서 위로하지 못했다. 사귀어 친해진 정이 있는데 부끄러움만 잔뜩 짊어졌다. 호상을 위로하는 편지를 써서 보냈다. 공기(公期)는 향교에 들어가 있는 중이었다.

갑인년(甲寅年 : 1794, 정조 18) 육월(六月)

초1일, 흐렸다.

향교 안에서 편지를 마름해 달라는 요청이 왔다.

250) 오후 5~7시.

초2일, 흐렸다.

자안가(子安家)에 도착하여 반나절을 머물며 얘기 나누었다. 돌아서서 글방에 들어가려는데 관가에서 누차 들어오라고 재촉이 왔다.

초3일, 흐렸다.

시 두 수를 지었다. 행장을 남에게 들려 보내고 왔다. 나는 병으로 약을 복용하면서부터 조금 덜 했었다. 오늘부터 다시 기침이 일어나더니 천식이 심해졌다.

초4일, 흐리고 비 오다가 오후에는 크게 바람이 불면서 비가 급하게 내리더니 곧 그쳤다.

중량(仲亮) 형이 아이들을 데리고 내려왔다. 시 두 수를 지었다.

초5일, 흐렸다.

시 두 수를 지었다. 나날이 질병으로 힘들어 원기를 지탱하기 어려웠다.

초6일, 흐렸다.

열이 뻗쳤다. 시 두 수를 지었다. 도유사(都有司)가 올라왔는데, 창종(昌宗)이 따라왔다.

초7일, 종일 큰비가 내렸다.

관가에서 해물 먹거리를 보내왔다. 시 두 수를 지었다. 간성(杆城) 수령이 읍에 들어와 유숙하였다. 창종(昌宗)이 내려갔다.

초8일, 맑았다.

시 두 수를 지었다. 윤옥(允玉)과 철옥(喆玉)이 올라갔다.

초9일, 맑았다.

시 한 수를 지었다. 공기(公期)가 내려왔다. 윤옥(允玉)이 제사 음식을 가지고 왔다.

초10일, 맑았다.

시 두 수를 지었다. 직한(直漢)의 아들이 엿새 동안 앓다가 오늘 저녁에 땀을 내었는데, 필시 의심스러운 증세였다. 이에 비로소 글방을 해산시키자는 논의가 있었다.

11일, 맑았고, 연일 무척 더웠다.

아침 후에 글방을 해산시키고 각기 귀가하였다. 병충해의 재해가 깨끗이 물러갔다. 밭곡식이 간혹 해를 입었으나 재해에 이르지는 않았다.

도처에서 초기 농사는 예전에 비해 드문 대풍이었다. 다만 한답(旱畓)은 아직 흡족하지 않아 간간이 버려진 곳이 있지만, 수답(水畓)은 밭곡식과 다름이 없다. 농가의 기쁨이 형용할 수 없다.

12일, 흐리고 더웠다.

집으로 돌아온 후에 천식 증세가 비록 조금 가라앉아서 더위에 숙면할 수 있었다. 극한 더위를 무릅쓰고 겨우 시 한 수를 지었다.

13일, 흐리고 더웠다.

질병에 힘들었지만 겨우 시를 지었다.

14일, 흐리고 더웠다.

자리에 누워서 겨우 시를 지었다.

15일, 종일 큰비가 왔다.
방안에서 겨우 시를 지었다.

16일, 비가 왔다.
병이 아주 심해 쓰러져서 시를 지었다. 한답(旱畓)에는 물이 부족하였다.

17일, 맑았고, 무더웠다.
몸을 앓는 중에 잤다. 더위가 온종일 크게 일었다가 저녁에 가라앉았다. 어떤 사람이 전해 주기를, 남자 아이의 소변을 한 동이 받아서 삶아서 졸이고, 소주를 똑같이 하여 조제한 소주를 마음을 비우고 복용하면 담과 천식에 곧 차도가 있을 것이라 한다. 이에 변과 소주 한 동이를 한 식기가 되도록 만들어서 소주와 반반으로 조제하여 마셨다.

18일, 맑았고, 무더웠다.
약을 마셨다.

19일, 맑았고, 무더웠다.
재웅(載熊)이 처음으로 보동(寶洞)에 갔다. 나는 약을 복용했다.

20일, 맑았다. 무척 무더웠다.
어제 관가에서 공기(公期)와 중량(仲亮) 형을 불렀다. 오늘 오후에 중량(仲亮) 형이 올라왔다. 구전(口傳)으로 전하기를, 전교(傳敎)[251]의 말씀을 받들어 살펴 본 즉 이 고을 흑연동(黑淵洞) 남석정(南石亭) 저수지를 축조한 형편과 황무지가 된 땅의 많고 적음을 책으로 만들어 올려 보내어 임금이 볼 수 있도

251) 임금의 명령을 하달하는 문서.

록 하라는 것이었다.

이에 필체가 좋은 자를 선발하여 정교하게 쓰도록 하려는 까닭에 두 사람이 불려 갔다는 것이다.

21일, 무척 더웠다.

나는 변과 소주의 복용을 마쳤다. 담기(痰氣)는 흡사 조금 효과를 보는 것 같았고 잠을 잘 잤다. 더위는 흡사 칠일 간을 핍박하는 것 같다.

22일,

요사이와 같은 붉은 폭염은 앞으로도 드물 것 같다.

『치치암일록』 원문

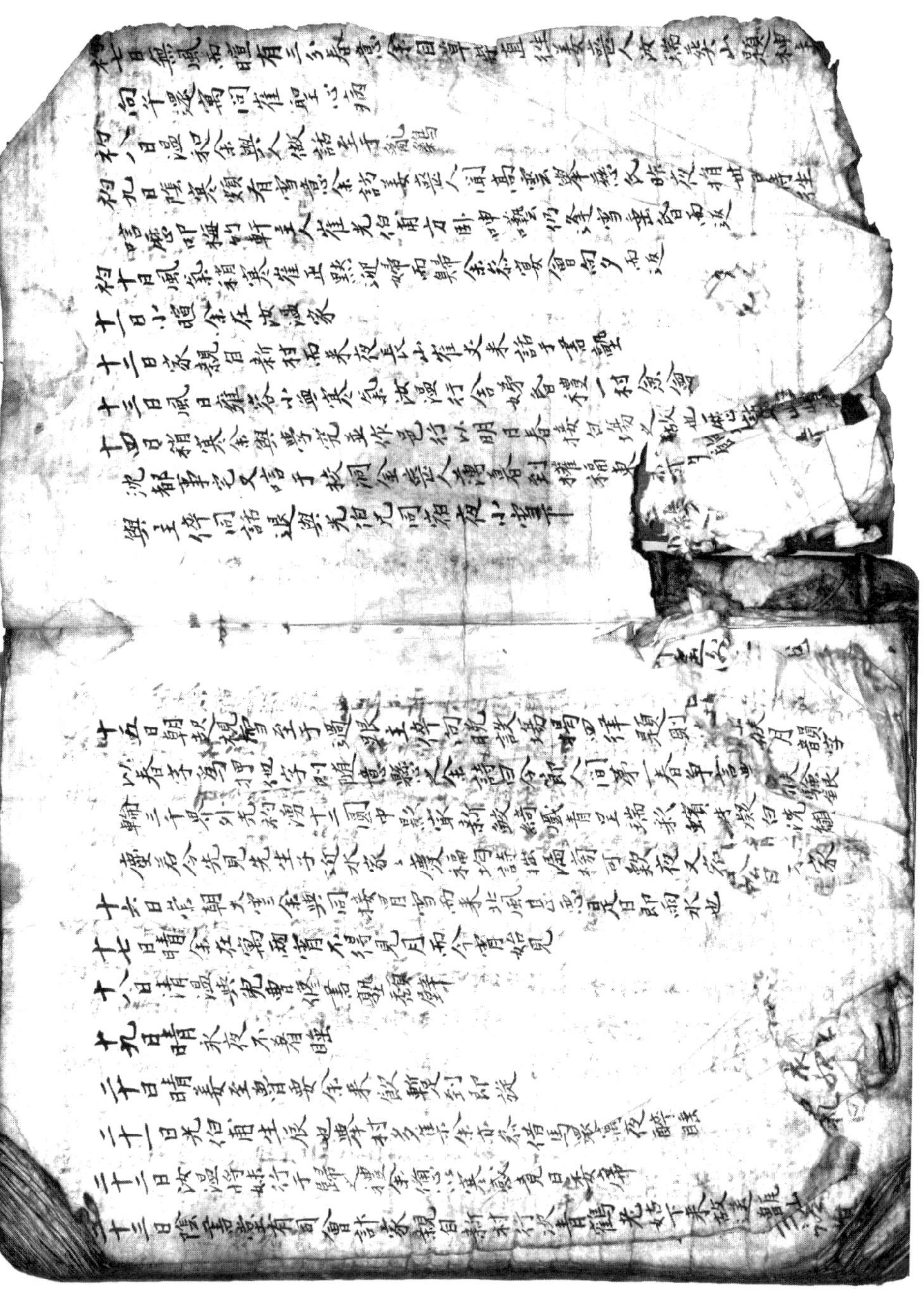

[illegible]

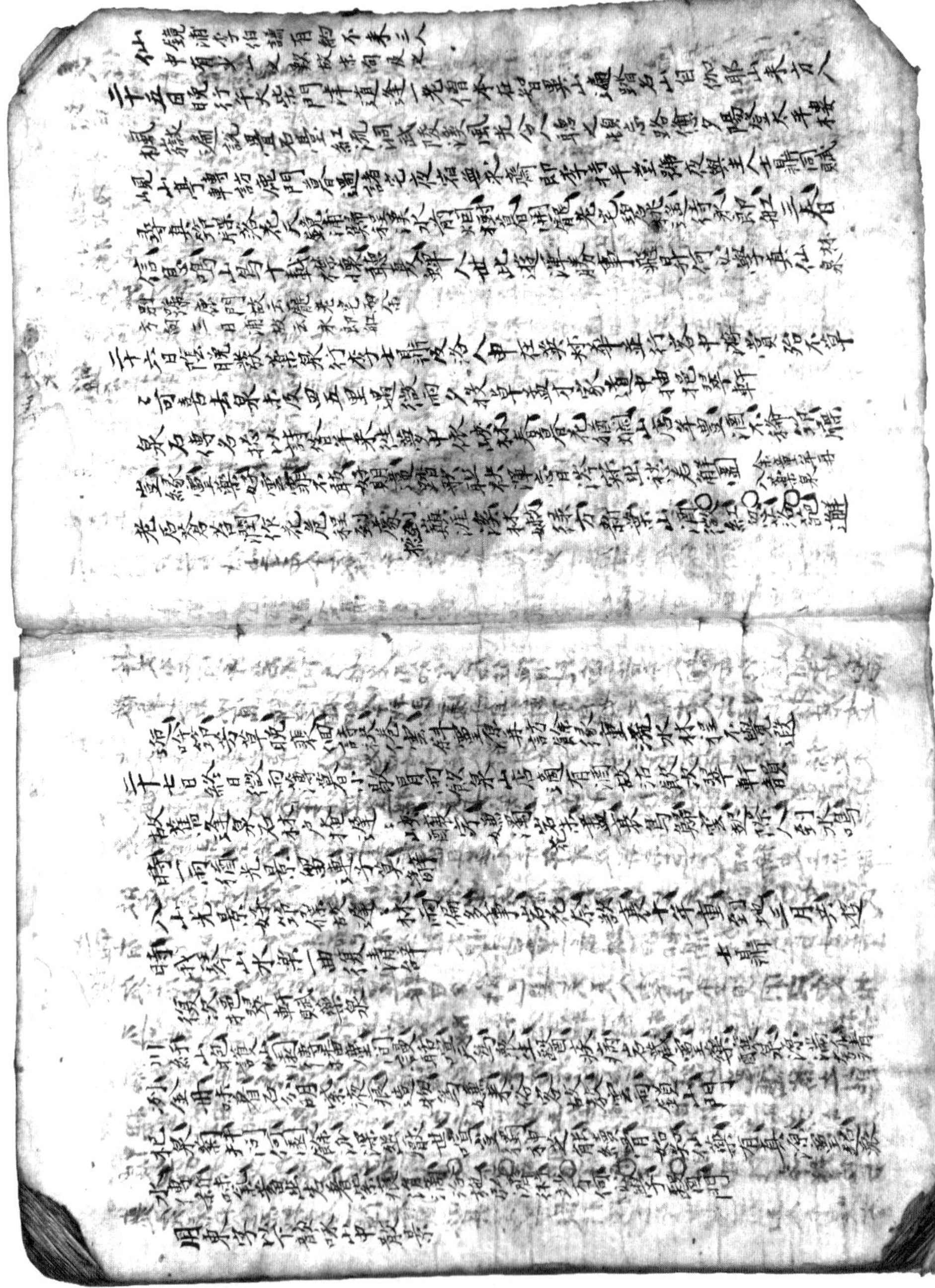

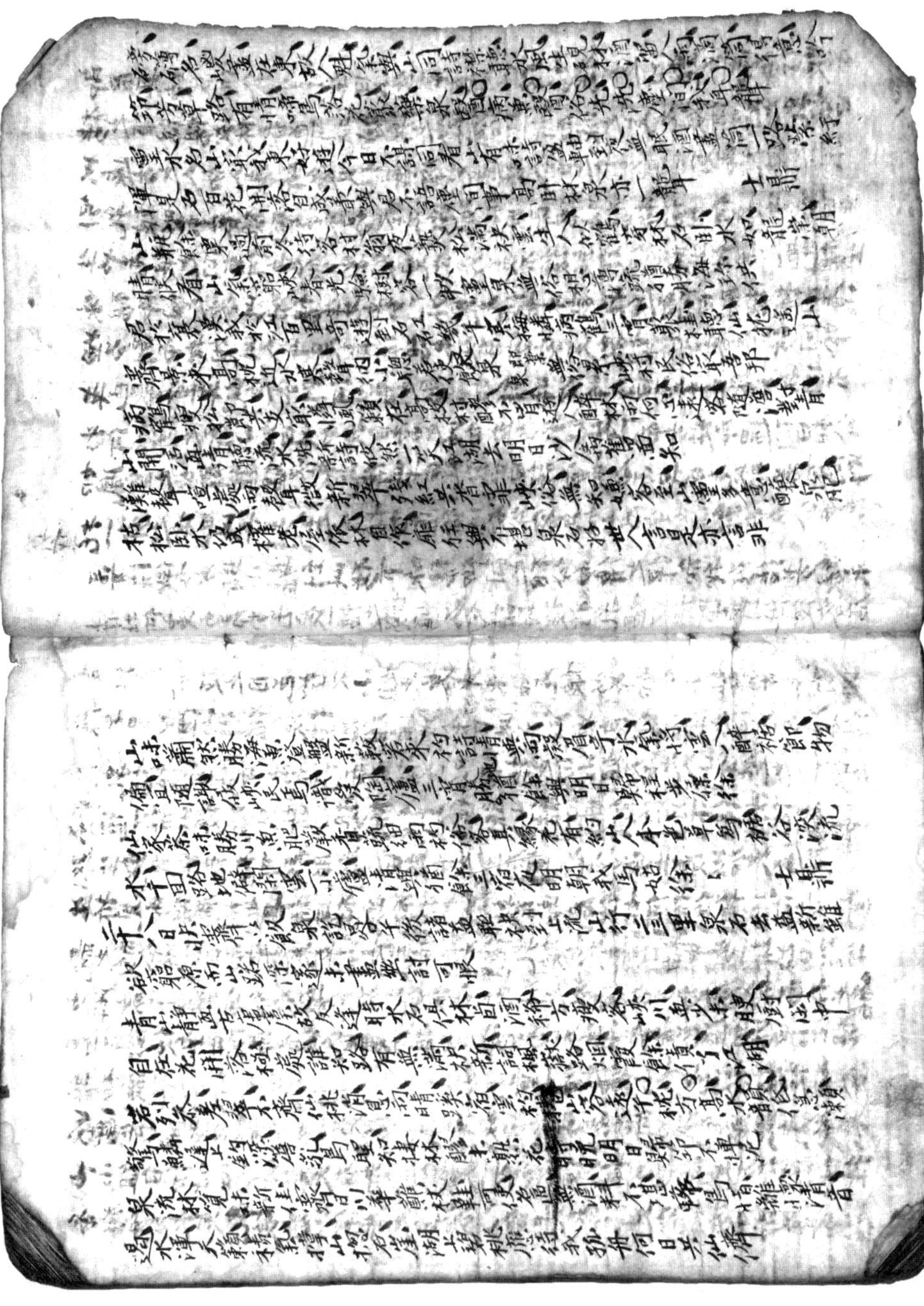

初七日西風大作

初八日西風又緊 余欲[illegible]

初九日又風 余以病止飲

初十日大風 [illegible]

十一日風止 十二日晴

十三日晴

十四日晴 十五日晴

十六日晴 [illegible]

十七日晴 [illegible]

十八日晴 [illegible]

十九日晴 [illegible]

二十日晴 [illegible]

二十一日晴 [illegible]

二十二日晴 二十三日晴

二十四日晴 [illegible]

二十五日晴 [illegible]

二十六日晴

二十七日 [illegible]

二十八日 [illegible]

二十九日 [illegible]

六月 初一日 [illegible]

初三日 雨 欲往邑不得

初四日 [illegible] 留桂村

初五日 與冲良甫早往邑中 [illegible] 一人問 [illegible]

初六日 [illegible] 日 [illegible] 同 [illegible] 與冲良甫直來桂村

初七日 晴 出 [illegible] 一人 [illegible]

初八日 晴 訪 [illegible] 來桂村

初九日 [illegible]

初十日 晴 訪 [illegible] 桂村

十一日 晴 [illegible] 桂村

十二日 晴 [illegible] 來

十三日 晴 留桂村

十四日 晴 留桂村

十五日 余欲發行 逢雨未果

十六日 朝雨晩晴 遂發程 [illegible]

十七日 晴 早發 朝飯 [illegible]

十八日 晴 曉發 [illegible]

十九日 晴 曉發 [illegible] 到新村 [illegible]

二十日 朝雨晩晴 [illegible]

二十一日 晴 [illegible] 入來

二十二日 大風 [illegible]

二十三日 晴 在家

二十四日 晴 在家

二十五日 晴 余欲往 [illegible] 借馬而來

二十六日 晴 [illegible]

二十七日 晴 [illegible]

二十八日在家晴

二十九日在家晴

十月

初一日壬寅晴 [illegible]

初二日晴 [illegible]

初三日 [illegible]

初四日 [illegible]

初五日晴 [illegible]

初六日晴 [illegible]

初七日晴 [illegible]

初八日晴 [illegible]

初九日朝雨晩晴 [illegible]

初十日晴 [illegible]

十一日晴 [illegible]

十二日晴 [illegible]

十三日晴 [illegible]

十四日晴 [illegible]

十五日夕雨 [illegible]

十六日終日雨 [illegible]

十七日晴 [illegible]

十八日晴 [illegible]

十九日晴 [illegible]

二十日晴 [illegible]

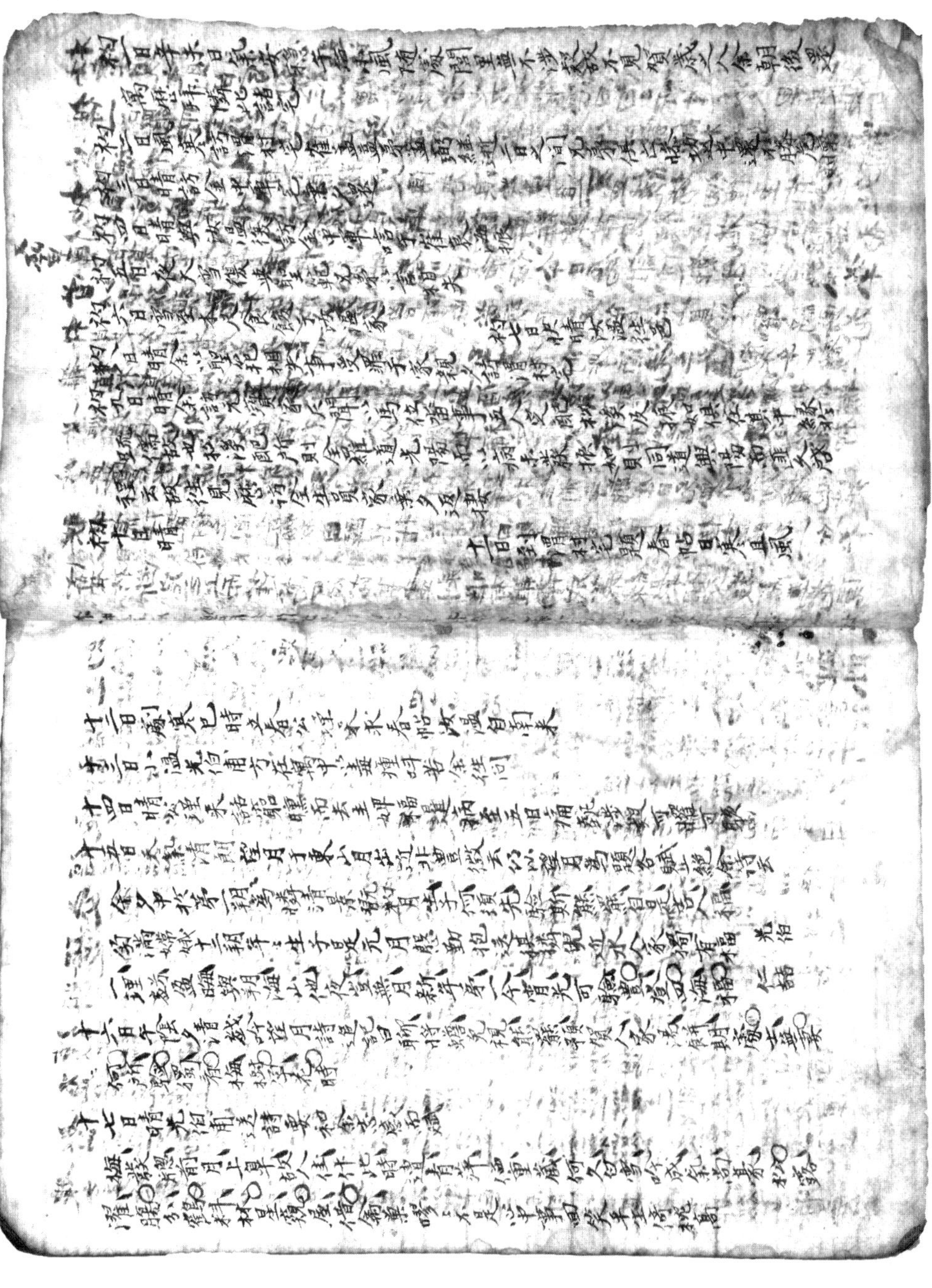

知汝無嗣而遂殞則無寧史汝已子以副生前之望俾無死後之恨也汝既至此錫汝後續慰
望無生亡之痛於青圍然在義當矣然而年方稚騃未曲待表且汝身尚未完葬汝嗣不
暇之矣汝兄一自經變之后視天茫茫俯地茫茫有若一木偶寄立於風埃中豈有無
以視之望而若苟保身命則豈忍使汝空作無主之鬼乎所望日後當得汝嗣善養長教
以免汝行善之訛此是乃兄之責也嗚呼穀仲今則已矣以是為證至情所發悲辛悽語
不過己而其中尤有慟悟者汝雖年少抱負不悲言不妄發行不妄動其於鄉人是非
事則雖有而不言至若親戚賙救事則隨力而必施終日相對無非寬厚之言一無華靡
之態泛視以近淡然而深識則可謂至人也若繒乎則平所蘊無限蓄一而未發具報反覆
其禍古之天可信今之天不可信也嗚呼穀仲汝豈知也汝若有知則汝兄之至冤至此雖鬼必肖
言而深而無答汝眾不知也然則若此之說不過攄吾之私衷於汝何益哉雖然青年黃壤
死有餘冤乃精神必不泯滅若或有知習汝兄之此說替以臨終之言泉臺之下更無
餘恨也所欲言者不可且憫而墨淚乾止此不言嗚呼哀哉尚饗

二十二日風亂與公明聯轡到鐵湖夜與行源同宿數日前彥明一來置余家書于鐵湖故始見
二十三日晴暄穀仲家三喪同日俱至慘酷之狀不如不見下柩後即與時叔眉叟乃心同行自
雙峯村到島谷借驛村牛渡南江坐次金家時公明亦至到廣橋沽飲棄留還寓
二十四日晴暖午與公明登山遐矚欲以遣懷徵竊龍山花事漸爛且行且坐迤到鵲峯
下林麓忽見一山氣脈高秀行龍平穩似近於右虎故同行跡脈到山上則三浦一面穩當
其前青龍 重疊而擁白虎雄峙而退眼界空濶山川錯碁不得形容相顧稱美夕陽還
二十五日風公明到廣橋與平壤客稍有山眼者同至昨日所見處則厥客言內此是必然亦稀
貴處不可的信姑俟他地師而所謂不出凡眼者此也
二十六日風與諸人復到其山春旭惡天花意媚人午后即還夕大風撥地兩脚半飛
二十七日風太守始考旬題余所捧約文二中弁文三上
二十八日風方伯入郡余與公明仲亮甫後行到邑以權進士道萬事邑儒多聚余困於燒
酒醉卧邑人家夜大風諸益同宿而醉不得晤穀雨

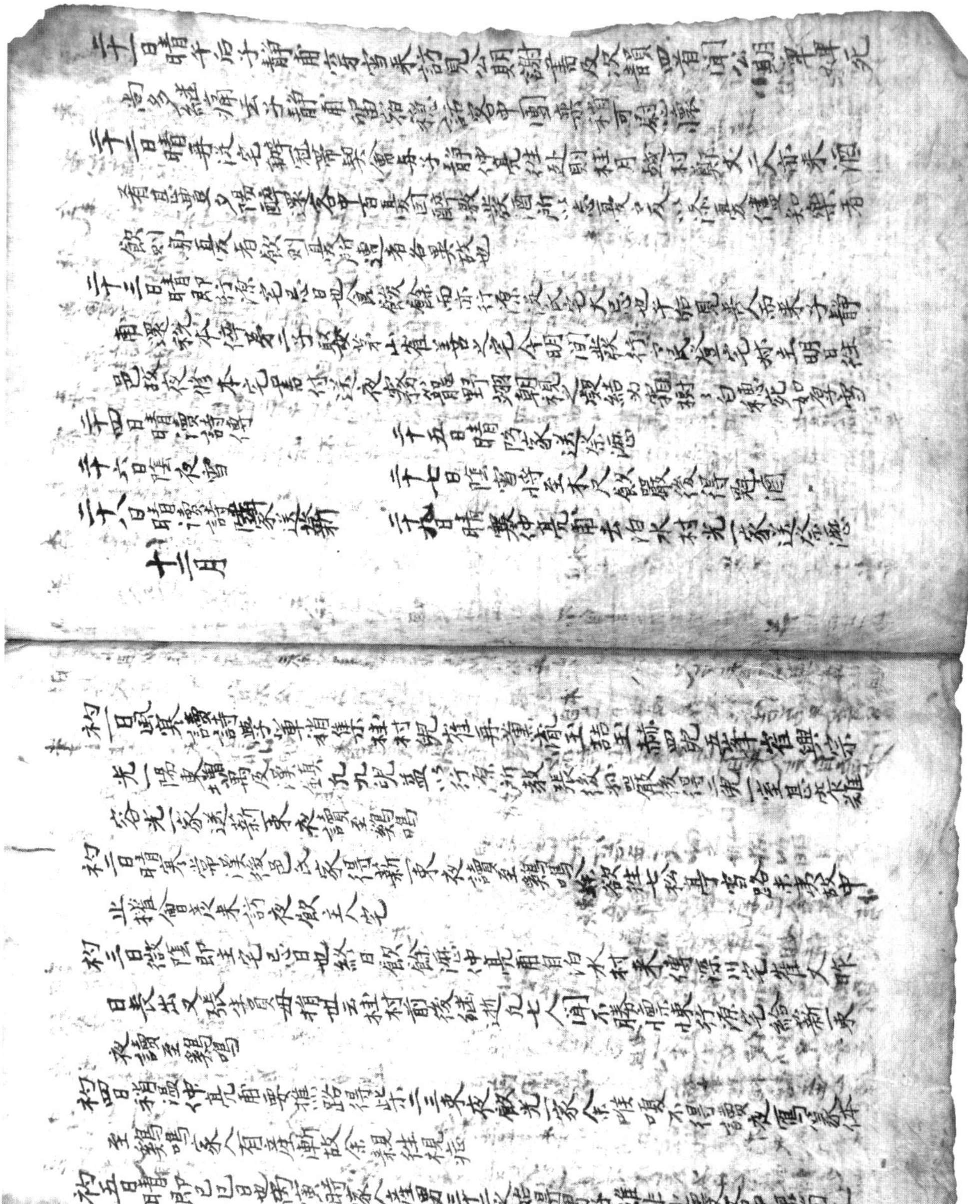

二十一日晴 午后子靜甫穿雪來訪 見公朗謝書及次韻四首 聞公朗早婢死
尙多經痛 云子靜甫留宿 穩話客中團欒 稍可慰懷
二十二日晴 與從宅辦冠帶契會 與子靜 仲亮往赴 則桂月 趙村 鄭丈二人亦來 酒
肴甚豊 夕陽醉還 客中百憂 因醉散 蓋酒所以忘憂 又以添憂 儘知樂者
飮則取憂 者飮則長愉 遭者各異故也
二十三日晴 即行源宅忌日也 食飯餘 而亦行源從氏宅大忌也 午后見吾令而來 子靜
甫還 稅本停第二子娶茅山崔善之宅 今明間嶽行 宇氏登宅 亦主明日往
邑 故夜修本宅書付送 夜霧籠野 翊朝視之 凝結如霜樹 樹樹白穗 宛如[illegible]
二十四日晴 讀詩傳
二十五日晴 [illegible]家送茶湯
二十六日陰 夜雪
二十七日陰 雪將至 不尺 飮嚴後得[illegible]酒
二十八日晴 讀詩 隣家送薪
二十九日晴 寒 仲亮甫去泊水村 光一家送茶湯

十二月

初一日 風寒 讀詩 學童稍集 桂村兒崔再薰 瀹玉 喆玉 赫 四兒 五犨 崔興宗
光一 陽東 增萬 及漢眞 金九九兒 蓋以行源所教 張後而嚴 後得三兒 一室甚不雅
容光一家送薪一束 夜讀至鷄鳴
初二日晴寒 常漢後邑氏家得薪一束 夜讀至鷄鳴 昨欲往七松亭 雪路未夷 故中
止 權會彥來訪 夜飮主人宅
初三日 微陰 即主宅忌日也 終日飮餘瀝 仲亮甫自泊水村來 傳漂川宅崔文 昨
日長出 又張生員 毋捐世云 桂村前後續逝九七人 聞不勝懍悚 行源宅給薪一束
夜讀至鷄鳴
初四日稍溫 仲亮甫要樵路 得柴小二三束 夜飮光一家 余唯嗄 不得讀 夜寫篆体
至鷄鳴 家人有産漸 故余親往視疝
初五日晴 即己巳日也 丙寅時家人産男 三十二之始得男子 雖非小慶 客中艱苟之
狀 極爲可憐 行源宅送醬一罌 朝飯于興宗家 即其家忌日 又送醬 午飮

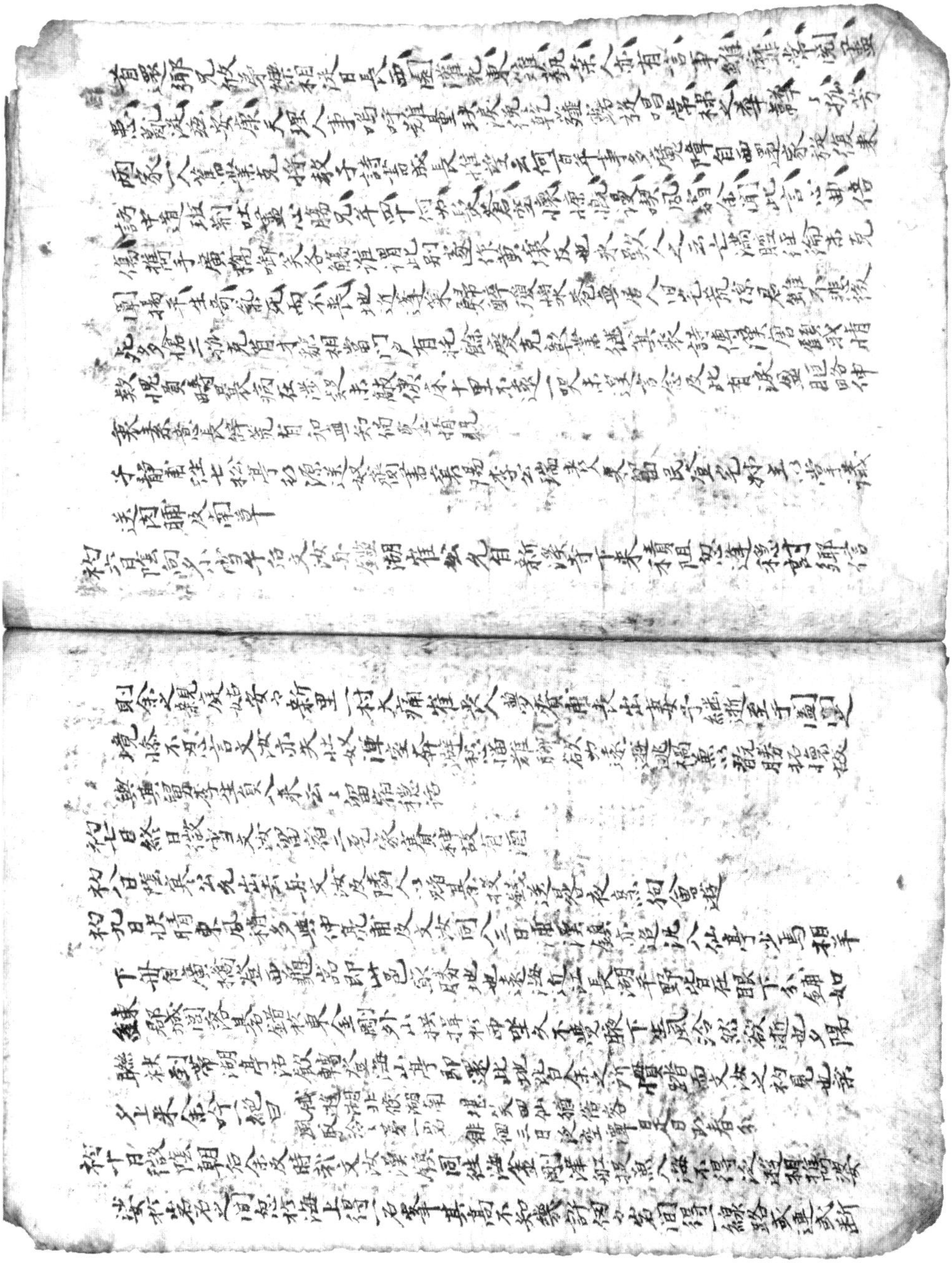

首還鄉兄攸寧煠相從日長西園灌花東籬執菊人亦有言事雖非常閑蓋
患亂從兹安康天理人事嗚呼難量玦淚沈乾雞露旋唱常棣之章靜靜孤芳
兩家一人箕業克將教子詩書成長惟望云何百年事多魔障自西還家旋復來
許中道班荊吐盡心腸兄年四十何如髮蒼空懷悽慨漫嘆風首今聞此言心曲倍
傷携手廣橋御笑各觴誰謂此別遂作黃壤友也乎歎人之云亡滿腔徑渝未克
闡揚平生奇氣死而不喪地近蓬萊歸醉獲樂卷無居人旧宅荒涼君雖不悲㣲
兆多傷二孤克肖才貌相當門戶有托餘慶克敦業繼其裘詩傳漢唐顧我情
款愧負疇昔長病在淵疑未敢俠床十里不遠一哭未遂言念及此有淚盈眶略伸
衷素意長辭荒有知無知倘或止惜魂
予靜甫往七松亭以源送奴齋問書葬偈李公瑞喪人東留邑宅仲主以嘗識
送肉脯及南草
初六日陰向夕小雪午后文汝亦鑑湖崔兄自新溪寺下來積阻忽逢穩討鄉信
則余之親庭姑安安新里一村大痛崔喪人夢賚甫喪出妻子繼逝至于闔門之
境慘不忍言文汝亦失壯奴渾室奔避愁猶難聊欲如遠避逃禍兼以翫勝拓懷故
與爽留孝生負八來云云留宿穩話
初七日終日微雪文汝留宿二兒家賽神故有酒
初八日陰寒公允出去文汝及隣人以婚事投紙送曷夜烹狗會遊
初九日快晴東風稍多與仲亮甫及文汝同入三日浦溪鎮亦追訪八仙亭少焉相羊
下冊廣橋登西麓嵩即此邑最勝地也遠海近江長湖平野皆在眼下分鋪如
練郡城閭落碁錯於東金剛外山拱揖於西坐久不覺腋下生風冷然欲逝也夕陽
聯袂到帶湖亭沽飲轎登海山亭即還此地皆余之所慣踏而文汝之初見也余
夕上來余吟一絶曰
纖塵湖北傚湖南 堪笑四仙猶倍客
風取泠泠夢一覺 徘徊三日泛空潭 是日卽春分
初十日微陰朝後余及時彩文汝渙鎮同往海金剛津舡捉魚入海不得泛遊相携婆
娑於岩石之間忽於海上得一石峯其高不知幾許個個岩間得一線路或連或斷

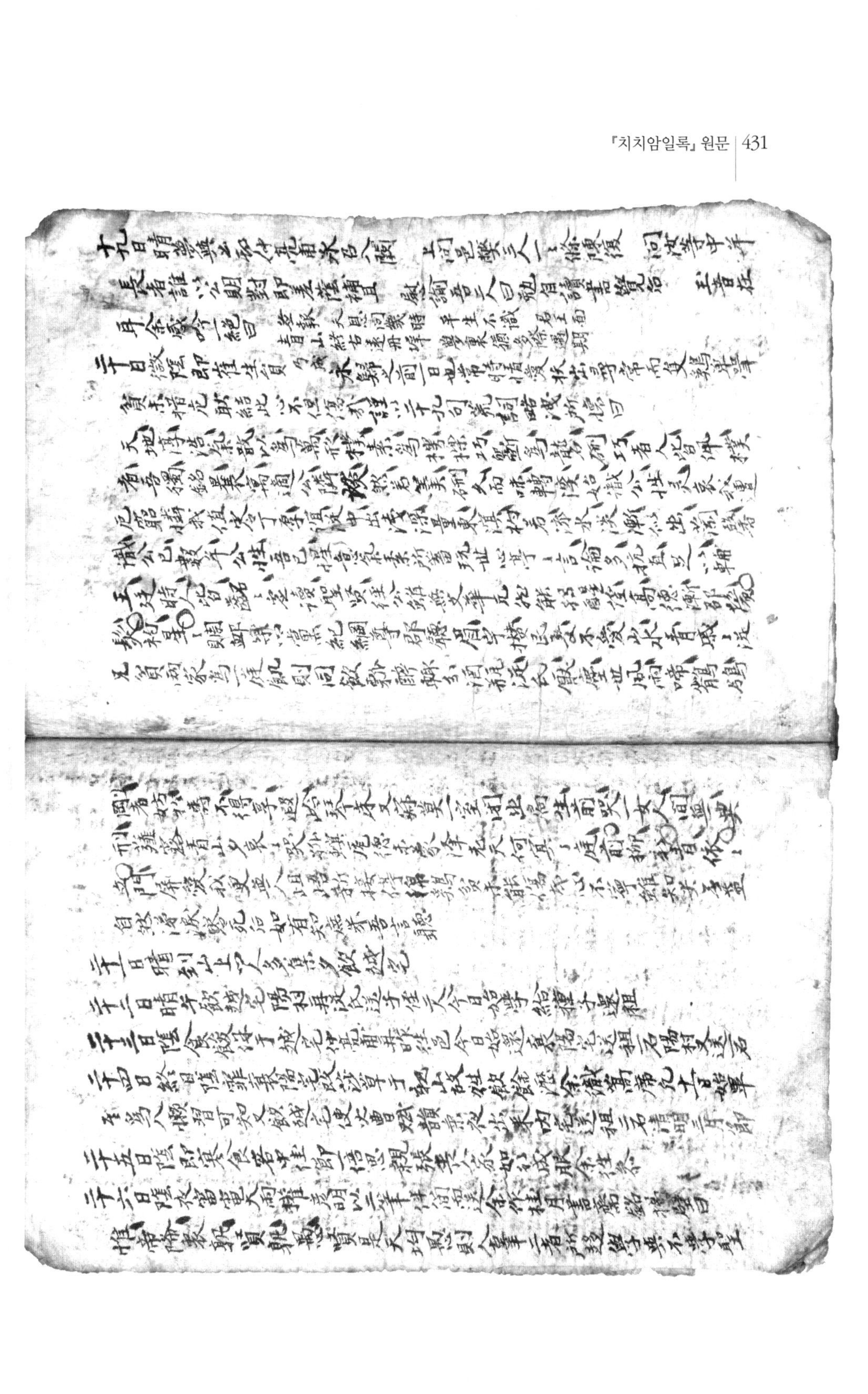

[illegible]

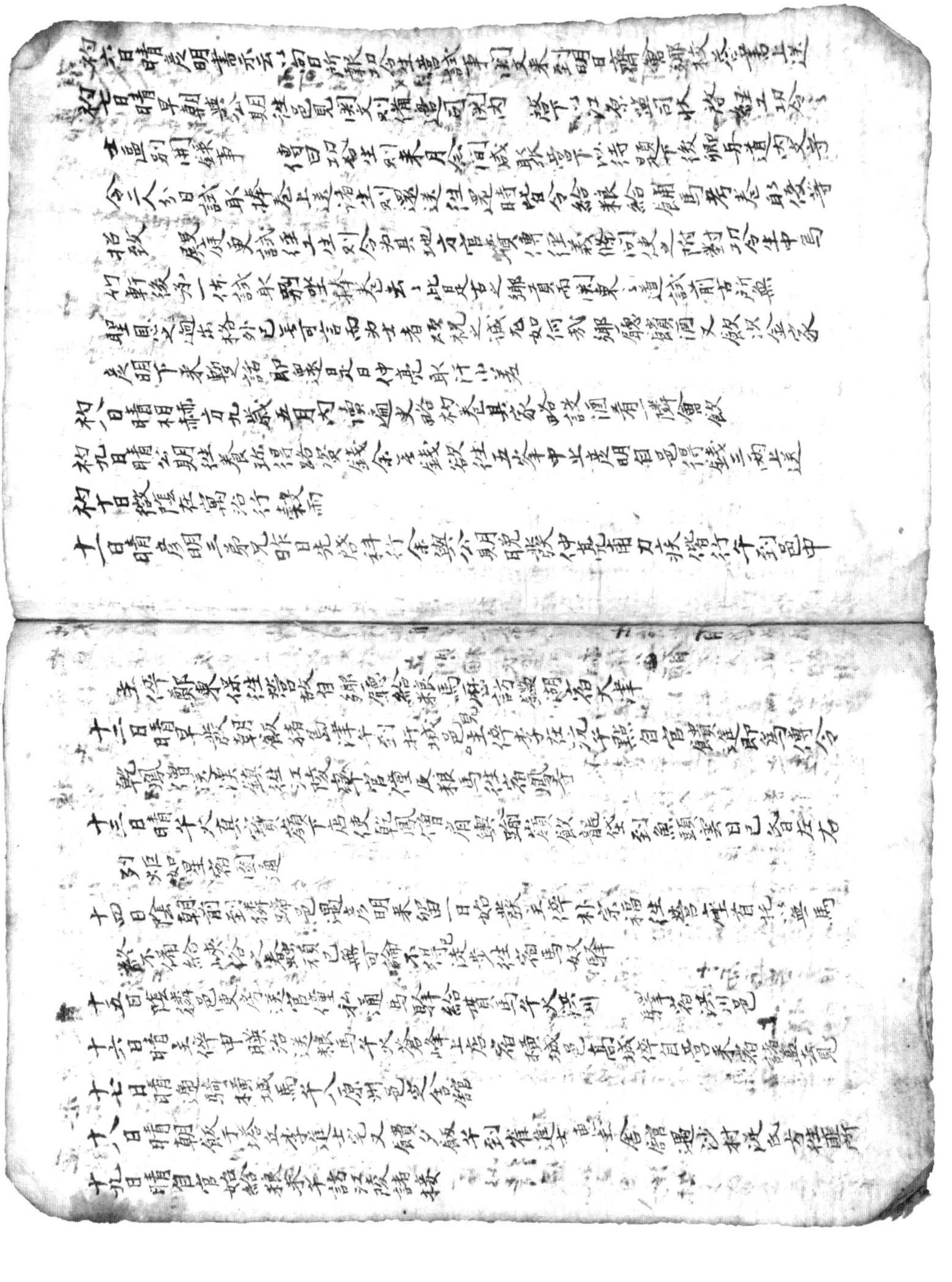

初六日晴 彦明書示云以節所報功令生當試事 關文來到明日齋會鄕校巻書上送
初七日晴 早朝與公朋往邑見關文則備邊司關內 啓下以江原監司状啓 經工功令
壬辰別開錄事 傳曰功令生則來月念間咸聚營下以待題下後卿与道內文字
令二人分日試取捧巻上送諸生則還送往還時皆令給粮給舖馬考巻取優等
抬致 展庭更試任工住則令次其地方官賁傳征義條間使之附對功令生中爲
竹軒後承一体試取 别坐捧巻去ゝ 此是古之鄕貢而関東ゝ道試前古所無
聖恩之逈出格外已無可言而爲士者恐視之誠亦如何哉 鄕廳饋酒又飲沢金家
彦明下来塾話 即還 是日仲亮取汗小差
初八日晴 相赫方九歳 五月內讀通史略初巻 其家略設酒肴 一隣會飲
初九日晴 公朋往養珎得路資銭 余亦銭 欲往五峯中止 彦明自邑得銭三兩上送
初十日微陰 在寓治行 穀雨
十一日晴 彦明三弟兄昨日先啓科行 余與公朋曉發 仲亮南力疾偕行 午到邑中
主倅鄭東保往營故 自鄕廳給粮馬 歷訪鏡湖 宿大津
十二日晴 早發朝飯猪島津 午到杆城邑 主倅李在沆 午點自官饋 進即爲傳令
乾鳳僧送漢鎭 往江陵驛官僮及粮馬 往宿鳳寺
十三日晴 午火眞寶嶺下店 使乾鳳僧肩輿踰嶺 飲龍堂 到魚頭 寔日已昏 左右
列炬如星宿倒通
十四日陰 朝前到襄陽邑 還彦明来留一日 始發 主倅朴宗福往營 座首托以無馬
辭不備給 峽俗之蠢頑已無可論 不得已徒步往宿馬奴驛
十五日陰 襄陽邑吏房送官僮私通 馬驛給貰馬 午火洪川 驛宿洪川邑
十六日晴 主倅申畊治送粮馬 午火蒼峰上店 宿横城邑 高城倅自營来宿 諸益亦見
十七日晴 邊騎横城馬 午火原州邑 宿邑舍館
十八日晴 朝飯于塔丘李進士宅 又饋夕飯 午到崔進士主舍館 遇沙村洪氏方往亜所
十九日晴 自官始給粮米 午詣江陵諸接

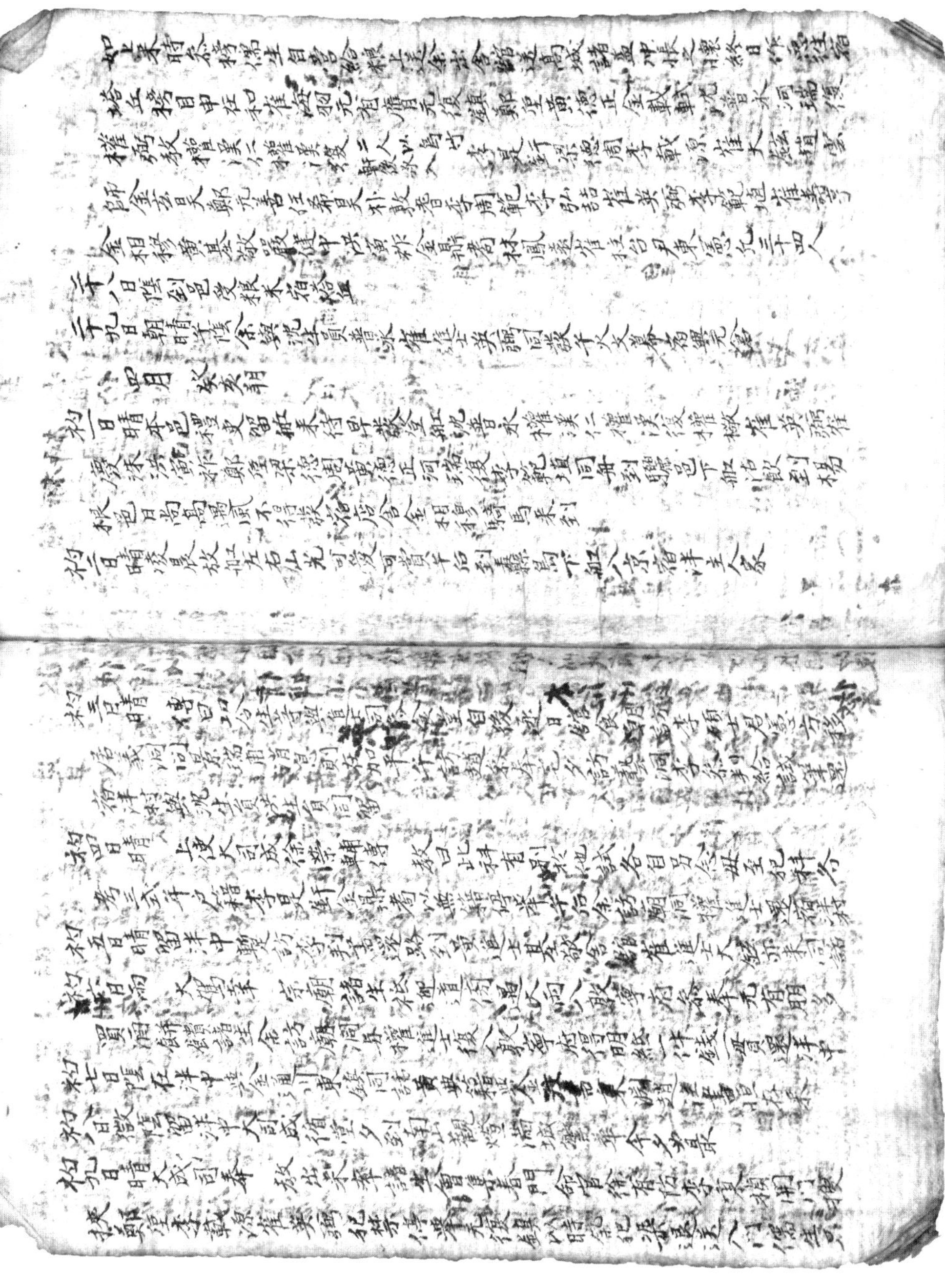

十五日 朝飯 [illegible] 宿 [illegible]

十六日 晴 朝飯 [illegible] 宅 [illegible] 到 [illegible] 人 [illegible] 到 [illegible] 未 [illegible] 飢

十七日 晴 朝飯 [illegible] 驛 入 大 [illegible]

十八日 晴 朝飯 [illegible] 宿 [illegible]

十九日 晴 [illegible] 竹林 [illegible] 村 [illegible] 宅 [illegible] 村 [illegible] 到 [illegible]

[illegible] 方在 新村 宿 [illegible] 家

二十日 晴 還 新村 大 [illegible]

二十一日 晴 朝 [illegible] 訪 下村 諸宅 [illegible] 到 沙村 [illegible] 飲 [illegible] 上來

二十二日 晴 [illegible] 宿 [illegible] 以 路 [illegible] 時 申

二十三日 大雨 留 [illegible] 家 [illegible] 飲

二十四日 陰 往 [illegible] 家 [illegible] 來 宿 [illegible] 家

二十五日 晴 訪 [illegible] 在 [illegible] 村 [illegible] 日 見

二十六日 晴 留 [illegible] 家 [illegible] 先達 [illegible] 來 到 [illegible] 家 [illegible] 歸

二十七日 晴 留 [illegible] 家 [illegible]

二十八日 晴 [illegible] 往 [illegible] 家 [illegible] 大雨

二十九日 晴 [illegible] 家

五月 壬[illegible]朔

初一日 晴 [illegible] 到 [illegible] 宅 [illegible]

初二日 晴 [illegible] 十 [illegible] 人 [illegible]

又 [illegible] 到 [illegible] 小 飲

[illegible] 到 [illegible] 中 [illegible] 來 [illegible] 入 來

初三日 留 [illegible] 家

初四日 晴 飲 [illegible] 村

初五日 晴 [illegible] 到 [illegible] 詩

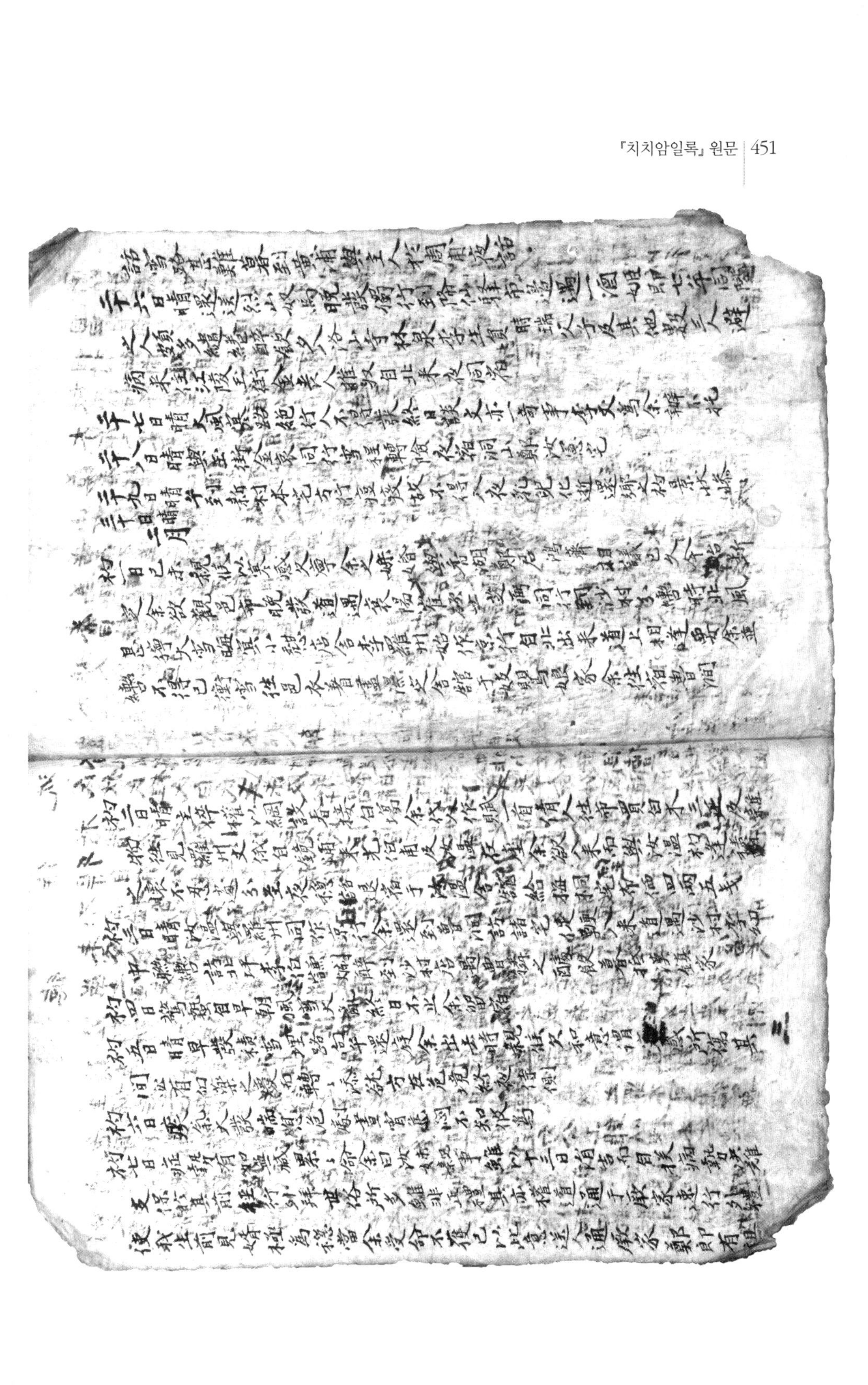

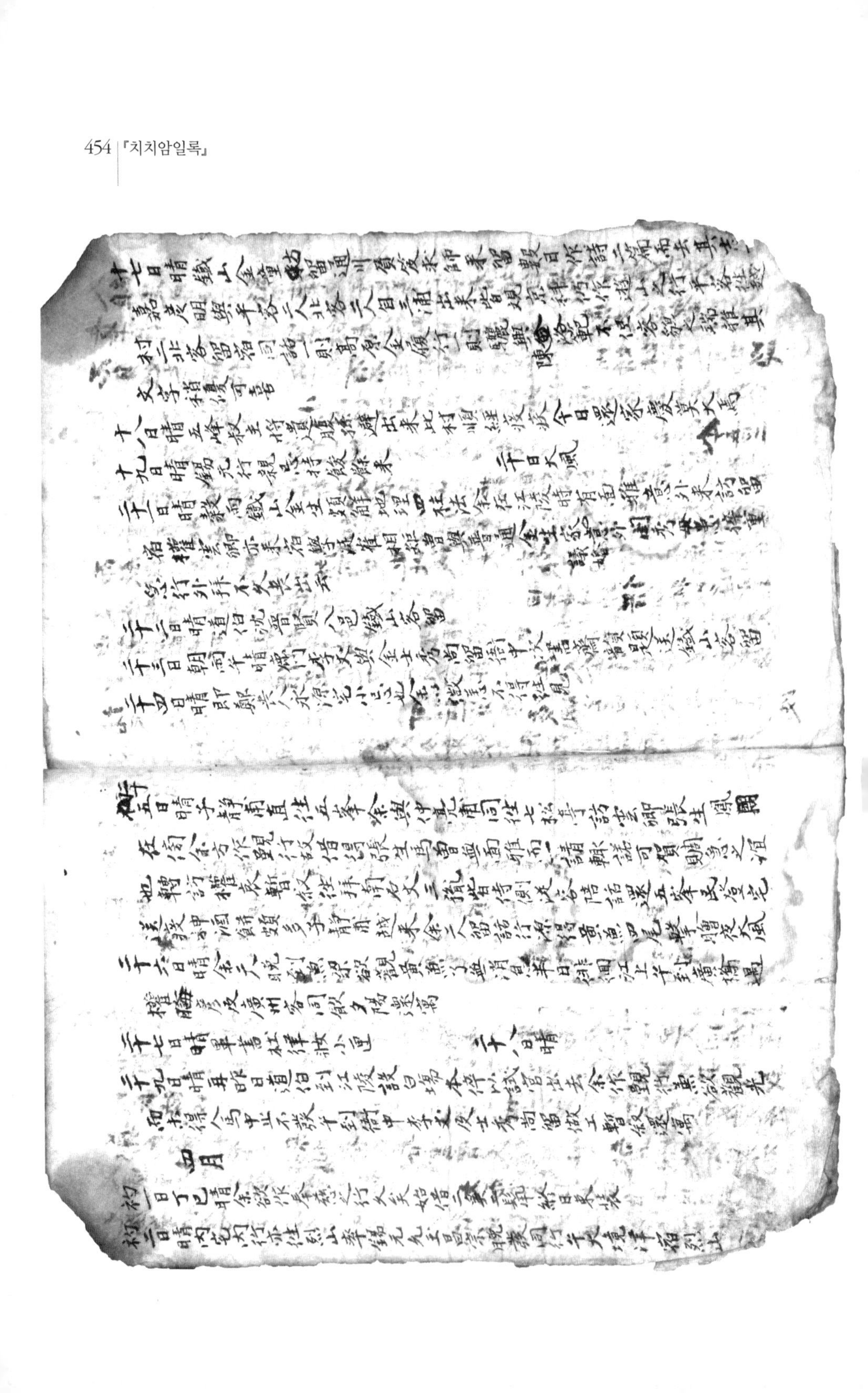

치치암일록

초판 1쇄 발행 2018년 11월 15일

역자 이규대
발행인 정재탁
발행처 (학)신구학원신구문화사
디자인 은디자인

등록 1968. 6. 10. 제1-205호
주소 경기도 성남시 중원구 광명로 377, 1층(금광동, 우촌학사)
전화 031-741-3055~6
팩스 031-741-3054
이메일 shingupub@naver.com
홈페이지 www.shingubook.com

ISBN 978-89-7668-245-1 93910

이 도서의 국립중앙도서관 출판시도서목록(CIP)은 서지정보유통 지원시스템 홈페이지(http://seoji.nl.go.kr)와 국가자료공동목록시스템(http://www.nl.go.kr/kolisnet)에서 이용하실 수 있습니다. (CIP제어번호: CIP2018034450)